淘宝·开店
从新手到皇冠
开店+装修+推广+运营一本通

六点木木 编著

(第2版)

电子工业出版社
Publishing House of Electronics Industry
北京·BEIJING

内 容 简 介

这是一本由浅入深从淘宝开店零基础到精通运营的全实战+案例操作+配套图文详解的书，全部看完后，您将从一窍不通到能独立运营并打造一个赚钱的店铺。如果您已经开店，这本书能给您带来更多全新的店铺运营思路和方法！全书共七篇：第一篇"淘宝开店准备"教您打一场有准备的仗；第二篇"内功修炼实战"教您发布宝贝、优化宝贝，让您赢在起跑线；第三篇"淘宝店铺装修实战"教您从四个旺铺版本中恰当选择适合自己店铺的版本，并轻松装修出高大上的店铺效果，大大节约装修成本；第四篇"流量为王淘宝店铺推广实战"教会您当前超实用超全面的免费流量获取技巧、官方活动报名引流玩法、站内各种推广工具引流技巧、站外推广引流技法，让您的好宝贝人尽皆知，不愁卖不掉；第五篇"淘宝店铺运营实战"教您打造一个赚钱的店铺；第六篇"淘宝店铺客服接待实战"教您打造一支金牌客服团队，如何高效地工作；第七篇"发货能力售后服务维护实战"教你使用各种售后维护手段打造一个良性健康发展的店铺。

把这本书从头到尾看完后，您会发现，在不经意间您的淘宝开店实战能力瞬间飙升。恭喜您已经具备独立开店并让店铺盈利的能力！本书配套练习素材，边看书边练习，即学即用！

图书在版编目（CIP）数据

淘宝开店从新手到皇冠：开店+装修+推广+运营一本通 / 六点木木编著. —2 版. —北京：电子工业出版社，2017.8（2025.8 重印）
ISBN 978-7-121-32235-8

Ⅰ. ①淘…　　Ⅱ. ①六…　　Ⅲ. ①网店—网络营销　　Ⅳ.①F713.365.2

中国版本图书馆 CIP 数据核字（2017）第 173356 号

策划编辑：孔祥飞
责任编辑：徐津平
印　　　刷：北京盛通数码印刷有限公司
装　　　订：北京盛通数码印刷有限公司
出版发行：电子工业出版社
　　　　　北京市海淀区万寿路 173 信箱　　邮编：100036
开　　本：787×980　　1/16　　印张：18.75　　字数：420 千字
版　　次：2015 年 7 月第 1 版
　　　　　2017 年 8 月第 2 版
印　　次：2025 年 8 月第 26 次印刷
定　　价：49.80 元

前言

这是一本由浅入深从淘宝开店零基础到精通运营的全实战+案例操作+配套图文详解的书，全部看完后，您将从一窍不通到能独立运营并打造一个赚钱的店铺。如果您已经开店，这本书能给您带来更多全新的店铺运营思路和方法，值得细品！全书共七篇。

第一篇：淘宝开店准备

本篇包括第1章至第3章，教会大家从三方面准备开店：一、快速选择申请入驻适合自己的店铺类型并进行基础设置；二、解决好店铺货源问题，为店铺经营打下坚实基础；三、开店必备沟通工具"千牛"的下载、安装和使用技巧。

第二篇：内功修炼实战

包括第4章至第7章，卖家后台内功修炼，教会大家发布全新宝贝、卖出宝贝后订单管理、联系快递发货的物流管理、卖家专属工具"淘宝助理"使用技巧、卖出第一单如何快速完成第一次发货、必须了解哪些淘宝规则、如何防骗、遇到问题如何解决等，帮助您快速开门营业。想赢在起跑线，宝贝优化犹如箭在弦上，这一篇还将教会您电脑端+无线端宝贝主图优化、宝贝详情描述优化、宝贝标题优化、上下架优化、橱窗推荐优化、运费模板创建、关联推荐等一系列进阶技巧，助您大卖宝贝！

第三篇：淘宝店铺装修实战

许多新手卖家对淘宝店铺装修具有错误的认识，以为创建店铺后的第一件事就是装修，实则不然，建议把店铺装修放在发布宝贝后进行。

相信大多数人开网店的初衷是赚钱，装修店铺的最终目的也正是为了提升转化率和客单价，从而提升销售额，实现盈利。所谓"人靠衣装马靠鞍"，规范的店铺色彩搭配、设计合理的购物引导路径、制作精美大气的店铺排版，既能让买家轻易找到想要的宝贝，也能让买家轻松享受愉悦的购物过程。

淘宝发展壮大历经了十多个年头，承载淘宝卖家店铺的"淘宝旺铺"也历经多次重大改版，始终活跃在淘宝一线、精通旺铺装修之道的六点木木老师会在第8章至13章教会您PC旺铺专业版、PC旺铺基础版、无线手机淘宝店铺基础版、旺铺智能版的装修技巧，让您恰当选择适合自己店铺的旺铺版本，并轻松装修出高大上的店铺效果，大大节约装修成本，为提升销量营造良好的店铺氛围。

第四篇：流量为王淘宝店铺推广实战

创建店铺、发布宝贝、装修店铺属于内功，可以短时间内快速做好并且不难！但绝大多数淘宝卖家的店铺并不赚钱，其核心问题就是店铺根本没人看。

虽说淘宝竞争激烈，但庞大的市场需求持续吸引着越来越多的人加入，以求实现创业梦想。借助淘宝平台成为百万、千万甚至亿万富翁的人越来越多，拥抱变化是当下所有电商、网商都必须做到的。

然而当前电商环境下，坐等顾客上门已然过时，本篇第 14 至 18 章，六点木木老师将教会您当前超实用、超全面的免费流量获取技巧、官方活动报名引流玩法、淘宝站内各种推广工具引流技巧，以及淘宝站外推广引流技法，让您的好宝贝人尽皆知，不愁卖不掉！

第五篇：淘宝店铺运营实战

当您的店铺运营一段时间后，或许会遇到瓶颈，比如卖得多却不赚钱、流量很高但转化率极低、客单价不高、发货成本居高不下、通过很多途径引来的流量与店内商品的目标消费群体不匹配、缺少留客技巧、不知道如何分析店铺找准问题所在……

本篇包含第 19 章至 21 章，六点木木老师教会您打造一个赚钱的淘宝店铺，学会店铺诊断，重新审视自己做到精准店铺定位，学会高手运营总监不外传的定价策略、活动策划与执行策略、关联营销策略、蓄客策略、网店运营规划方案制定等秘籍。

最新店铺运营工作中动销率是考核店铺整体综合水平的重要指标，我们会告诉您爆款的全新释义、单品爆款和全店爆款的运作技巧，请关上门窗悄悄地自己学。

第六篇：淘宝店铺客服接待实战

激烈的市场竞争、日新月异的消费需求推动着电商市场不断发展和变化，现在开店已不再是简单的卖商品，更多时候是考验掌柜们资源整合、运营、服务、发货等综合能力。

马云说：成功始于口碑，服务决定未来。当店铺处在不同的发展阶段，对客服人员的需求也不同，但不管处在哪个阶段，客服都将是您赢得买家芳心、使销量大增的必备利器。本篇包括第 22 章至 24 章，会教您如何打造一支金牌客服团队，教您选人、识人、用人。

网店单打独斗的时代已逝，团队作战不可或缺的重要工具"子账号"使用技巧也会为您一一揭秘；客服高效率工作必备技巧在这一篇统统告诉您。

第七篇：发货能力及售后服务维护实战

淘宝开店最重要的是诚信体系，一个店铺的综合运营能力、服务能力、发货能力完全可以从店内动态评分、好评率、销量、退款/退货率等维度体现出来，这也是网店与实体店最大的区别，所以作为掌柜的您，更应该学会并熟记各种售后服务维护手段，帮您打造一个良性健康发展的店铺。

本篇包括第 25 章至 28 章，将教会您如何提升发货能力，如何快速解决店内退款、退货、维权等纠纷订单，如何进行老客户二次开发以节约推广成本，如何快速回款解决资金问题，如何快速回评并在短时间内快速提升店铺信誉等级。

从头到尾看完这本书后，您会发现，不经意间，您的淘宝实战能力瞬间飙升，恭喜您已经具备独立开店并让店铺盈利的能力。

重要提醒：本书从前往后，由浅入深，越往后，越考验您整店运营的综合技能，请反复细看，技巧方法都在文字之间。

全书配套练习素材，涉及细节——标注，边看边练习，即学即用。

本书作者：李露茜（淘宝 ID：卓瑞商学院），笔名为六点木木，具有 8 年淘宝一线实战经验。尽管作者在编写过程中力求准确、完善，但是书中难免会存在疏漏之处，恳请广大读者批评、指正。

轻松注册成为博文视点社区用户（www.broadview.com.cn），扫码直达本书页面。

- **下载资源**：本书如提供示例代码及资源文件，均可在 下载资源 处下载。
- **提交勘误**：您对书中内容的修改意见可在 提交勘误 处提交，若被采纳，将获赠博文视点社区积分（在您购买电子书时，积分可用来抵扣相应金额）。
- **交流互动**：在页面下方 读者评论 处留下您的疑问或观点，与我们和其他读者一同学习交流。

页面入口：*http://www.broadview.com.cn/32235*

目录

第一篇

淘宝开店准备

本篇包括第 1 章至第 3 章，教会大家从三个方面准备开店：一、快速申请入驻适合自己的店铺类型并进行基础设置；二、解决好店铺货源问题，为店铺经营打下坚实基础；三、开店必备沟通工具"千牛"的下载安装及使用技巧。

随着流行趋势的变化以及淘宝网本身技术的更新迭代，当前可以入驻的店铺类型日趋丰富，找准并选对自己店铺类型的定位，日后运营能事半功倍。店铺卖什么、货源渠道来自哪里，是运营店铺的"底气"。以前仅有单一聊天功能的阿里旺旺也早已升级为卖家管理店铺的多功能平台，买家与卖家实时沟通都靠它。而今无线时代，随时随地打理店铺、与买家互动交流更是离不开它。

兵家有云：不打无准备之仗。将本篇内容理解透彻，您的店铺就成功了一半。

第 1 章

选对注册淘宝店铺的类型
特色市场入驻流程

1.1 淘宝个人店铺注册流程

　　在淘宝网开店的整体流程简单概括就是：注册淘宝店铺→解决货源→为商品拍照→发布上架商品→装修店铺→推广销售→售后发货。拥有一个属于自己的淘宝店铺是基本条件，从 2013 年 10 月 12 日开始，淘宝网官方对卖家注册店铺流程进行了简化，取消开店考试环节，个人开店仅需 1~3 个工作日。申请淘宝店铺完全免费；一个身份证只能开一家个人店；开店后店铺无法注销。

　　启动浏览器，例如 IE 浏览器，在其地址栏中输入淘宝网唯一官方网址 www.taobao.com 后按回车键打开，如图 1-1 所示，用鼠标单击网页左上角的"免费注册"超链接或者单击右侧的"注册"按钮，进入注册会员引导界面。

　　当下最新注册淘宝店铺的步骤如下：

　　1．注册成为淘宝网个人会员；

　　2．支付宝个人实名认证；

　　3．创建个人店铺、发布宝贝。

图 1-1 淘宝网首页免费注册入口

1.1.1 注册成为淘宝网个人会员

在淘宝网买卖商品，成为会员是必备条件，游客状态无法完成交易。因买卖双方的交易由第三方"支付宝公司"担保，淘宝账号须绑定支付宝账号才能付款，所以注册淘宝网会员时会默认开通并绑定一个支付宝网站会员。

注册会员时先同意淘宝网用户注册协议，否则无法注册，如图 1-2 所示；协议文本内容请以注册时网页实时显示为准。

图 1-2 淘宝网用户注册协议

接下来按页面提示完成 3 步操作便可注册成功，如图 1-3 所示。

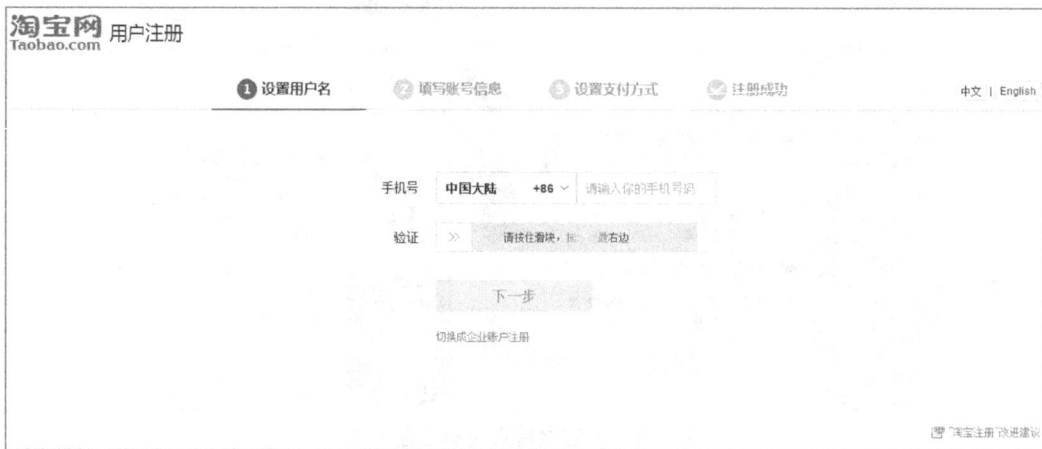

图 1-3　淘宝网个人用户注册流程

第 1 步 "设置用户名"，默认使用手机号码；当手机号码被占用时，可以用邮箱注册，如图 1-4 所示。淘宝账号注册支持的电子邮箱包括 QQ 邮箱、新浪邮箱、126 邮箱、163 邮箱、搜狗邮箱等，建议选择自己常用且有效的邮箱；注册过程中需要登录邮箱进行验证，后期如果遇到淘宝账号异常，可通过邮箱验证或找回密码。

用手机号码作为登录名注册成功后，手机号码将默认为支付宝账户登录名；同样，使用邮箱作为登录名，邮箱默认为支付宝账户登录名（推荐用邮箱注册，有助于保护个人隐私）。

第 2 步 "填写账号信息"，主要是设置登录密码和会员名；作为开店卖家，"会员名"建议使用简单、通俗易懂、好记、不带行业特色的名字，因为会员名一旦设置成功，具有唯一性且不能修改，请慎重想好。比如，有些卖家注册时取名 "某某女装"，后来更换主营方向卖家居用品，那就尴尬了。

第 3 步 "设置支付方式"，主要是选择绑定支付宝账户的类型，分为个人账户（中国大陆）、个人账户（港澳台/海外）、企业账户（中国大陆）三类；不同类型，需填写的资料不同，接下来你想以什么身份开店就选择对应的账户类型，注册个人店铺请选择个人账户类型。全部按要求填写，正确设置后注册成功。

如果你没有邮箱，可以免费注册一个。需要记清楚邮箱账号和登录密码，并且不要跟新注册的淘宝账号密码记混淆。启动浏览器，打开百度首页（官方网址为 www.baidu.com），在搜索框中输入关键词 "邮箱"，搜索结果页面如图 1-5 所示，这里显示的邮箱都可以注册使用。

图 1-4 手机号码被占用 可使用邮箱注册

图 1-5 百度搜索 注册免费邮箱

注册淘宝会员注意事项

在今后开店过程中，会有各种密码需要牢记。注册淘宝会员开店涉及个人信息、企业信息、银行卡信息等，保障信息不泄露、保护财产安全尤为重要。俗话说"好记性不如烂笔头"，建议准备一个专用小本，记下来并保管好，以备不时之需。

注册淘宝会员过程中所涉及的多个账号密码如下。

以邮箱注册淘宝会员为例：设置登录名时输入电子邮箱"mumu5651@163.com"，填写账户信息时设置会员名为"卓瑞六点木木"，为会员名"卓瑞六点木木"设置一个登录密码为"55****cd"；接着免费获得一个以"mumu5651@163.com"作为登录账号的支付宝会员名，为该支付宝账号设置登录密码"55****cd"和支付密码"mu******k"。

后续用会员名"卓瑞六点木木"+登录密码"55****cd"登录淘宝网开店；用登录名"mumu5651@163.com"+登录密码"55****cd"登录支付宝管理资金，涉及付款/转账/订购软件工具等操作时输入支付宝支付密码"mu******k"。

小贴士

1. 用邮箱注册时，该邮箱必须真实有效，用来接收验证邮件，该邮箱对应一个登录密码，请勿与淘宝账号密码混淆；

2. 淘宝会员名具有唯一性，设置后不能修改，如"梦幻衣柜女装"，如果店铺卖什么还没确定，建议使用无定向特征的词语；

3. 一个淘宝会员账号绑定一个支付宝会员账号，一个支付宝账号对应一个登录密码和一个支付密码。支付宝账号的登录密码在注册时默认与淘宝会员账号的登录密码一致。

1.1.2 支付宝个人实名认证

成功注册淘宝会员后，继续进行拥有店铺第二步——实名认证。一张身份证只能开一家个人店铺，一张营业执照只能开一家企业店铺。

实名认证包含两项：支付宝实名认证和淘宝开店认证。

个人支付宝实名认证需要事先准备一张未经过实名认证且身份证信息与银行开户名为同一人的银行卡（该卡最好开通网上银行，进行支付宝实名认证时，填写银行卡信息后淘宝网会往填写的银行卡内转入一笔1元以下资金，准确无误地输入这笔金额后才能通过认证。如果填写的银行卡开通了网上银行，可直接在电脑上查询，没开通网上银行则只能去银行网点柜台查询）。

个人淘宝开店认证需要提前准备好以下材料。

1. 身份证正、反面彩色扫描件或者照片。

照片要求：扫描件或者照片，正、反面彩色，所有的文字信息清晰完整。

2. 本人手持身份证正面的上半身照片（用谁的身份证，就谁拿着身份证拍照）。

照片要求：身份证上的头像清晰，所有信息清楚可辨认；身份证扫描件或照片必须与本人以及手持身份证上的头像三者统一；要求原图，无修改。如图 1-6、图 1-7 所示。

图 1-6　手持身份证正面照

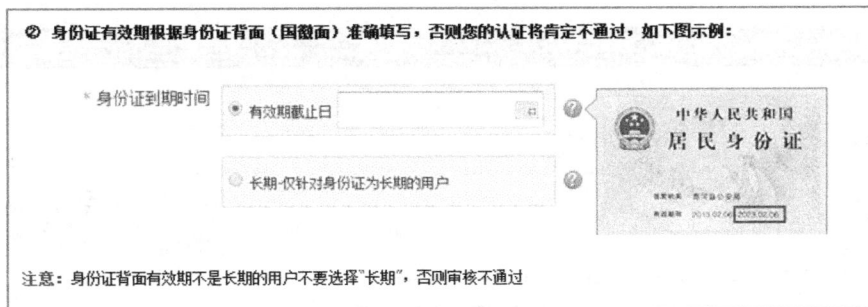

图 1-7　身份证有效期

准备妥当后，启动浏览器，输入并打开淘宝网首页 www.taobao.com，单击右侧"免费开店"按钮，输入注册的淘宝会员账号+登录密码，单击"登录"按钮，进入卖家中心后台，如图 1-8 所示。

单击"创建个人店铺"按钮，阅读开店须知，单击"我已了解，继续开店"按钮，进入申请开店认证页面，如图 1-9 所示，单击"支付宝实名认证"右侧的"立即认证"超链接，进入实名认证流程，按提示填写相关信息，等待银行打款。在支付宝实名认证过程中，可以同步进行淘宝开店认证，单击"淘宝开店认证"右侧的"立即认证"超链接，按提示填写相关信息，等待审核。也可以等支付宝实名认证通过后再回到此页面进行开店认证。打款审核需要 1～2 个工作日。

图1-8   卖家中心申请开店认证

图1-9   卖家中心-免费开店-申请开店认证界面

填写的信息准备无误，你将顺利通过认证；如未通过审核，则重新登录卖家中心，根据页面提示的不通过原因，按要求重新准备材料，重新提交认证，等待审核，直至审核通过。

1.1.3　创建个人店铺、发布宝贝

　　实名认证需要 1~2 个工作日，自己算好日子。启动浏览器，打开淘宝网首页，用账号和密码登录，进到"卖家中心-免费开店"页面；顺利通过两项认证后，单击"创建店铺"按钮，新弹出的窗口显示三大协议条款"诚信经营承诺书"、"淘宝服务协议"和"消费者保障服务协议"；认真阅读，确认无误后，单击"同意"按钮。至此，你的淘宝店铺就创建成功啦！单击"立即发布宝贝"按钮，填写宝贝相关信息并发布后就算正常开门营业了。如果不知道发布什么商品，不知道发布商品时如何填写相关参数，没关系，本书后续章节会详细讲解卖家中心、发布宝贝等操作细节。

1.2　淘宝企业店铺注册流程

　　与个人店铺不同，企业店铺虽然要提交的材料更多，但注册开店仅需两步。第一步，注册企业会员账号；第二步，对企业支付宝账户进行认证。

　　启动浏览器，打开淘宝网首页，单击"注册"按钮进入淘宝网用户注册界面，阅读注册协议并单击"同意协议"按钮，继续单击"切换成企业账户注册"超链接，进入淘宝网企业注册界面，如图 1-10 所示，企业用户名仅支持电子邮箱，如果没有邮箱，先去注册邮箱后再回到此页面，根据引导填写相关信息，直至注册成功。

图 1-10　淘宝网企业注册界面

　　企业支付宝实名认证由法定代表人申请，需事先准备公司的营业执照副本影印件，公司的对公银行账户（基本户/一般户均可），公司法定代表人的身份证正、反面影印件；由代理人申请，需要事先准备公司的营业执照副本影印件，公司的对公银行账户（基本户/一般户均可），公司法定代表人的身份证正、反面影印件，代理人的身份证正、反面影印件，企业委托书，委托书上必须盖有公司公章或者财务专用章（合同专用章/业务专用章等无效）。

　　材料准备齐全后，启动浏览器，打开淘宝网首页，用企业账号和密码登录，进入卖家中心，单击"创建企业店铺"按钮，根据页面提示，上传材料，提交后等待审核，直至创建店铺成功。

1.3　创建店铺后没发布商品，店铺会不会被关

　　前文提到，店铺一旦创建成功，正常情况下不会被注销，但有些卖家注册店铺后由于各种原因没及时发布宝贝，也没时间正常经营店铺，就会比较担心店铺会不会被关？

　　成功注册店铺后，如果不经营且没有违规，会被释放；如果违反相关规则，可能被封店，限制登录。"被释放"与"被封店"是完全不同的概念，如果是封店，认证时用的身份证将再也不能到淘宝开店；被释放的话，属于常规问题，按下文处理即可。

　　淘宝店铺释放的规则及实施细则：第二十四条 已创建的店铺若连续 5 周出售中的商品数量均为零，淘宝网有权将该店铺释放。一个淘宝网会员仅能拥有一个可出售商品的账户。

　　规则解读：

　　一、什么是店铺释放？

　　店铺释放是指店铺将被删除，并且在一定时限后该店铺的店铺名及域名可供其他用户申请并使用。其中店铺名保留时间为一周，域名保留时间为九十天。

　　比如，成功注册店铺后，默认的唯一数字店铺地址是"shop63934510.taobao.com"，接着为其设置了店铺名"六点木木教开店"，以及独立个性的店铺地址"mumu56.taobao.com"；当店铺在常规状态下被释放，访问两个地址时提示"店铺不存在"，店铺名和个性地址在预留期限后其他卖家可以申请使用。当再次激活店铺后，数字地址"shop63934510.taobao.com"不变，而店铺名和个性店址在没被使用的情况下可以再次申请。个性店址最多申请 3 次，且需满足店铺信誉一钻以上+购买旺铺专业版（50 元/月）。

　　二、在什么条件下，店铺会被释放？

　　卖家创建店铺后，应关注店铺内出售中的商品数量，以免店铺被释放。具体释放规则为：

　　1．店铺内出售中的商品数量连续 3 周为 0 件，系统会发送旺旺及邮件提醒用户"宝贝数量连续 3 周为 0 件，必须发布宝贝，否则您的店铺将有可能暂时释放"。

　　2．店铺内出售中的商品数量连续 4 周为 0 件，即第一次提醒 1 周以后（即第 4 周）用户的宝贝数量仍为 0 件，店铺会暂时释放，系统会发送旺旺及邮件告诉用户"店铺已经暂时释放，

但是我们将为您的店铺名保留一周，只要您发布宝贝，24 小时后，店铺即可恢复之前开店状态"，此时单击"查看我的店铺"，店铺不能正常显示。

3．店铺内出售中的商品数量连续 5 周为 0 件，即第二次提醒后再过 1 周（即第 5 周）用户的宝贝数量仍为 0 件，店铺会彻底释放，系统会发送旺旺及邮件告诉用户"店铺已经彻底释放，任何人都可以申请并使用您的店铺名称"。若您要继续开店，需要重新单击"免费开店"，按照提示完成指定操作，店铺就可重新开张。

4．在店铺已经暂时释放（连续 4 周宝贝数量为 0 件，店铺会暂时释放）的状态下，用户进行发布宝贝操作后，系统会发送旺旺及邮件告诉用户"店铺因发布了一定数量的宝贝，现已被激活。"

简单理解就是，店铺会不会被关，跟店铺中是否有正常出售中的商品有关。即使店铺被释放，也不用太担心，只要您已经完成开店认证且淘宝账户处于正常状态（没有被违规限权），发布一件全新商品（闲置商品除外）或上架仓库中的宝贝，等待 24 小时即可重新创建店铺。

如果您之前经营过一段时间，店铺有信誉累计，交了保证金，后来不开的店铺被释放，只要没有被违规限权，那么重新激活后对您店铺之前的信用等级、已订购服务及保证金等均无影响。

1.4　天猫店铺入驻流程

天猫是阿里巴巴集团旗下 B2C 零售平台，唯一官方网址为 www.tmall.com，其致力于向消费者提供更丰富的品牌商品及更优质的品质服务，欢迎优质品牌和商家入驻，共同打造全球消费者至爱的品质购物之城。

由于天猫更注重品质，不支持个人入驻，并且入驻条件更为严苛，门槛更高。淘宝不管是个人，还是企业开店都免费，而商家在天猫经营必须缴存保证金、交纳年费、按照销售额一定百分比（简称"费率"）交纳软件服务费；不同行业、不同店铺类型（旗舰店/专卖店/专营店）需要准备的入驻资费略有不同，少则几万元，多则几十万元。

天猫商家入驻主要分为四个阶段，如图 1-11 所示，比较关键的是第二阶段——资质初审和复审。

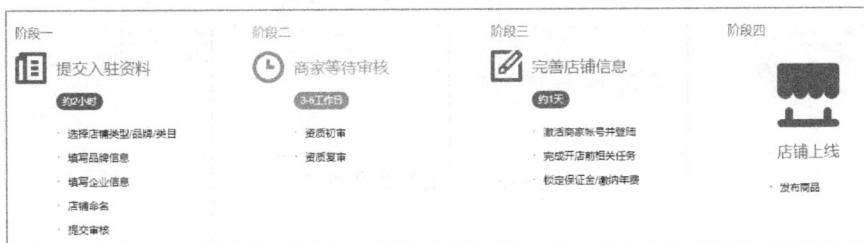

图 1-11　天猫企业注册界面

如果您对开天猫店铺感兴趣，可以启动浏览器输入天猫网址 www.tmall.com，将首页拉到底部，单击"商家入驻"超链接，如图 1-12 所示，了解更多详情。

图 1-12　天猫网站首页底部　商家入驻

1.5　淘宝"中国质造"入驻流程

"中国质造"是淘宝网旗下官方运营的平台，旨在帮助线下有实力的商家进行转型，将全国优秀制造企业、厂家的商品通过严苛的入驻标准聚集起来，为消费者提供更有品质保障的商品和更优质的服务，唯一网址为 https://q.taobao.com/，如图 1-13 所示。

图 1-13　中国质造产业带

对买家来说，购买"中国质造"的打标商品，可以享受 48 小时闪电发货、全国包邮（大陆偏远地区、港澳台、海外除外）、卖家赠送退货运费险、15 天无理由退货、闪电退货服务、极速退款服务、质无忧服务。

对卖家来说，入驻"中国质造"，除了提升自己店铺的品质形象外，还将获得淘宝电脑（PC）端、手机端首页展示机会，商品打标，优秀的商品还可参加"中国质造"频道活动、聚划算专属报名模块等。与普通店铺相较而言，您的店铺将获得更多的流量展示机会；同等流量下，您店铺的成交转化率会大大优于普通店铺。

入驻"中国质造"好处多多，我能入驻吗？首先，不支持天猫商家入驻；其次，个人店铺和企业店铺都支持入驻，其中个人店铺入驻需要证实个人是入驻企业的法人或者股东，否则不支持；再者，一定需要有工厂，如果入驻企业没有工厂，存在关联工厂也可以。

入驻时，商家可以选择产业带（就是产业的集聚地区）或者非产业带，入驻后所享受的权益都是一样的。如果您的商品在产业带和非产业带上都找不到合适类目，那就是目前该类目没有开放对外招商，是否会招商请继续关注。

"中国质造"商家入驻入口（需卖家开店账号登录）：https://alchemy.taobao.com/enter/bandCatList.htm。

提醒： "中国质造"入驻条件、招商规则、活动报名入口详见附录 A。

1.6　淘宝"极有家"入驻流程

极有家是阿里巴巴集团旗下的一站式家装家居电商平台，致力于打造一个家装设计、装修服务、家居商品购买的一站式家居垂直市场，以"家"为中心，为消费者提供全阶段的贴身服务及商品选购，唯一网址为 www.jiyoujia.com。截至目前，全站日流量已经突破百万。

入驻成功后，可以获得极有家专属标识、官方持续稳定的流程扶持、极有家各种优质流量活动的优先报名权、汇聚淘系内外优质资源的品牌推广整合营销、极有家运营小二专门为您打造的专属课程等。

目前可以入驻极有家的角色包含：品牌商家（品牌直营、品牌专卖、品牌多营）、商品商家（品质工厂、海外代工、手工匠人、原创设计、优质网店商家）、装修设计或定制品商家（家装设计师、装修公司、定制品商家）、导购专家（时尚买手）、媒体、房产商家（房产开发商、房产代理商）；入驻时请查看角色定义及入驻规则，选择一种合适的角色入驻。

角色定义及入驻入口：

https://jiyoujia-zhaoshang.taobao.com/user/userIdentitySelect.htm。

入驻前须知：

1．极有家暂未授权任何机构进行代理招商服务，目前入驻极有家不收取任何报名费用；

2．极有家将结合各行业发展动态、国家相关规定及消费者购买需求，不定期更新招商标准；

3．目前针对淘宝集市店铺卖家账号、未开淘宝店但有实体线下店的买家账号，以及其他买家账号三类形态进行招商；

4．请务必确保您申请入驻及后续经营阶段提供的相关资质的真实性（如商标注册证、授权书、专利证明、质检报告等，请务必先进行文件真实有效性的核实），一旦发现有虚假资质，您的账户将被列入非诚信客户名单，极有家将不再与您进行合作。

5．对于入驻成功后的极有家商家，系统会自动按极有家风格修改淘宝店部分装修样式。

极有家入驻流程分为五个阶段，了解入驻规则→选择入驻角色→提交报名信息→等待审核→入驻成功，如图 1-14 所示。

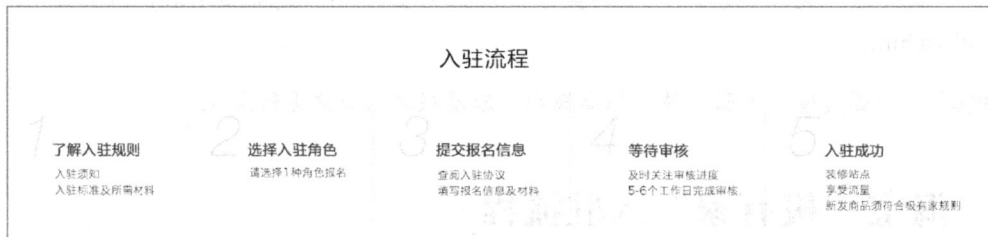

图 1-14　极有家入驻流程

提醒：极有家招商角色介绍、招商材料及规则、清退管理规则等详见附录 A。

1.7　淘宝众筹入驻流程

众筹译自国外 crowdfunding 一词，即大众筹资或群众筹资，是指用赞助+回报的形式，向网友募集项目资金的模式。众筹利用互联网和 SNS 传播的特性，让许多有梦想的人可以向公众展示自己的创意，发起项目，争取别人的支持与帮助，进而获得所需要的援助，支持者则会获得实物、服务等不同形式的回报。

淘宝众筹（官网 https://izhongchou.taobao.com/）是一个协助大家发起创意、梦想的平台，不论你是淘宝卖家、买家、学生、白领，还是艺术家、明星，如果你有一个想完成的计划（例如：电影、音乐、动漫、设计、公益等），你可以在淘宝众筹发起项目，向大家展示你的计划，并邀请喜欢你计划的人以资金的方式支持你。如果你愿意帮助别人，支持别人的梦想，你可以在淘宝众筹浏览到各行各业的人发起的项目计划，也可以成为发起人的梦想合伙人，当你们一起见证项目成功后，你还会获得发起人感谢你支持的回报。

淘宝众筹发布项目入口：https://izhongchou.taobao.com/dream/myproject.htm。

发布众筹项目后，淘宝网自动审核资质。启动浏览器，比如 IE 浏览器，在地址栏输入淘宝众筹网址（https://izhongchou.taobao.com）并打开，用淘宝会员账号和密码登录后，单击右上角的"发布项目"按钮，新开页面如图 1-15 所示，先单击选择众筹项目方向，再单击"发布众筹"按钮，进入资质检查阶段。

图 1-15　淘宝众筹–发布项目

资质检查主要包含未因出售假冒商品被限制参加日常营销活动、未因活动中扰乱市场秩序被限制参加营销活动、未因虚假交易被限制参加营销活动、未因严重违规行为被限制参加营销活动、近 30 天纠纷退款率及退款笔数、服务态度、不在搜索全店屏蔽处罚期、开店时长、物流服务、众筹平台要求店铺综合竞争力达标、要求店铺具有一定综合竞争力等 13 项，如图 1-16 所示，当所有资质都合格后，您可发起众筹项目；如果有一项或多项资质不通过，则无法发起众筹项目。

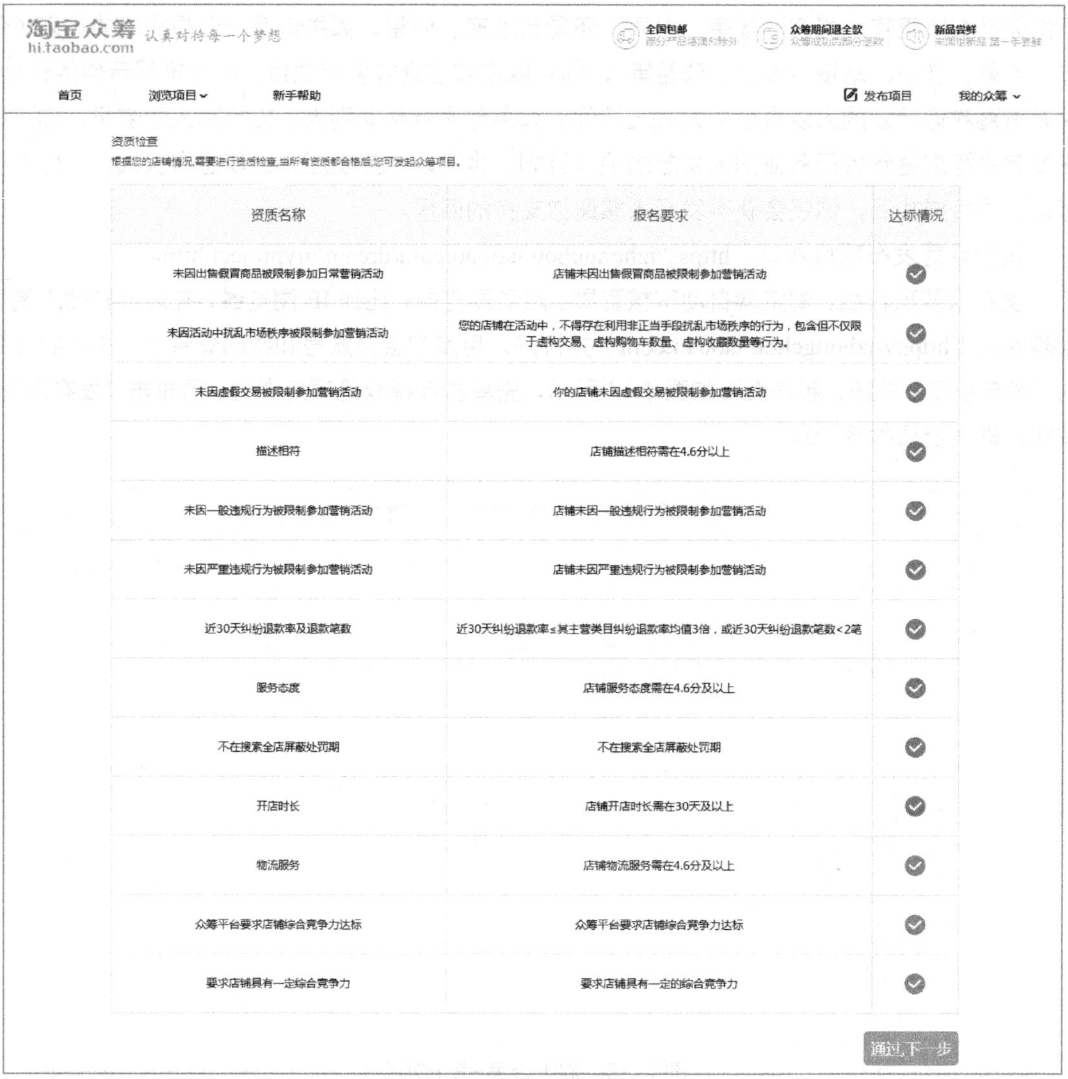

图 1-16   淘宝众筹资质要求

　　顺利通过资质检查后，单击"通过下一步"按钮，按页面提示分别依次填写项目信息、设置回报组合、填写发起人信息、等待审核，如图 1-17 所示，所有加*为必填项；特别是项目图片、推广位图片、项目描述中的图片，请严格按照规范做图，这有助于顺利通过审核。

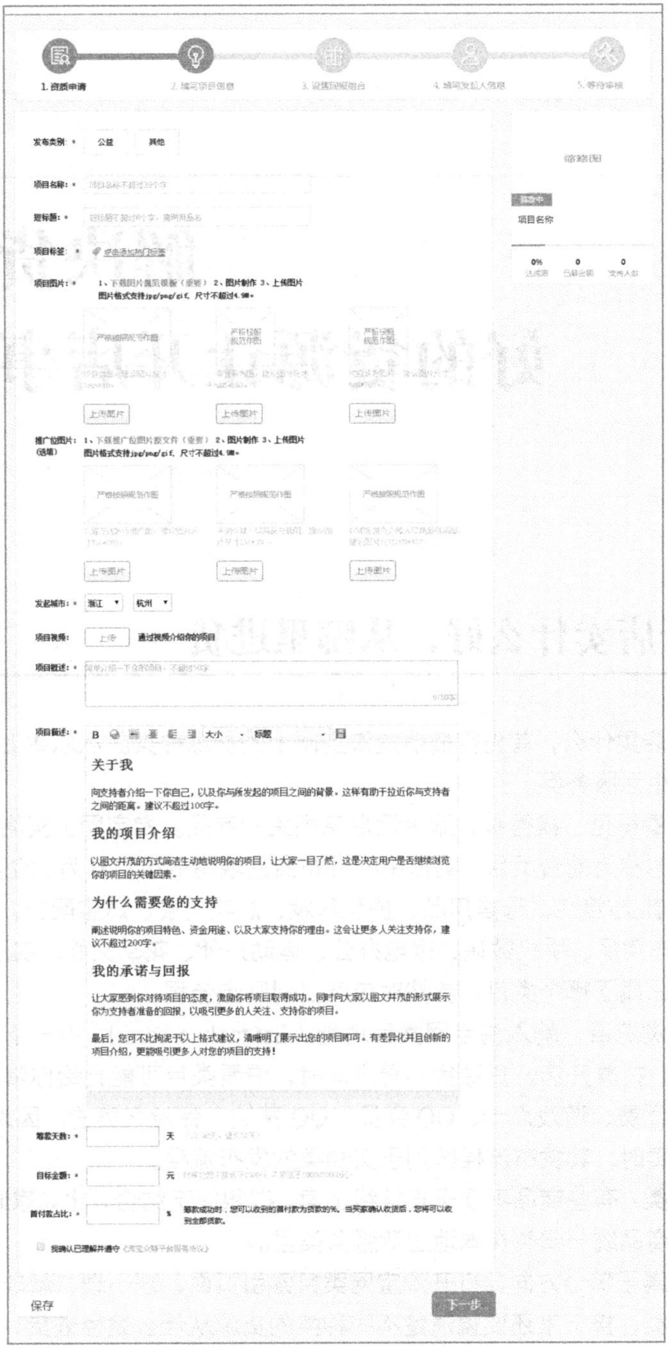

图 1-17　淘宝众筹项目信息填写规范及图片尺寸要求

第 2 章

解决货源技巧
好的货源让开店事半功倍

2.1 淘宝开店卖什么好，从哪里进货

要解决淘宝开店卖什么，首先得搞清楚淘宝网上的货源种类。从总体上讲，货源分为实物类、虚拟类和本地生活服务类。

实物类：是指看得见、摸得着，跟生活息息相关的商品。淘宝网上实物商品前台类目（买家可以正常浏览到的称为前台类目；卖家中心发布商品填写的类目称为后台类目）主要分为 17 大类，女装/男装、鞋类/箱包、母婴用品、护肤彩妆、汇吃美食、珠宝配饰、家装建材、家居家纺、百货市场、汽车用品、手机数码、家电办公、运动户外、花鸟文娱、农资采购、生活服务、更多服务。所售商品属于哪个类目，就按对应类目规则走流程。

大家可以启动浏览器，输入淘宝网类目地址（list.taobao.com），看一下不同的一级类目分别有哪些二级类目。打算开店，货源找不着方向时，看看类目可能会给你带来灵感。

虚拟类：比如话费、游戏点卡、QQ 会员、QQ 黄钻、保险之类的。因为这类商品看得见、摸不着，在淘宝上卖时，其发布流程区别于实物类的发布流程。

本地生活服务类：有些商品不便于直接线上卖，得跟线下结合，比如家政服务、便民服务、上门洗车等，这些商品统一归类在本地生活服务类里。

你想卖的商品属于哪个方向，打开淘宝网类目索引页面，理一理，就非常清晰了。

搞清楚货源种类，接下来还要搞清楚不同种类的货源从什么途径进货。

实物类商品进货途径主要有做代理（即供货商一件代发）、自己进货、自产自销、有实体

店四种。

第一种：做代理（即供货商一件代发）。 不用先进货，不用为商品拍照，供货商提供现成的商品数据包，自己发布至淘宝店铺销售，卖出去了，供货商为你发货给买家。这种方式没有资金和库存压力，为广大兼职开店一族、有淘宝运营能力又不想自己投入太多资金的卖家们所喜爱。

第二种：自己进货。 卖家可以从全国各大线下批发市场进货，从阿里巴巴采购批发网上批发进货，与线下实体店达成供货合作等。阿里巴巴是批发采购网站，除代理加盟外，更多的是批发，如果自己拿货也可以考虑这里；很多是厂商自己开店，支持混批，很多是一手货源，刨开了批发市场的二级三级甚至多级经销商，选对找准了也很划算。

第三种：自产自销。 自己有厂子，自产自销。

第四种：有实体店。 网上销售线下实体店内的货源。

实物类商品主要是从以上四种途径进货：做代理、自己进货、自产自销、有实体店。不同人的资源不一样、实力不一样，按需选择。

虚拟类商品 如移动/联通/电信话费、各种游戏点卡等，当下进货途径只有两种：第三方充值软件、淘宝充值平台。第三方充值软件盛行期在 2010～2012 年，当时被炒得极其火热，互联网上铺天盖地都是这些充值软件的广告，后来其模式被证明有违软件功能初衷，遭到各大知名网站封杀，2013 年年初，第三方充值软件开始慢慢淡出市场；目前经营淘宝网"网店/网络服务/软件类目下的二级类目充值平台软件/加款卡商品的软件商及代理商"须经淘宝审核备案，且须符合该二级类目的准入条件。除淘宝准入的商家外，可能还有一些未经允许的卖家变着法在卖，建议不要去选，花几百上千元买来对你的店铺没任何帮助，对于第三方充值的货源，淘宝根本不让发布上架。

如果打算卖这类充值商品，唯一的选择就是加入淘宝官方充值平台（唯一网址为 chongzhi.taobao.com ）。启动浏览器，输入网址打开，会看到如图 2-1 所示的界面；单击"立即加入"按钮，根据提示操作，完成入驻即可。针对充值商品发布上架流程，淘宝官方准备了很多图文教程，单击页面中"使用教程"超链接，在新开页面中多了解即可独立操作。

当下充值商品利润超低，一单交易结束赚个几分几毛甚至亏本，付出回报完全不成正比；并且销售充值商品积累起来的店铺信誉对以后转卖实物商品没任何帮助，甚至还会影响今后转卖实物商品的活动报名。如果你在某些途径听说卖虚拟话费有多少好处，那这些信息一定是早已过时的了。在淘宝网上很多官方活动都禁止虚拟商品店铺参加，建议还是做实物类商品靠谱。

对于网店商品货源问题，仁者见仁，智者见智，建议从自己喜欢和熟悉的行业入手。选商品时尽量选小而美，专注专一。比如：大家都卖袜子，你就卖有 5 个脚趾的袜子。

也可以通过数据分析，了解当下流行什么，什么类目、什么商品好卖，在网上什么是热销款、哪些商品利润高运作空间大。推荐两个专业权威的数据平台，进去多转转兴许能给你带来灵感。现在开网店，货源为王，质优价廉的商品淘宝平台喜欢，消费者喜欢，你就能赚得盆满钵满。

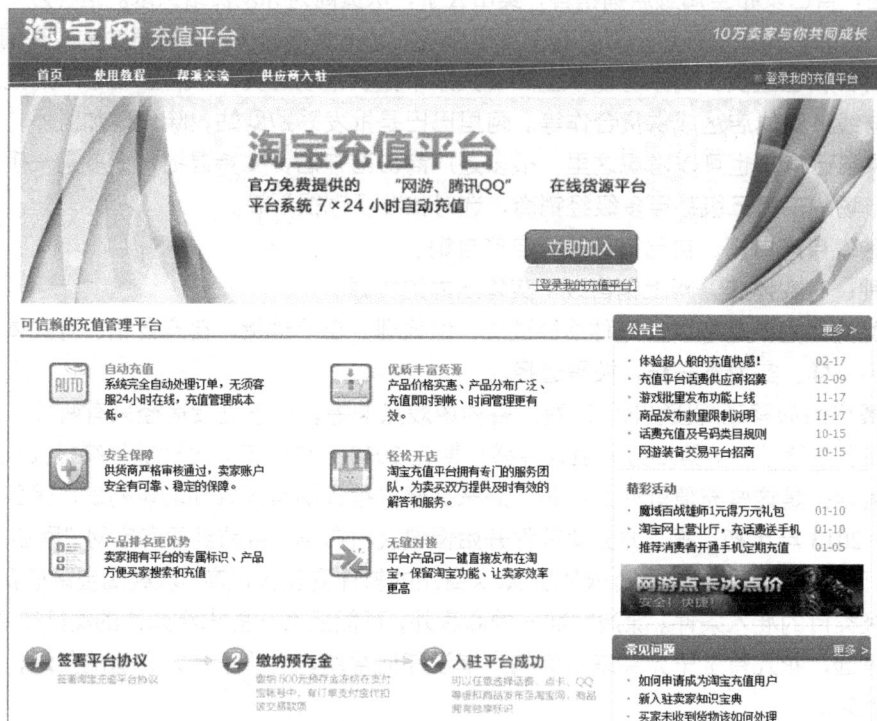

图 2-1　淘宝官方充值平台

淘宝排行榜热度查询 top.taobao.com，如图 2-2 所示。

图 2-2　淘宝排行榜热度查询

阿里指数网址为 https://alizs.taobao.com，阿里指数是阿里巴巴出品的基于大数据研究的社会化数据展示平台，媒体、市场研究员以及其他希望了解阿里巴巴大数据的人可以从这里获取以阿里电商数据为核心的分析报告及相关地区与市场信息，如图 2-3 所示。

图 2-3　阿里指数

2.2　做代理，一件代发的开店流程

前文讲到，实物类商品货源渠道之一是做代理（一件代发），这种方式没有资金和库存压力，被多数卖家们采用。

一件代发的运作流程：找到供货商达成合作→供货商提供商品数据包→自己整理发布至店内销售→买家在店内下单购买→自己去供货商处填写买家收货地址、电话信息后下单进货→供货商发货后提供快递单号→凭供货商提供快递单号到自己店内为买家发货→买家收到商品完成交易→自己再去供货商处确认收货完成交易。

从运作流程可看出，整个交易环节中自己对商品质量、供货商发货速度等关键环节的把控性不强；如果商品质量不行，后续退换货、中差评、动态评分过低等问题纷至沓来，令人头痛，所以选择靠谱的供货商尤为重要。

这些靠谱的供货商都在哪里呢？

第一个：阿里巴巴集团下属的采购批发网站，面向全球，世界级的采购批发，众多生产企业、批发企业、大集团等都汇聚在此。阿里巴巴集团专门针对零售需求，解决中小卖家们货源难、资金难等问题搭建了阿里巴巴代理加盟平台，唯一网址为 daili.1688.com，如图 2-4 所示。

这里有各种货品一件代发，也有靠谱的实力供货商，自己按需筛选即可。

图 2-4　阿里巴巴代理加盟平台

　　第二个：天猫供销平台，唯一网址为 gongxiao.tmall.com，如图 2-5 所示，持有品牌权利人授权文件的供应商才能入驻天猫供销平台，这里面的供货商绝大多数都靠谱。另外，从这里做代销，最大的便利和好处是直接与卖家中心衔接，操作非常方便。

图 2-5　天猫供销平台

第三个：淘宝站内搜索供货商、第三方代理网站、代理软件。

启动浏览器，输入淘宝网址 www.taobao.com 打开首页，在"宝贝"搜索框中输入关键词"xxx 代理"，比如"女装代理"，如图 2-6 所示；搜索框下拉展开弹窗中自动匹配更多相关的关键词，选中一个后，单击"搜索"按钮，在搜索结果中按需筛选即可。用这种方式找供货商，由于缺乏第三方监管，所以需要多留心眼儿，防止被骗。

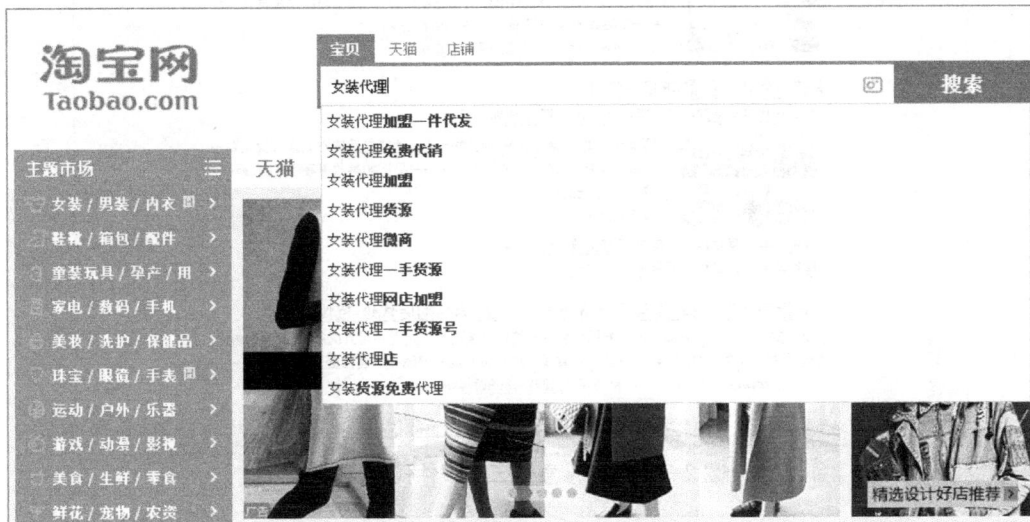

图 2-6　淘宝站内搜索供货商

有些公司或企业会创建独立网站用于分销商会员进货和发货，找到靠谱的网站也是不错的选择之一。启动浏览器，打开百度首页 www.baidu.com，在搜索框中输入关键词"xxx 代理加盟、xxx 一件代发"，比如"男装一件代发"，单击"百度一下"按钮，搜索结果如图 2-7 所示，按需筛选即可。用这种方式寻找货源，关键问题是脱离阿里巴巴集团，缺乏第三方监管，要自己辨别这些网站真伪，避免上当受骗。目前市面上也有一些货源代理软件，多数是说得好听，但实际不太好用，大家多甄别。

小结寻找一件代发货源的注意事项：买家最关心的问题是商品质量、售后保障、发货时间、发什么快递、退换货流程等；卖家应该从买家关心的问题入手，寻找综合服务水平稳定的供货商。除此以外，卖家还应该关心：供货商提供的数据包质量、商品图片描述质量、对代理商在开店问题上的支持、拿货流程等。尽量在货源问题上让自己在开店过程中少操心。

所谓"骗人之心不可有，防人之心不可无"，从淘宝站内搜索或从独立的代理网站找供货商，因缺乏第三方监管，鱼龙混杂，一不小心容易上当受骗，但只要遵循"天上不会掉馅儿饼"的准则，多分析、多对比，多打听、多问，找到心仪的货源商品也不难。

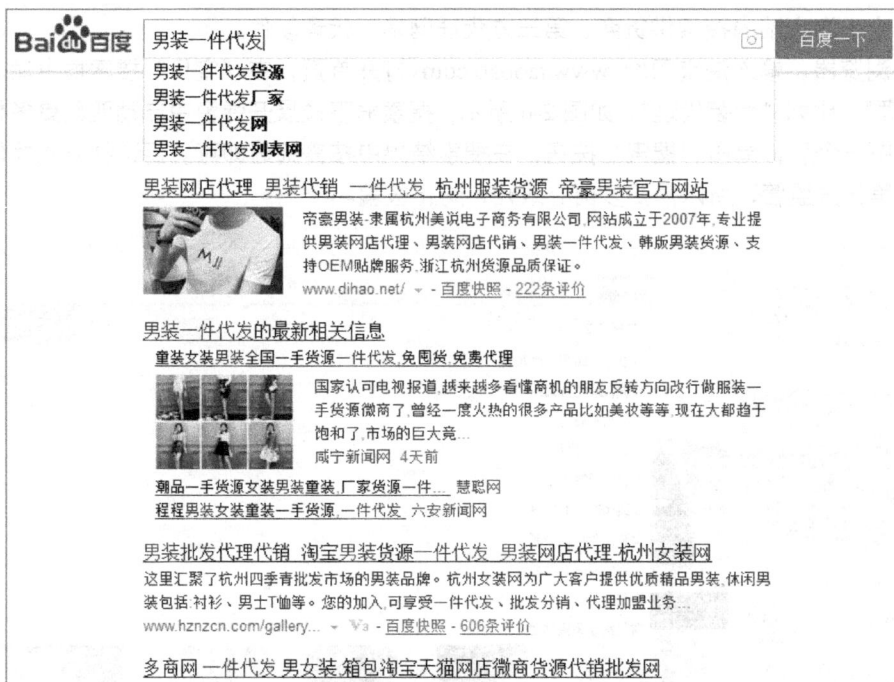

图 2-7　百度搜索第三方一件代发网站

2.3　自产自销/有实体店，如何开淘宝店

自产自销、有实体店或者有自己进货渠道的开店流程：注册淘宝店铺→为商品拍照→发布上架商品→装修店铺→推广销售→售后发货维护。店铺正式营业之前，为商品拍照是关键。网店常用拍照方式有两种：找人代拍、自拍。

1．找人代拍。可以去专业团队聚集地——淘宝摄影市场（唯一网址为 sy.taobao.com），或者淘宝站内搜索专门承接商品拍摄的卖家。启动浏览器，输入淘宝网首页地址 www.taobao.com 并打开，在搜索框中输入关键词，例如"商品拍照服务"，单击"搜索"按钮，搜索结果如图 2-8 所示，按需筛选即可。

代拍流程：选择摄影服务→下单支付→邮寄拍摄宝贝→查看照片（样片）→确认照片，使用成片及原图→交易完成，评价。

拍摄费用大致包括：模特费、摄影师费、搭配师费、化妆师费、造型费、场地费、后期处理费用、快递费。市场行情一般是按件计算的，30 元/件至上千元/件不等；不同类型商品的拍摄风格不同，具体所需价格也不同，要自己洽谈细节。

图 2-8　淘宝站内搜索承接商品拍摄的卖家

代拍优点：专业的人做专门的事，针对网店拍摄需求，效果好。代拍缺点：费用高（特别是商品数量多时）、时间长、地域限制、沟通难。

2．资金预算不多，可以自己拍摄。自己拍需准备摄影器材、搭建拍摄场景。

摄影器材分为相机和辅助器材。预算多就选择专业的单反相机，预算少就选择普通数码相机，适合自己的就是最好的。目前市面上各种相机品牌、型号众多，当前热门、销量比较好的有佳能、尼康、索尼、宾得，建议大家到专柜多走走，多对比了解，瞄准再下手。

辅助器材通常有光源、灯架、灯头、背景、背景架、三脚架、柔光箱、反光板、反光伞、简易摄影棚、摄影台等，网店常用的拍摄方式分为室内实景棚拍、室内纯色背景棚拍、外景拍摄、室内摄影棚平铺拍/挂拍、室内摄影棚静物摆拍等，大家根据自身实情按需选用。所有这些辅助器材都可以在淘宝网买到。启动浏览器，输入淘宝网地址 www.taobao.com，打开首页后，在搜索框中输入关键词，例如"摄影背景布"，单击"搜索"按钮，搜索结果如图 2-9 所示，按需筛选即可。搜索结果页面中还会自动匹配一些相关关键词，比如图中的"您是不是想找：摄影棚背景布、儿童摄影背景布、摄影背景布架等"，单击后可查找筛选更多类似的商品。其他辅助器材可以用一样的搜索查找方法，多找几家对比能选到自己心仪的商品。

自产自销、有实体店的，货源自然没问题，商品拍照方面可参照上述方法按需选用。解决拍照问题后，本书后面内容将对"发布上架商品→装修店铺→推广销售→售后发货维护"等问题进行一一解密。

图 2-9　淘宝站内搜索摄影器材

第 3 章

开店必备沟通工具 "千牛" 使用详解

3.1 什么是千牛? 千牛的下载和安装

淘宝网上买卖商品,自然少不了互相沟通,沟通必备专用工具就是阿里旺旺了。跟腾讯 QQ 类似,属于即时聊天工具。

2014 年 1 月 1 日以前,阿里旺旺分为买家版和卖家版。随着卖家们需求增长、各种功能完善,阿里旺旺卖家版正式升级为千牛。

千牛是阿里巴巴官方出品的卖家一站式工作台,分为电脑和手机两个版本,其核心是为卖家整合店铺管理工具、经营资讯消息和商业伙伴关系,借此提升卖家的经营效率,促进彼此间的合作共赢,让卖家可以更加便捷和高效地管理店铺,让生意游刃有余。简单理解就是千牛除原阿里旺旺卖家版功能外,还增加了其他管理店铺的功能。

所以目前最新版本为:阿里旺旺买家版(买家用户专用)、千牛(卖家用户专用)。

淘宝官方出品的软件要从淘宝官网下载,切记不要从一些未经认证的途径下载,当心被植入木马或者病毒,偷走你的个人隐私信息,造成财产损失。

启动浏览器,输入千牛官网下载地址 "wangwang.taobao.com",如图 3-1 所示。作为卖家,单击 "我是卖家" 按钮,在电脑上使用,就下载电脑版;在手机/平板电脑上使用,则下载手机版。淘宝网卖家会员既能卖东西,也能买东西,只需下载千牛(如果只在淘宝上买东西,不开店,单击 "我是买家" 按钮,下载阿里旺旺买家版即可)。没有实名认证开通店铺的淘宝会员账号登录千牛是无法看到千牛里关于卖家相关功能的。

本书是教大家开店,主要讲解卖家版千牛的使用,买家版阿里旺旺大家自行了解。

成功下载千牛后,双击应用程序图标,完成软件安装。之后,电脑桌面上会新增一个名为 "千牛工作台" 的牛头快捷图标,双击该快捷图标,软件启动界面如图 3-2 所示,输入淘宝网卖家会员账号和密码，可登录使用。这里的会员名和密码就是你实名认证的开店会员账号和密码，一号通用。

图 3-1　千牛淘宝官方下载入口

图 3-2　千牛工作台启动界面

小贴士

　　1. 电脑版千牛分为千牛工作台模式和旺旺客服工作台模式，在登录界面中"登录旺旺"左前方的钩建议不要取消，否则虽然登录了千牛，但阿里旺旺是离线状态，无法接收买家消息。

　　2. 非自己常用电脑或者不安全的电脑，请勿勾选登录界面中的"记住密码"和"自动登录"，否则容易导致账号被盗。

无线端（即手机/平板电脑）千牛下载方法除上文提及的外，还可以在手机/平板电脑的"应用商店"中搜索"千牛"下载并安装。当然，这里一定要使用智能手机，比较早的老古董手机（类似小灵通之类的）自然没办法安装使用了。

无线端登录依旧用与电脑端一样的淘宝卖家开店会员账号和密码。

当下智能手机普及率高，用手机/平板电脑网购的用户群基数越来越大，淘宝官方也在大力推广无线淘宝，作为淘宝卖家，有一款能上网、能随时随地打理店铺的智能手机很重要。对手机配置没有特别要求，只要能上网，可以安装千牛的手机都可以。

3.2　电脑版千牛工作台模式使用详解

千牛电脑版相较早期阿里旺旺卖家版的功能更多，当前 5.07.03N 版（笔者写作时）有两种工作界面：千牛工作台模式、接待中心旺旺客服工作台模式。熟悉这些功能有助于提升您与买家的沟通效率。

先来看第一种界面"千牛工作台模式"的使用方法。

双击电脑桌面上的"千牛工作台"快捷图标，打开登录界面，输入卖家账号和密码登录，如图 3-3 所示，成功登录后默认同时显示悬浮条和千牛工作台。

悬浮条从左往右依次是在线状态（默认"我有空"，单击头像右下角的小圆，展开菜单中勾选相应图标，可将状态切换至"忙碌中"、"离开"、"隐身"状态）、接待中心（单击可打开客服工作台）、消息中心（单击可打开系统推送的订阅消息）、工作台（单击可打开千牛工作台）、搜索（单击可显示搜索框）。如果不想显示悬浮条，可以在悬浮条上方任意位置单击鼠标右键，在弹出的菜单中单击勾选"隐藏悬浮条"。

一台电脑上可以登录多个千牛账号，只需多次双击启动图标，用不同的卖家账号或者子账号登录即可。

图 3-3　双击千牛快捷图标 输入卖家账号和密码登录

从千牛更新改版到现在，工作台模式更趋向于浏览器，功能更多，使用更便捷，为帮助大家快速掌握并理清千牛工作台模式中的所有功能，我们将主界面标注为6个区域，如图3-4所示。

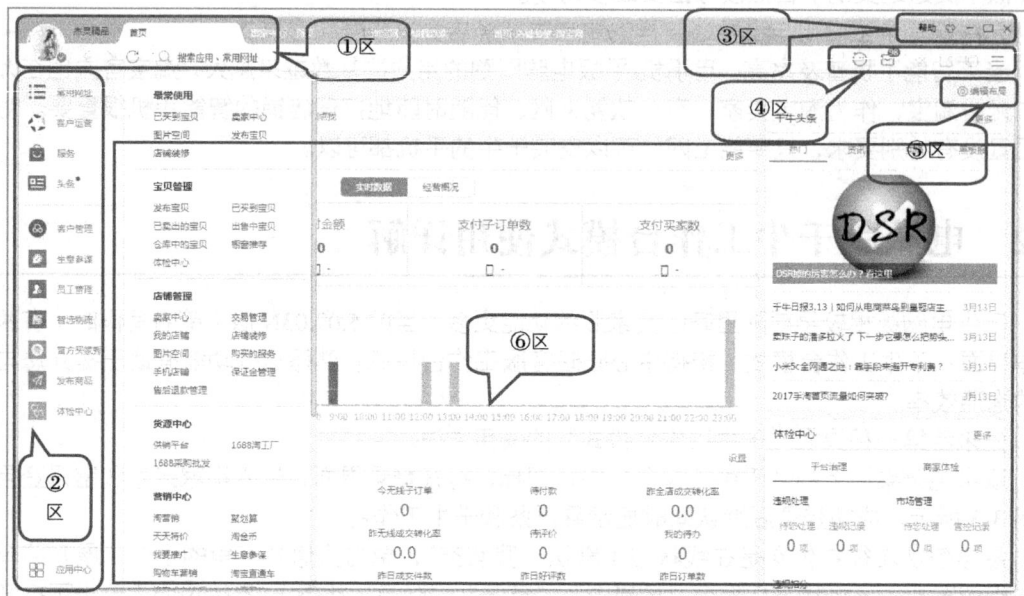

图3-4　千牛工作台界面

　①区从左往右依次是我的资料（单击可修改头像）、旺旺在线状态、账号名、"刷新"按钮、搜索框。

　②区是常用网址和应用中心入口，单击展开菜单，单击可打开相应的页面。"常用网址"主要是调取卖家中心后台数据，遇到大促或网速不给力时，数据可能延迟，建议卖家中心相关操作在浏览器中进行。"应用中心"主要是各类插件，有的免费，有的付费，有些需要授权，有些第一次单击触发时会自动订购，插件对应的开发者是淘宝官方或官方授权准入的正规服务商，按需选用即可。

　③区从左往右依次是帮助（阿里万象智能助理，当开店过程中遇到疑问可单击打开，自助解决）、更换皮肤（内置六种皮肤颜色，单击可切换）、最小化、最大化、关闭。当关闭工作台窗口后，在电脑桌面右下角任务栏处双击千牛图标可再次打开。

　④区从左往右依次是接待中心、消息中心、添加左侧快捷、其他浏览器打开、复制链接地址、设置（单击展开新的菜单，包含系统设置、安全助手、帮助及反馈、关于千牛、注销、退出）。

　⑤区 "编辑布局"。当打开千牛工作台不做其他操作时，默认显示首页，内置生意参谋、店铺数据、千牛头条、体检中心和营销活动中心五个模块，单击"编辑布局"按钮可修改模块显示。

⑥区不做其他操作时，默认显示首页内置模块相关数据；当开启常用网址或应用中心插件时，显示对应内容。

大家用自己的卖家账号登录后，每个入口依次点开看看，很快就能掌握。

3.3　电脑版千牛客服工作台模式使用详解

相较千牛工作台模式，接待中心客服工作台模式主要是管理好友、与其他人沟通交流。打开客服工作台界面有三种方法：第一，千牛悬浮条；第二，千牛工作台；第三，双击电脑桌面右下角任务栏中的千牛图标。

使用第三种方法要先简单设置一下，否则默认双击打开的是千牛工作台，设置步骤如下：

第一步，用鼠标右键单击任务栏中的千牛图标，展开菜单如图 3-5 所示，单击"系统设置"。当然也可以在此处单击设置自动回复、切换旺旺在线状态、打开千牛工作台、显示悬浮条、注销或退出软件。

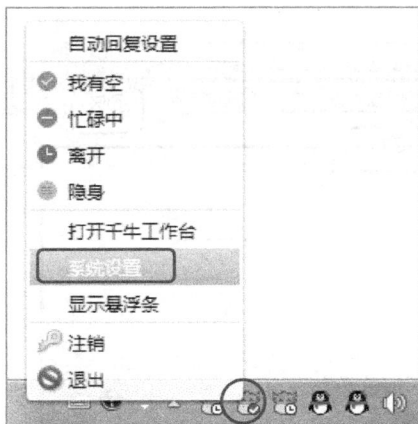

图 3-5　用鼠标右键单击任务栏千牛图标 打开系统设置

第二步，在"系统设置 – 基本设置 – 常规 – 托盘图标点击设置"中单击选择"接待中心"，如图 3-6 所示，单击"确定"按钮后设置生效。再次双击任务栏中的千牛图标时会直接打开接待中心。

当买家主动发起旺旺对话或者自己打开接待中心时，"客服工作台"界面如图 3-7 所示，为帮助大家快速掌握客服工作台功能及用法，我们也将主面板分为①～⑭区分别说明。

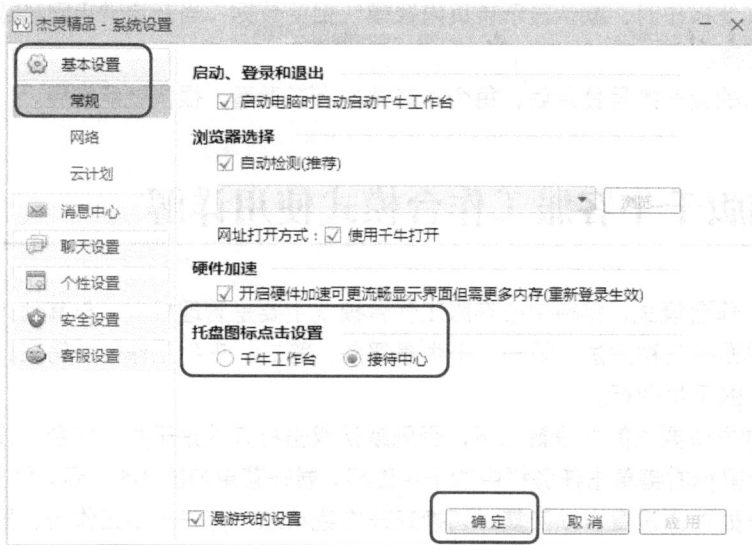

图 3-6　千牛 - 系统设置 - 修改双击打开窗口为接待中心

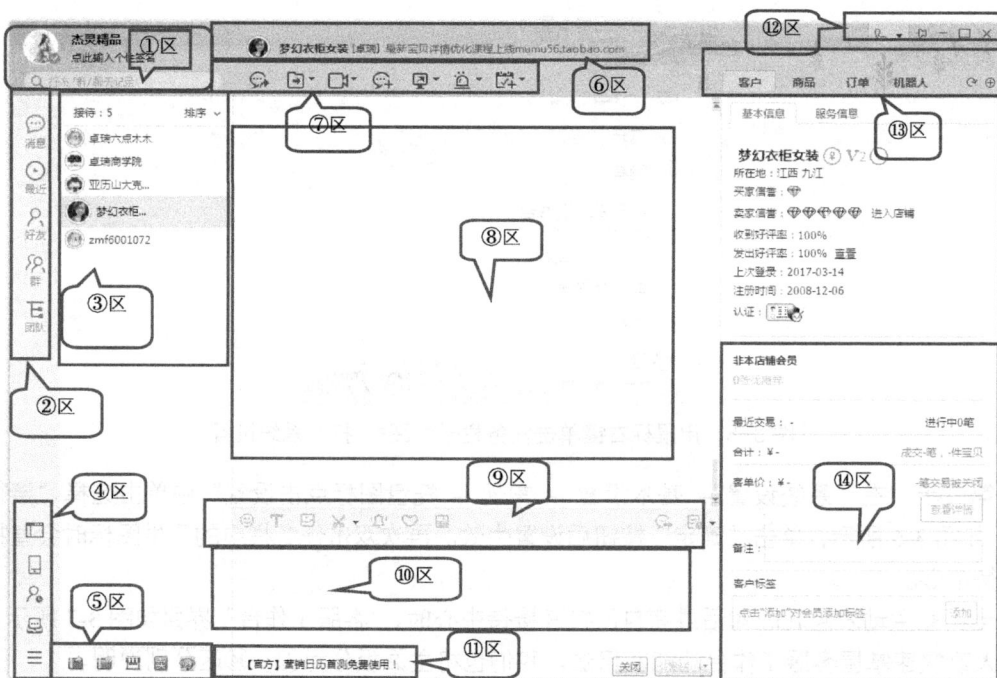

图 3-7　千牛接待中心 客服工作台

①区包含在线状态、个性签名、搜索框三个功能。特别说明一下，在早期版本中有单独的旺旺群展示界面，新版取消了，当您希望加入某个旺旺群时，在此处的搜索框中输入准确的群号，比如 1781991027，单击"在网络中查找"，搜索结果中会显示"卓瑞公开课旺旺群"，继续单击"+"加群即可。

②区从上往下依次是"消息"（正在对话的会员列表）、"最近"（含最近星标、最近联系、最近联系群三类）、"好友"（默认有未分组好友、陌生人、黑名单三组，在分组名称上右键单击激活右键菜单，可以进行添加组、添加子组、重命名组、删除组、向组员群发消息等操作，建议将与你对话过的淘宝会员都添加好友并分组，有利于后期店铺营销。如果是发广告的小号，直接拉进黑名单，将不再收到对方的骚扰消息）、"群"（分为我创建的群、我加入的群）、"团队"（是指自己店铺内创建的子账号，如果没有创建子账号，这里不显示。关于子账号的创建及应用本书后续会有专门章节介绍）。

③区对应显示②区切换的内容；比如②区选中"好友"，③区显示好友列表和分组列表。

④区从上往下依次是"工作台"、"我的手机"（单击打开新窗口，可以与手机千牛互传资料）、"今日接待"、"消息盒子"、"设置"（含系统设置、安全中心、管理联系人、消息管理器）。

⑤区从左往右依次是"插件订购"、"出售中的宝贝"、"我的店铺"、"卖家中心"、"阿里万象帮助中心"，单击后在工作台中打开。

⑥区从左往右依次显示的是正在对话用户的头像、淘宝会员名、好友分组名、个性签名。

⑦区从左往右依次是"转发消息给团队成员"（主账号开通了子账号才有这个入口，没开通是没有的，这个功能非常好用，特别是店内客服分售前和售后时，买家咨询售后问题，而你是售前客服，可以直接从这里将该买家转给指定的售后客服，如果客服团队中其他成员都没有登录千牛，无法转发，记住快捷键"Ctrl+R"有助于快速调出发送窗口）、"发送文件"、"视频聊天"、"邀请好友加入多人聊天"、"远程协助"（可异地控制电脑，非熟人请勿接受，避免账号被盗；如果自己发起"远程协助"，接受方可以查看、控制你的电脑；反之，你可以查看、控制对方电脑）、"举报"、"新建任务"，平时沟通过程中按需选用。

⑧区显示具体的聊天内容。

⑨区从左往右依次是"选择表情"、"设置字体"、"发送图片"、"屏幕截图"、"发送振屏"、"提醒客服评价"、"计算器"、"快捷短语"、"查看消息记录"，平时聊天过程中按需选用。

⑩区是输入聊天内容的位置。

⑪区是广告位，不定期变化，按需单击查看，不想看就不点。

⑫区从左到右依次是"挂起"、"此窗口总在最前"、"最小化"、"最大化"、"关闭"。"挂起"只有主账号开通子账号才有入口，其意思相当于电话中的转接，设置为"挂起"时，收不到买家旺旺消息，如果没开通子账号这个位置没有入口；有客服团队时，有事离开可以设置为挂起，买家咨询时自动分流至其他在线客服；大促活动期间，按需设置多少人挂起，比如，你同时接

待 88 个买家，忙不过来时，可以设置为 50 人挂起，再有新买家咨询时就不会分流到你这边而自动转接至其他客服。

⑬区从左到右依次是"客户"、"商品"、"订单"、"机器人"、刷新按钮、"+"插件入口，单击鼠标左键按住某一个标签，可左右调整改变显示顺序，也可以直接拖出来独立窗口显示。

"客户"标签下的"基本信息"显示对方在淘宝网上的成长经历，当你接待的会员买家信誉级别较低、发出好评率低于 100% 时要特别注意了，认真对待，避免接下来某个环节服务不到位，交易完成后给你中差评。开店初期好评率比较重要，希望大家认真对待。"卖家信誉"不为0，表示该会员同时也是卖家，也在开店。

"商品"标签下调用卖家中心后台的商品数据，买家咨询店内相关商品时从这里可直接查询调用，快速回复，沟通过程中熟练掌握此标签用法能提升效率。

淘宝网购商品是支付宝担保交易的，从卖家角度看，买家订单主要节点分为"已拍下，等待买家付款"、拍下不付款取消交易状态为"交易关闭"、"已付款，等待卖家发货"、"卖家已发货"、"交易完成"。"订单"标签下可实时调用"卖家中心-已卖出的宝贝"中的订单状态，从这个位置可以直接查询买家在店内购买商品的订单情况，当然大促期间（比如"双 11"、"双 12"时）数据显示可能延迟或者无法显示，以卖家中心订单状态为准。

"机器人"是淘宝针对千牛研发的一个非常好玩、好用、智能化的功能，这个机器人是模拟交易过程中买家可能会问的问题，按卖家的设置"半自动"或者"全自动"回复，希望大家打开自己旺旺的客服工作台设置后体验一下。

⑭区调用的是"会员关系管理"相关数据，这里可随手对沟通中的会员进行备注、添加标签等操作，非必填项，按需设置。平时接待过程中养成对买家备注的习惯，即使时间久了，也能轻松想起该会员的相关信息，有助于拉近距离、产生信任、增进好感、促进商品二次销售。开店的很多环节就是做细节，细节做到极致就能在同行中脱颖而出。"会员关系管理"是淘宝免费开放给卖家管理店内会员关系的一款免费工具。

建议大家看完本节，在电脑上登录千牛，每一个功能点开了解了解，加深记忆。

3.4 电脑版千牛系统设置详解

千牛系统设置可以帮助我们更顺畅、更随心地使用软件，在使用过程中有四类问题经常遇到，下面罗列出来讲解一下。剩余其他参数，大家打开界面看一遍就明白了。

问题一：为什么在 A 电脑上使用千牛后，换 B 电脑或者手机、平板电脑，看不到之前的聊天记录，A 电脑上设置的相关效果在其他终端也没生效？

原因分析：没有把聊天记录、参数设置等数据同步到阿里旺旺服务器上。

解决方法：打开"系统设置"，将"基本设置-常规"标签下的"漫游我的设置"打钩，如图 3-8 所示，单击"确定"按钮生效。这样在使用同一账号登录不同终端（多台电脑或手机）时都能查看到了。

图 3-8　系统设置 – 漫游我的设置

问题二：我在认真工作时，不想被"叮咚"声打扰；咨询商品的人太多，"叮咚"声不断，导致电脑系统卡顿，怎么办？

原因分析：千牛默认设置收到即时消息、联系人上线/下线等都会有声音、弹窗、闪动提醒，只需关闭即可。

解决方法：打开"系统设置"，在"聊天设置-消息提醒"标签下，取消勾选不需要的提醒类型声音，如图 3-9 所示，单击"确定"按钮生效。

问题三：为什么我的千牛天天在线，店内访客、流量数据都不错，就是没人旺旺咨询问题呢？

原因分析：选择了错误的好友验证方式。

解决方法：打开"系统设置"，将"安全设置-验证设置"标签下的"添加好友验证"修改为第一项"不用我验证就能加我为好友"，如图 3-10 所示，单击"确定"按钮生效。

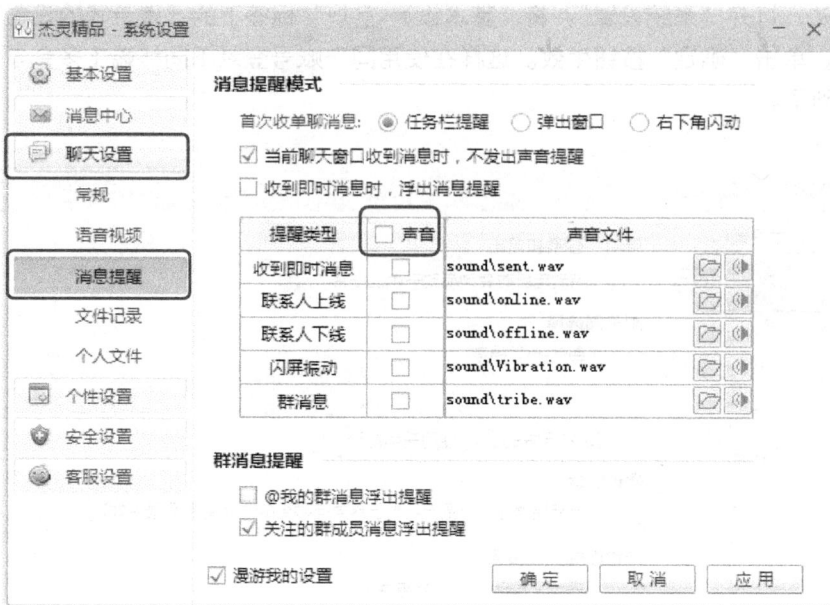

图 3-9　系统设置 – 消息提醒设置

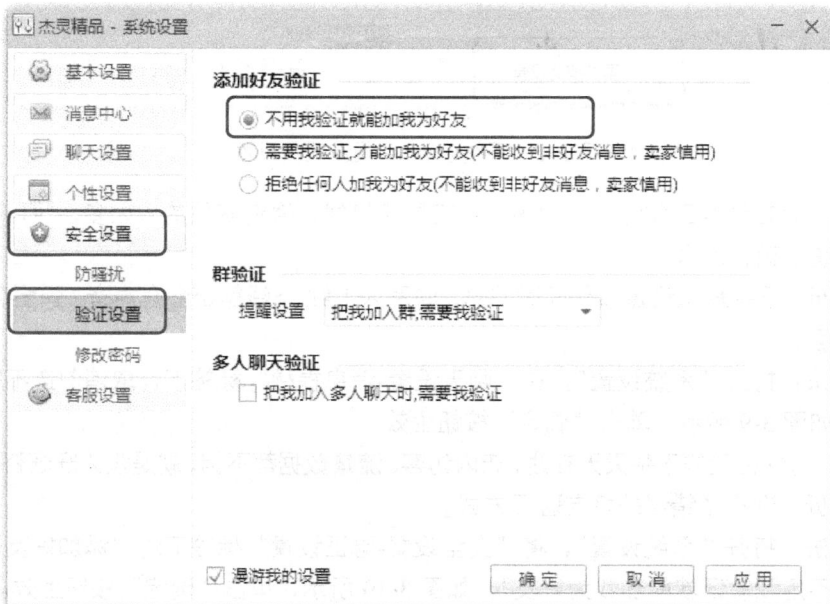

图 3-10　系统设置 – 验证设置

　　问题四：店铺做活动或者大促时，咨询人数飙升，即时消息爆屏，电脑快崩溃了，如何才能提升接待效率，让所有的客户都满意？

　　原因分析：接待中心参数设置不当或对快捷键功能的使用不熟悉，导致慌乱与效率低下。

　　解决方法：打开"系统设置"，将"客服设置-接待中心"标签下的五组参数都勾选，如图 3-11 所示，单击"确定"按钮生效。大促咨询人数多时，建议设置客户 5 分钟内未回复自动关闭聊天窗口；按自己的接待水平设置自动挂起人数，比如当接入人数达到 50 时自动挂起，第51 人开始有咨询时自动转接至店内其他在线客服。当然，开通了子账号的店铺建议勾选该项，没开通就不要勾选了。

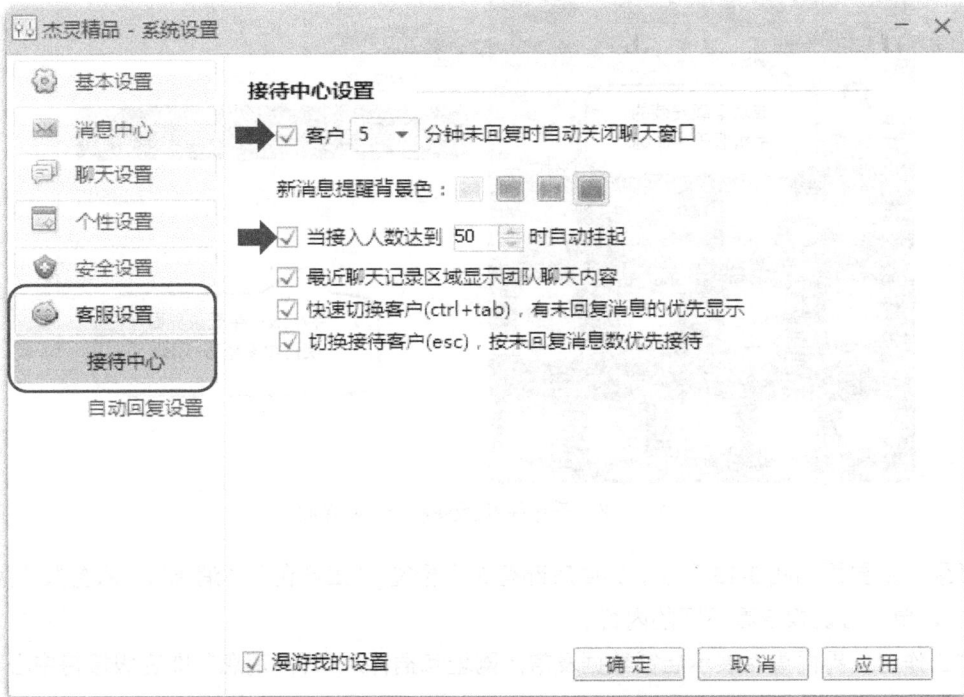

图 3-11　系统设置 – 接待中心参数设置

3.5　手机版千牛使用详解

　　智能手机、平板电脑上使用的千牛统称为手机版千牛。

使用手机版千牛相较电脑版而言，简单很多，成功下载安装后，单击打开的登录界面如图 3-12 所示。

图 3-12　千牛手机版图标 登录界面

登录后的界面如图 3-13 所示，界面底部有 5 个标签："工作台"、"消息"、"服务"、"头条"、"我的"，单击可切换查看不同的内容。

"工作台"界面重点展示店铺数据及常用网址和插件入口；"消息"即客服接待中心；"服务"里面展示卖家服务市场相关付费应用，按需选购；"头条"里面推送订阅消息；软件相关设置在"我的"里面。只要电脑版千牛会使用，手机版千牛无师自通，建议大家自己使用体验。

当前演示版本为"**V5.8.6**"，软件会不定期更新升级，届时大家以最新下载版本为准。

如果想要同时登录多个不同的账号，直接单击"工作台"界面左上角的头像或者在"工作台"界面上从左往右滑动，可开启新账号的添加入口，如图 3-14 所示。

图 3-13　手机版千牛登录后的工作台界面

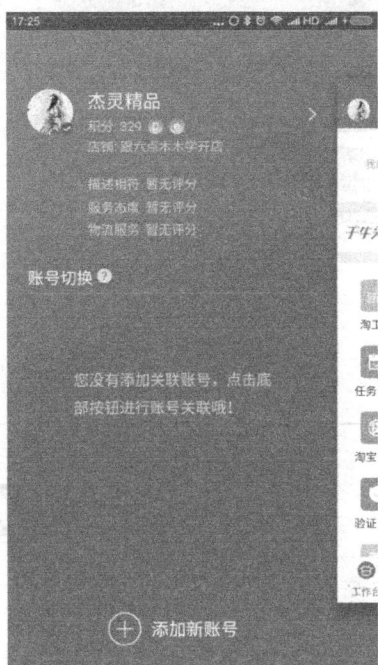

图 3-14　手机版千牛登录多个账号

2

第二篇
内功修炼实战

　　本篇包含第 4 章至第 7 章，将教会大家发布全新宝贝、卖出宝贝后的订单管理、联系快递发货的物流管理、卖家专属工具"淘宝助理"的使用技巧、卖出第一单如何快速完成第一次发货、必须了解哪些淘宝规则、如何防骗、遇到问题如何解决等，帮助您快速开门营业。想赢在起跑线，宝贝优化犹如箭在弦上，本篇还将教会您电脑端+无线端宝贝主图优化、宝贝详情描述优化、宝贝标题优化、上下架优化、橱窗推荐优化、运费模板创建、关联推荐等一系列进阶技巧，助您大卖宝贝！

第 4 章

发布宝贝、优化宝贝，赢在起跑线

4.1 发布宝贝的相关规则、禁忌、入口及正确流程

　　淘宝发展到今天，很多问题已经上升到国家职能部门管辖的层级。作为卖家，在淘宝的生态系统里，除了遵守平台本身的规则制度，还要遵守国家法律法规。

　　发布宝贝之前应该先了解相关规则，做到不违规、不售假、不侵权、不盗图、不发布禁限售商品、不滥发违规商品，需要准入资质的类目按要求提交资质材料。

　　淘宝网规则频道：**https://rule.taobao.com/**

　　天猫商家规则：**https://guize.tmall.com/**

　　淘宝规则全文：**https://rule.taobao.com/detail-14.htm**

提醒：售假、发布禁限售商品、滥发违规商品相关处罚与实施细则详见附录 B。

　　很多卖家特别是新手，仅以自己的好恶、凭感觉去发布宝贝，必须纠正这一点，你发布的每一个宝贝不是给自己看的，而是给淘宝平台看的、给买家看的。

　　给淘宝平台看，宝贝必须是不违规的（不售假、不侵权、不盗图、不在禁限售之列、该要的资质材料都具备）、符合淘宝搜索排序规则的（正确填写宝贝标题、合理上下架、橱窗推荐；精准选对类目、属性填写完整、正确；不 SKU 价格作弊、不玩超低价；宝贝主图无"牛皮癣"；不炒信不刷单），否则还在起跑线就被击倒了，后续的推广运营和销售都没法继续进行。

　　给买家看，我们必须看透买家心理，知道他们喜欢什么样的宝贝。比如宝贝定位准确；符合买家需求；描述相符、收到的宝贝与详情介绍的内容一致；卖家守信，及时高效发货；卖家服务好，有任何疑问响应快，解疑迅速；优惠促销力度大，质优价廉等。

　　发布宝贝时不要出现以下六种问题。

第一种，不要夸大、过度或虚假承诺商品效果及程度。

1）出现全网"最高、最低、最优、最热"等最高级的夸大描述。

2）对商品的实际使用效果进行不符的宣传。

3）其他夸大宣传的描述。

第二种，不要虚假宣传，与实际不符。

1）商品标题、图片、详情等区域出现的商品资质信息（如吊牌、水洗标、中文标签等）、店铺基础信息、官方资质信息等与实际不符。比如店铺实际信誉为三星，但标题写"四皇冠"；未参加聚划算、天天特价等活动但在商品标题中标注了"聚划算"、"天天特价"等关键词。

2）通过店铺装修的方式遮挡、篡改相关店铺和商品的基础信息或官方资质信息，使之与实际不符；如恶意装修店铺自定义区，对店铺的信誉等级、评价详情、宝贝成交、举报入口、官方资质等进行遮盖或者篡改。

3）商品发布时填写的条形码信息与实际不符。

第三种，不要重复铺货或者重复铺货式开店。

即店铺中同时出售同款商品两件以上的情况；或者开设两家以上店铺且出售同样商品的情况。

判定标准：发布的商品若在商品的标题、图片路径、详情描述、商品价格等商品的重要属性上完全相同或高度相似，属于重复铺货。

第四种，不要利用 SKU 低价引流作弊。

拆分商品的正常规格、数量、单位，或滥用 SKU、邮费价格等进行低价引流的发布，是一种流量作弊行为。

包括但不限于：

1）利用 SKU 低价引流：如不同品类的商品放在一个 SKU 中售卖；不同材质、规格等属性值对应价格不同的商品放在一个 SKU 中售卖；将常规商品和商品配件放在一个 SKU 中售卖；将不存在的 SKU（指这个 SKU 的商品实际并不存在）与常规的 SKU 放在一起售卖；将常规商品和非常规商品放在一个 SKU 中售卖。

2）以非常规的数量单位发布商品。

3）商品邮费偏离实际价格。

第五种，不要发布不以成交为目的的商品或信息。

包括但不限于：

1）将心情故事、店铺介绍、仅供欣赏、仅联系方式等非实际销售的商品或信息，作为独立的商品页面进行发布。

2）在供销平台外发布批发、代理、招商、回收、置换、求购类商品或信息。

3）除了站内淘宝客及淘宝提供的友情链接模块，发布本店铺以外的其他淘宝店铺、商品等信息。

第六种，不要发布易导致交易风险的外部网站的商品或信息。

如发布社交、导购、团购、促销、购物平台等外部网站的名称、LOGO、二维码、超链接、联系账号等信息。

只有搞清楚本质问题，接下去做的细节才在正道上，才能获得更多的流量和曝光机会，才有助于店铺的良性发展。

为了在第一次发布宝贝时将宝贝优化到最佳，建议使用网页卖家中心或者千牛工作台编辑宝贝详情页。主要有两步：第一步，选择类目；第二步，填写宝贝信息。

以网页卖家中心发布为例，启动浏览器，例如 IE，输入淘宝网网址 www.taobao.com，用卖家账号登录，进入卖家中心。

第一步，选择类目：单击卖家中心首页左侧"宝贝管理"-"发布宝贝"超链接，新开页面如图 4-1 所示，这里是卖家才看得到的"后台类目"，与前文第 2 章中提及的"前台类目"不同。将商品放在正确类目，有助提升曝光几率，精准买家群体更容易看到，更有助于成交。放错类目则会被强制下架、删除、扣分、屏蔽等。

图 4-1　发布宝贝第一步 选择类目

选择类目有三种方法：第一种，使用"类目搜索"功能；第二种，从"您最近使用的类目"中选择；第三种，从一级类目开始，一级一级往下选择。使用第三种方法时请注意，当"我已阅读以下规则，现在发布宝贝"按钮为灰色时，表示当前类目选择不完整，需继续往下选中二级、三级类目；当"我已阅读以下规则，现在发布宝贝"按钮为蓝色背景时，表示后续的类目为可选项，可以在第二步填写宝贝信息时补全。

小贴士

单击"发布宝贝"时，默认发布"一口价"商品，缴纳了消费者保障服务保证金的卖家还可以发布拍卖商品。如果你有闲置二手商品，可以在手机端下载安装"闲鱼"，发布个人闲置商品。

第二步，填写宝贝信息：以发布一口价，选中"家用电器"-"大家电"-"冰箱"类目为例，单击"我已阅读以下规则，现在发布宝贝"按钮，进入"填写宝贝基本信息"界面，如图 4-2 所示。

一口价宝贝发布要填写的参数包含 4 个部分。1. 宝贝基本信息：宝贝类型、宝贝标题、宝贝卖点、宝贝属性、电脑端宝贝图片（个别类目有独立的手机端宝贝图片）、宝贝规格、一口价及总库存、采购地、预售设置、宝贝视频、电脑端描述、手机端描述、宝贝详情样式、店铺中分类等。2. 宝贝物流服务：提取方式、运费模板。3. 售后保障信息：售后服务（提供发票、保修服务、退换货承诺、服务承诺）。4. 宝贝其他信息：库存计数、上架时间、会员打折、橱窗推荐。

这 4 个部分构成了一个完整的宝贝介绍页，其中加"*"的是必填项，其余选填；建议能填的全部都如实填上，这些属性对宝贝搜索排序非常有帮助，越完整详细，被买家搜索找到的概率越大，获取曝光的机会越大，成交的概率也越大。

不同类目的商品第 1 部分"宝贝基本信息"个别参数有差异，比如"预售设置"，有些类目有，有些类目没有；请以自家商品所在精准类目为准。

所有参数填写完整后，单击页面底部的"发布"按钮。宝贝发布成功后，会生成一个具有唯一性的宝贝详情页地址，以后可通过该地址随时查看和购买。

在整个宝贝发布环节中，从运营角度看，类目属性、宝贝标题、一口价、宝贝主图、宝贝详情描述、橱窗推荐、上下架时间、关联推荐等，都深深影响着宝贝获取流量能力、成交转化能力，很多卖家反映"宝贝没人看"、"宝贝有人看没人买"，究其根本，也正是这些细节点没有优化到位。本章后面几节会重点介绍优化技巧。

小贴士

1. 没有缴纳消费者保障服务保证金（下面简称为"消保保证金"）的卖家，无法在消保类目发布全新商品。比如"大家电>>冰箱"属于消保类目，没交保证金的会在"宝贝类型"正下方提示"该类目需要缴纳保证金，才能发布全新宝贝，立即缴纳。该类目下发布全新宝贝，保证金额度不能少于 1000 元，您的余额是 0.0 元。"单击"立即缴纳"，按页面提示完成缴纳后，再重新回到宝贝信息填写页面即可。

2. 这个保证金不是交给淘宝的，而是冻结在卖家自己的支付宝账户内，冻结期间为不可用余额，以后不开店了，可以申请解冻，提现到自己的银行卡，也就是说，还是自己的钱。

3. 保证金额度分为 1000 元、10000 元、自定义额度三种，普通消保类目都选 1000 元，手机类目选 10000 元，非消保类目也想交就选自定义额度，具体多少自定。

4. 消保保证金只需缴纳一次，若店铺中销售的产品覆盖多个类目，那么消保保证金不需要分别缴纳，例如：卖家 A 既销售玩具又销售童装，那么保证金只要缴纳 1000 元。

5. 重要提醒：当有人以"淘宝小二、淘宝工作人员"身份用旺旺聊天通知你，说你的消保保证金冻结有问题，各种截图让你按步骤操作时，切勿轻易相信，切记不要轻易点击对方发来的链接，这些都是骗子，骗钱来的。如有疑问，请拨打淘宝官方商家热线 0571-88157858，向真正的淘宝工作人员核实。缴纳消保保证金唯一入口为"卖家中心-客户服务-消费者保障服务"，发布宝贝页面"立即缴纳"的提示也是跳转到这里；其他任何人说的其他任何入口都不要信，淘宝官方工作人员非特定条件下是绝对不会主动打电话或者以旺旺聊天的方式联系你的。之前很多新卖家不听劝，特别执着地相信骗子，结果被骗走几千上万元后追悔莫及。

淘宝网将商品按行业分为 17 个类目，绝大多数类目的商品按正常流程发布即可，销售书籍杂志报纸、音乐影视明星音像、彩票、酒类制品、公益、成人用品等，必须取得特殊行业经营资质方可发布全新商品，而有些商品哪怕再有钱再有资质也坚决禁止销售。

提醒：书籍杂志报纸类目、音乐影视明星音像类目、彩票类目、酒类制品类目、公益类目、成人用品类目商品卖家准入资质详见附录 B。

淘宝禁售商品管理规范详见附录 B。

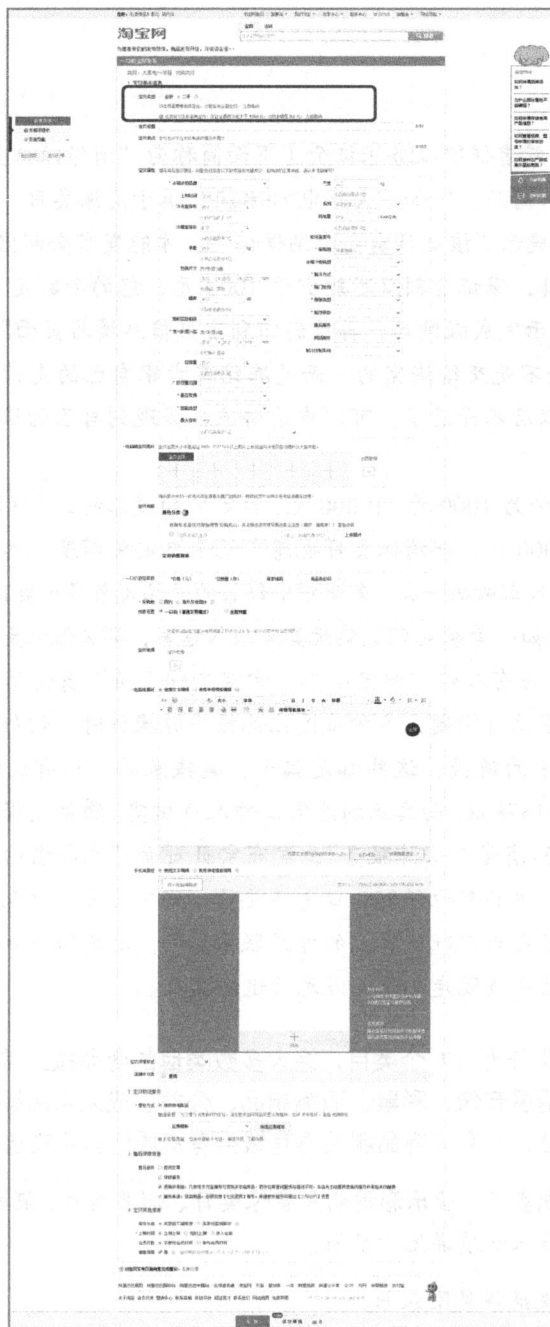

图 4-2 发布宝贝 第二步 填写宝贝信息

"特殊行业经营资质"申请入口："卖家中心"-"店铺管理"-"特种经营许可证"，如图 4-3 所示。单击"立即备案"按钮后选择申请类别，填写相关资料提交，等待审核即可。

目前，除成人、音像、书籍、酒类制品、彩票、公益类目外，淘宝没有限制同一个店铺中同时经营宝贝的种类，比如卖女装的同时也可卖男装和化妆品等。但是不同类目、不同信用等级的卖家，可发布全新商品的数量有限制，少则 100 种，多则几千上万种，以自己店铺的数量为准。

图 4-3　特种经营许可证申请入口

4.2　让宝贝获得高点击量的电脑+无线端主图优化技巧

在智能手机普及以前，网购主要终端是台式电脑或者笔记本电脑；而今平板电脑和智能手机成了网购终端主力，因此当下发布宝贝的主图和描述图都要分电脑版和无线版。

以前卖家少、商品少、买家多，简单编辑宝贝发布后，坐等买家上门，也可以赚得盆满钵满；而今卖家多、商品多、竞争大、同质化严重，做足内功，深度优化宝贝，才可能异军突起。

当宝贝成功发布后，会在淘宝平台上展现，如果没有买家看到或看到了不去点击，宝贝是不会产生成交可能的；所以**宝贝主图**最核心的作用是**吸引买家点击**。搞清楚问题本质，解决以下五个问题，能让宝贝主图的点击量提升至少 3 倍。

问题一，宝贝发布后，会在哪些位置展示？

每一个宝贝成功发布后，生成唯一的宝贝详情页地址，该详情页中不同的参数在淘宝网不同的位置被调用，图4-4罗列的是宝贝主图被调用后展示的渠道。

这些渠道展示的方式主要有三种：第一种，符合淘宝主图发布规则、满足搜索排序影响因素、类目属性精准的被免费展示；第二种，在主题市场或特色市场活动中成功报名的宝贝，被优先展示，获得更多平台流量；第三种，自费使用淘宝推广工具、在第三方网站推广展现。

因此，卖家要做的就是按淘宝规则发布宝贝、尽量多地去报名参加官方活动，在不同阶段恰当选择工具进行推广，从多角度获得更多展现机会。通俗点说，有100个人看到你的主图，可能有5个人点击购买；如果有1000个人看到，那就可能是50个人甚至更多人点击购买。最大程度获得展现，对提升销量绝对是有帮助的。

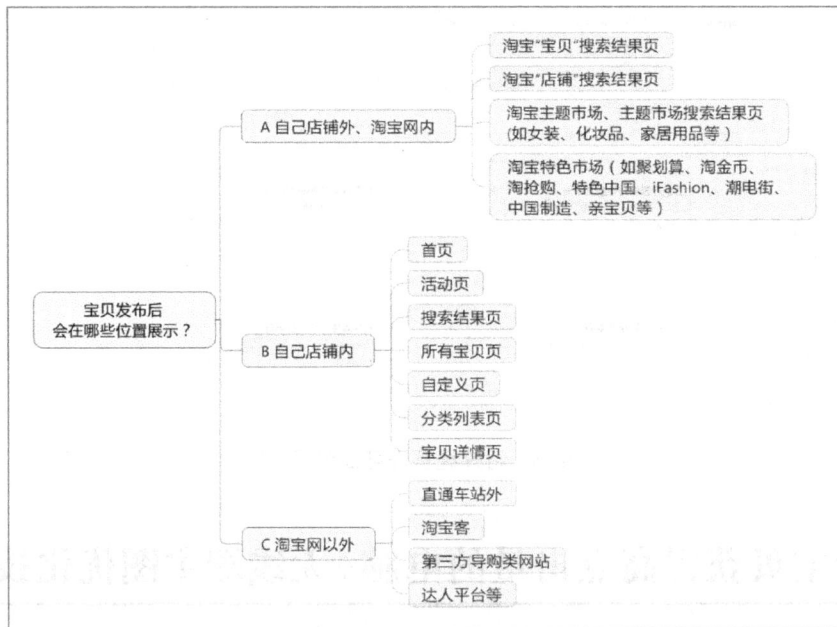

图4-4　宝贝发布后 主图被调用展示的渠道

问题二，如何提升宝贝的曝光和展现？

"顺者昌，逆者亡"在任何时代下都适用。前文已经说过，开店发布宝贝应该遵守相关规则，做到以下三点，可以轻松获取淘宝搜索的免费展示流量。

第一点：精准选对类目（本章第一节已经详述），完全按照主图尺寸要求和规范制作图片上传。所有类目下的宝贝，电脑端宝贝图片第一张"宝贝主图"是加*的，必须添加，如图4-5

所示，强烈建议其余不加*的也全部添加上，对提升宝贝成交转化非常重要。

多数类目电脑端宝贝图片可以添加最多 5 张，少数类目还可以添加一张宝贝长图。请以自己宝贝所在类目为准。

单张宝贝图片大小不能超过 **3MB**；**700×700px**（像素）以上的图片，自动提供放大镜的功能。默认最小 **410×410px**，**410～700px** 之间没有放大镜功能。

考虑各终端兼容问题以及淘宝详情页改版，建议制作 **750×750px** 以上的正方形图片。第 5 张图片发商品白底图可增加手淘首页曝光机会。

宝贝长图横竖（宽高）比必须为 **2:3**，最低高度为 **480px**，建议使用 **800×1200px**，若不上传长图，搜索列表、市场活动等页面的竖图模式将无法展示宝贝！

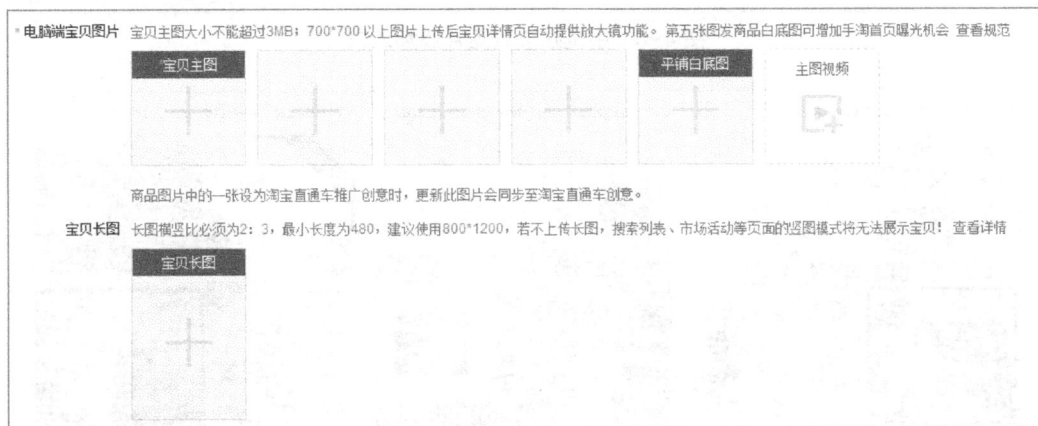

图 4-5　电脑端宝贝图片添加入口

多数类目，目前没开放无线端宝贝图片的单独上传，少数类目已开放。未开放的类目，与 PC 端共用宝贝图片。

已开放的类目，如图 4-6 所示，添加入口在"电脑端宝贝图片"的正下方，可以"复制电脑端宝贝图片"，也可以单独制作"上传新图片"。

单独制作建议尺寸比为 **1:1**，即正方形，推荐使用 **750×750** 像素。虽然目前手机端宝贝图片不是必填项，但是建议认真对待，有入口的全部按尺寸要求上传，既能增加权重，又能增加曝光展现，一举多得。

第二点：宝贝图片上不要有"牛皮癣"，不要跟淘宝对着干。

官方已经明确说了：1.多个文字区域，大面积铺盖，干扰正常查看宝贝；2.文字区域在图片周边，虽然没大面积铺盖但颜色过于醒目，面积过大会分散买家注意力；3.文字区域在图片中央，透明度低，面积大，颜色鲜艳，妨碍正常宝贝观看；这些都属于"牛皮癣"图片，不要发上来，发上来会降权，不会展现你的宝贝，用户体验太差。

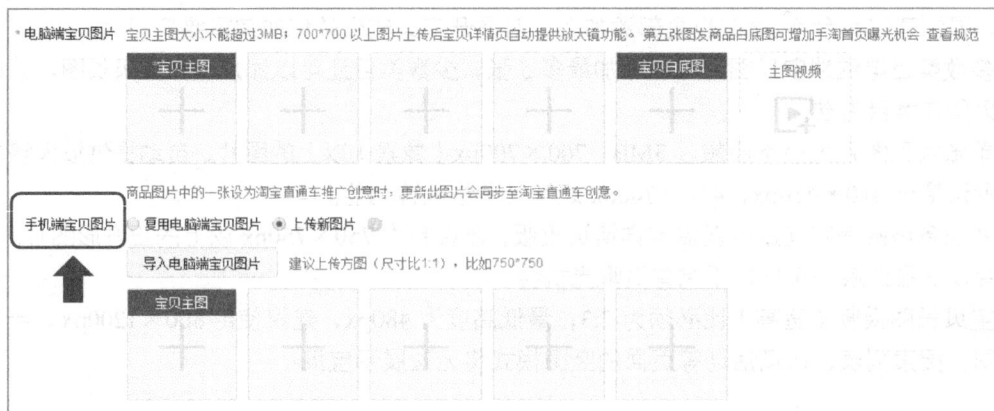

图 4-6　手机端宝贝图片添加入口

图 4-7　"牛皮癣"宝贝图片例子

　　第三点：拍摄前期布景构图或拍摄后期利用图片处理软件按要求处理，如图 4-8 所示，图片虽包含文字，但是品牌 LOGO 或店铺名等描述性文字面积较小，不明显；图片包含描述性文字，但位于图片边角，且所占面积小；图片上无肉眼可见的文字区域。精美的图片，淘宝平台喜欢，买家也喜欢，既能加权获得更多展现机会，又能吸引买家点击获得更多成交。

图 4-8　能加权提高展现机会的宝贝图片例子

问题三，什么样的主图点击量高？

每一种展示渠道都存在或大或小的竞争环境，比如在淘宝网首页，通过"宝贝"搜索关键词"改良旗袍"，搜索结果第一页展示了 40 个相关宝贝，20 个掌柜热卖的直通车广告宝贝，如图 4-9 所示，这 60 个不同的宝贝主图组成一个竞争环境，买家点击了你的宝贝，那么在这次竞争中，你是胜出的；买家没点击你的宝贝，就是无效展现。

在竞争环境中获得买家点击量最关键的影响因素是宝贝主图的呈现形式契合买家需求，并且与同行其他宝贝在图片的排版、构图、用色、款式、核心卖点等存在明显差异，让买家在非常短的时间内快速看中并且选择你的宝贝。

因此，点击量多的主图一定是符合买家需求且是买家最需要的那款。比如，她想买一件改良旗袍连衣裙，你的就是；她想买一件中袖、中长款、立领、可以上班穿的改良旗袍，你的就是。如此，是不是就非常轻松地获得了买家点击呢！想提高主图点击量，除了会图片处理，人群定位与人群消费需求分析也非常重要。

问题四，如何制作超高点击量的宝贝主图？

只要搞懂前面几个问题的本质，接下来制作超高点击量的宝贝主图就变得异常简单，核心技巧点是体现差异性。那么，如何才能做出差异性呢？教给大家 10 种方法，如图 4.10 所示。

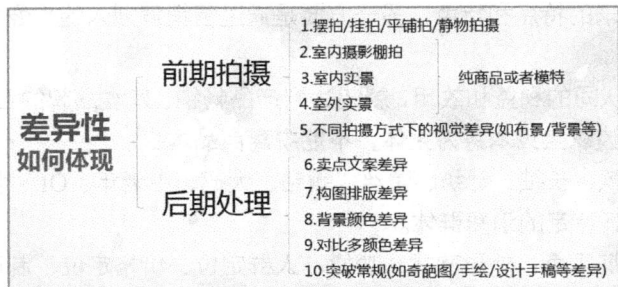

图 4.10　超高点击量主图制作的 10 种方法

利用这 10 种方法，以自己所售商品为圆心，扩展开来，可以产生非常多不同的结果，以"帽子"为例，如图 4-11 所示，

图 4.9　淘宝首页宝贝搜索"改良旗袍"的搜索结果

是关于帽子的 25 种差异性体现手法。请举一反三，活学活用。

图 4.11 以帽子为例的主图差异性处理技巧

问题五，如何提炼宝贝卖点并呈现在宝贝主图上？

不管卖商品还是卖服务，都要给买家至少一个必须买的理由。那么，请拿着你的商品，反问自己：如果是我，为什么要买它？哪一点值得买？这个反问的过程，就是提炼卖点的过程。

所谓卖点：一方面是产品与生俱来的特点和特色；另一方面是通过营销策划人的想像力、创造力"无中生有"的特点和特色。

将商品转化为消费者能够接受、认同的利益和效用，就能达到产品畅销、建立品牌的目的。

请牢记：任何商品卖点提炼都应该以宝贝本身为主体，不能脱离商品本身。

比如连衣裙，中长款、立领、春款、长袖、雪纺、蕾丝、镶钻、大码、中老年、OL、性感等都是它的卖点，而每一个卖点都有其特定的消费群体。

推荐大家从商品的以下维度去提炼卖点：外形款式、功能、人群定位、价格定位、制造工艺、风格、价格、促销手段、服务、历史情感、使用体验等。

以"男装>>夹克"类目为例，在发布宝贝填写信息界面，其"宝贝属性"如图 4-12 所示，罗列出来的每一项属性都是卖点，当你自己也不太了解产品专业参数的时候，从这里提取是最快捷的办法。

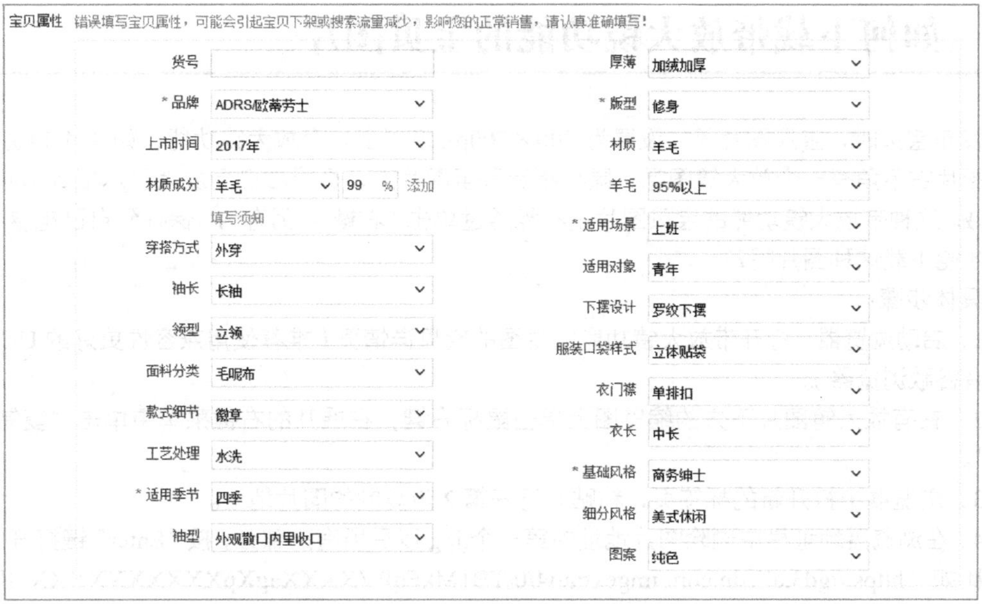
宝贝属性　错误填写宝贝属性，可能会引起宝贝下架或搜索流量减少，影响您的正常销售，请认真准确填写！
货号
厚薄　加绒加厚
* 品牌　ADRS/欧蒂芬士
* 版型　修身
上市时间　2017年
材质　羊毛
材质成分　羊毛　99 %　添加
羊毛　95%以上
填写须知
* 适用场景　上班
穿搭方式　外穿
适用对象　青年
袖长　长袖
下摆设计　罗纹下摆
领型　立领
服装口袋样式　立体贴袋
面料分类　毛呢布
衣门襟　单排扣
款式细节　徽章
衣长　中长
工艺处理　水洗
* 基础风格　商务绅士
* 适用季节　四季
细分风格　美式休闲
袖型　外观散口内里收口
图案　纯色

图 4-12　从“宝贝属性”中提取卖点

一般情况下，每件商品都能提炼出非常多卖点，但主图篇幅有限，我们要把买家最关心的、与竞品相比最有优势或最具差异的核心卖点筛选出来。对于主图的卖点组合策略：建议呈现 2~5 个为佳，没有固定约束或标准，一定要侧重主次。如图 4-13 所示，六款不同商品在卖点呈现方面的技巧，可供参考。

电脑端和手机端宝贝图片从无到有，主要有三步：第一步，卖点挖掘提炼；第二步，结合卖点对商品进行前期拍摄，后期利用 PhotoShop 软件处理图片大小、重新构图排版、添加文字、抠图换背景、调色较色等；第三步，上传发布，通过运营数据分析再优化改进。

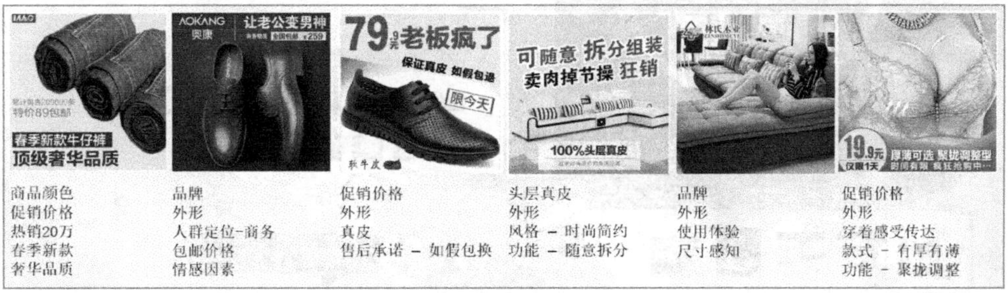
春季新款牛仔裤
顶级奢华品质
AOKANG
奥康
让老公变男神
79老板疯了
保证真皮 如假包退
限今天
可随意 拆分组装
卖肉掉节操 狂销
100%头层真皮
19.9元
商品颜色
促销价格
热销20万
春季新款
奢华品质
品牌
外形
人群定位-商务
包邮价格
情感因素
促销价格
外形
真皮
售后承诺 － 如假包换
头层真皮
外形
风格 － 时尚简约
功能 － 随意拆分
品牌
外形
使用体验
尺寸感知
促销价格
外形
穿着感受传达
款式 － 有厚有薄
功能 － 聚拢调整

图 4-13　宝贝卖点呈现的案例解析

4.3 如何下载带放大镜功能的宝贝图片

发布宝贝时，宝贝图片尺寸设置为 700×700px 及以上，有放大镜功能，如图 4-14 所示，宝贝图片右下角有一个放大镜图标，鼠标指针移至图片上，页面右侧会放大显示指针指向的图片区域。这种带放大镜功能的宝贝图片是不能通过单击"右键 - 另存为"保存到自己电脑上的。如何才能下载这种图片呢？

具体步骤：

1．启动浏览器，打开带放大镜功能的主图的宝贝详情页（推荐使用兼容性更好的 UC 浏览器或者谷歌浏览器）。

2．在有放大镜图片下方的缩览图上单击鼠标右键，在展开的右键菜单中单击"复制图片地址"。

3．浏览器中打开新的标签页，粘贴并打开第 2 步复制的图片地址。

4．在浏览器地址栏中删除图片地址中第一个.jpg 以后所有的部分，按"Enter"键打开图片。比如 "https://gd3.alicdn.com/imgextra/i4/0/TB1MkFqPVXXXXagXpXXXXXXXXXX_!!0-item_pic.jpg_50x50.jpg_.webp" 中去掉 "_50x50.jpg_.webp"。如果是 gif 或者 png 格式，就删除第一个.gif 或者.png 以后所有的部分。

5．在显示出来的大图上，单击鼠标右键，在展开的右键菜单中单击"图片另存为"，新开弹窗，选择图片即将存放的文件夹，单击"保存"按钮即可。

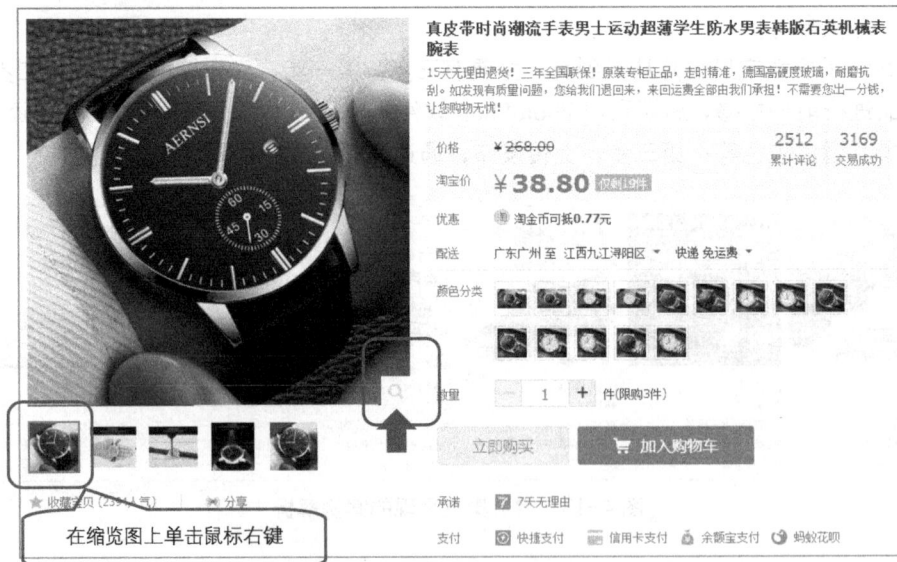

图 4-14　带放大镜功能的宝贝图片

4.4 超高转化的电脑+无线端宝贝详情描述优化技巧

发布宝贝时，电脑端和无线端宝贝详情描述只给了一个空白编辑框，如图 4-15 所示，"空白编辑框中添加什么内容？"成为最大的疑问。

可以从两个层面解决这个问题，第一个层面，也是最基础的，既然是宝贝描述，那么直接编辑文字介绍，上传宝贝相关的图片，做到如实描述宝贝就好。

问题又来了，图片哪里来呢？可以直接拍摄，或者寻找素材，后期利用 Photoshop 软件根据尺寸要求处理后上传。文字怎么写呢？前文教了大家主图卖点提炼的方法，因为主图篇幅有限，只能挑最关键的展示，而文字在详情描述中发挥空间更大，可以把结合商品提炼出来的卖点用文字都表述出来。

第二个层面，更进一步，让图文介绍更有吸引力，让买家看一次就要买。做到这种层次的核心是：买家想看什么，图文描述给他看什么；买家担心什么，图文描述为其解决担忧；如果图文力度不够，还可以用 gif 动态图片甚至视频。

宝贝成功发布后，在很多展示渠道，买家最先关注和看到的都是宝贝主图、宝贝详情页，能在第一时间打动买家、留下深刻印象，或者能很大程度上刺激买家购买欲望从而下单购买、收藏宝贝、加入购物车、关注店铺等都是极好的。

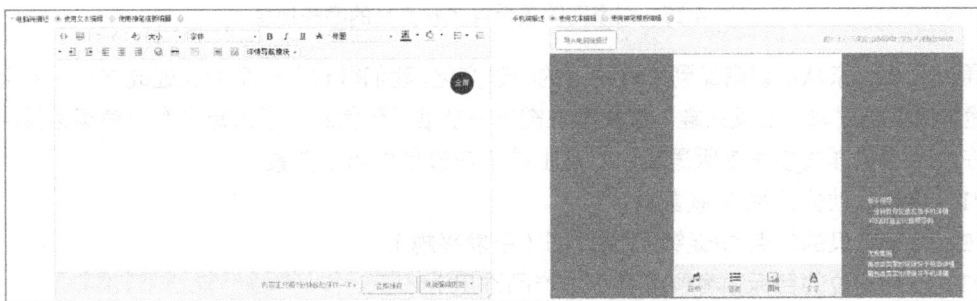

图 4-15　电脑端和手机端宝贝详情描述添加入口

那么，什么样的宝贝详情描述是买家想看到的？买家一般都关心哪些问题呢？怎样的引导逻辑才是有助成交的呢？

网上销售商品，不比线下门店，顾客可以进店亲身体验商品本身，网上只能通过图文介绍营造买家身临其境的氛围。要解决这些疑问，先得搞清楚买家到底关注宝贝哪些方面的信息。

有网站曾经针对不同类型商品，对上万名买家做过问卷调查，通过数据分析得出图 4-16 所示结果，这个结果对我们编写宝贝介绍侧重点有借鉴意义。

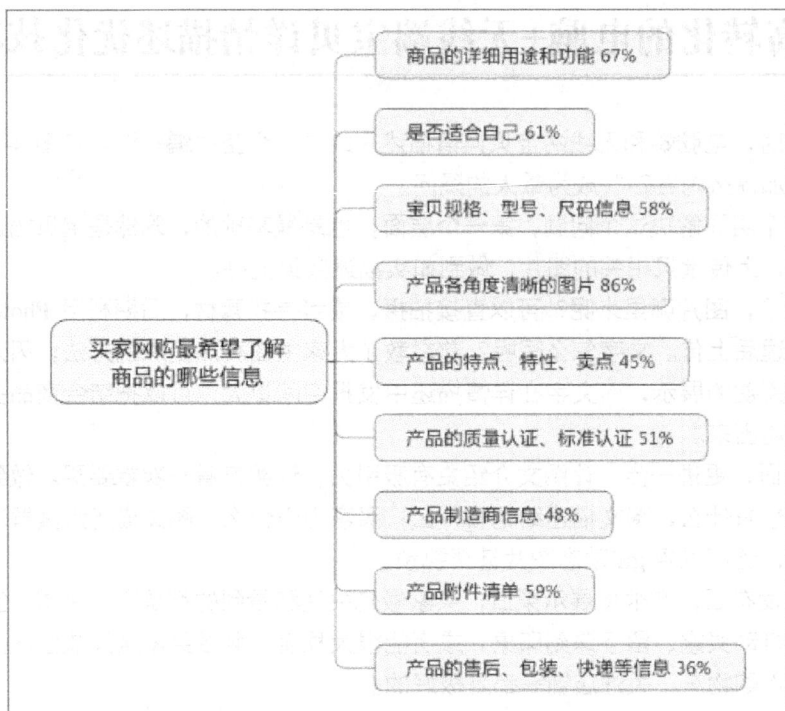

图 4.16　买家网购最希望了解商品的哪些信息

通过分析买家从认识商品到最终购买的心理变化，我们得到了一个能促进成交转化的宝贝详情描述排版引导逻辑：引发兴趣→激发潜在需求→从信任到信赖→强烈想占有→替买家做决定。

在这个宝贝详情描述排版逻辑中，从上往下应该包含以下要素：

*1．店内活动促销图/关联营销；

2．当下宝贝的焦点图/促销图/整体图（引发兴趣）；

*3．产品定位的目标顾客群设计（这产品谁用）；

4．产品使用场景图（激发潜在需求）；

*5．商品细节图（逐步信任）；

*6．为什么要买（好处/痛点设计）；

7．同类商品对比（不比不知道，一比知高下）；

8．已经购买使用过的买家评价、消除反对意见（产生信任）；

9．商品的非使用价值，情感注入（比如送人有面子、有了这个产品可能会发生哪些有趣的故事）；

10．拥有后的感觉/激发身临其境的想象空间（给掏钱人一个 100%可以购买的理由）；

*11．给买家一个为什么马上购买的理由；

12. 品牌介绍、企业介绍、厂房介绍、仓库介绍、各种证书（实力证明）；

*13. 购物须知（邮费、发货时间、包装、退换货保障、售后"零"风险承诺等）。

不同类型商品描述侧重点都有所不同，建议加*为必选项，其余为可选项，结合自己商品特点，做出高转化率的商品详情描述介绍页面。

从零到最终成品，需要收集素材、挖掘卖点和需求，策划文案、利用图片处理软件排版作图、编辑发布商品。如果你在制作过程中缺少经验和素材，推荐方法：到淘宝搜索同类商品，找出所有宝贝排名前 10、人气宝贝排名前 10、销量排名前 10 的同类宝贝，看别人的描述中整个引导逻辑有哪些要素，再看自己遗漏了哪些点，哪些是自己能做到又没想到的，取长补短，能用到自己宝贝里面的尽量用进去。

> **小贴士**
>
> 淘宝店铺电脑端宝贝描述图片单张最大不超过 3MB；图片宽度不超过 750 像素，高不限。天猫店铺电脑端宝贝描述图片宽度不超过 790 像素，高不限。淘宝天猫无线端"手机端描述"中添加的宝贝图片建议宽度为 750px，单张图片品质大小小于或等于 1546KB，所有图片品质大小小于或等于 2560KB。

4.5　SEO 之宝贝标题优化技巧

1. 宝贝标题的用处有哪些

在卖家中心发布宝贝填写基本信息时，宝贝标题是必填项，其用处有三：a. 清晰描述商品，与店内其他商品区别开；b. 标题是买家了解商品最直观和最主要的入口之一，买家通过标题和主图能初步判断是否点击你的宝贝，所以宝贝标题应该简单直接、卖点明确、让买家即使一扫而过，也能最快明白商品的特点；c. 优化搜索导购，帮助买家更方便、快捷地找到想要的商品，这一点主要是针对淘宝站内搜索及类目搜索。

2. 宝贝标题设置规则

填写宝贝标题基础规则是不超过 30 个汉字 60 个字符。除此请尽量保证"商品要素"一致，避免被处罚扣分。

商品要素包括商品标题、图片、价格、运费模板、属性区域、详情描述、后台品类中的重要信息，如品类（类目）、邮费、属性、营销关键词、价格等。对同一件商品的描述信息，在商品页面的各个环节都应该是保持一致、相互匹配的，当各信息要素间发生不匹配或者出现矛盾时，可能会导致你的商品无法被精准地搜索到，也容易让买家产生混淆，不知道以何处的描述为准，同时也可能为你带来不必要的误会和纠纷。为了优化搜索导购，帮助买家更方便、快捷地找到想要的商品，同时方便您更为清晰、完整地呈现商品全貌，减少与买家之间的纠纷，淘宝期望卖家们能够保持商品各要素间的一致性。

商品要素不一致是指卖家会员在商品类页面（如商品标题、图片、价格、运费模板、属性区域、详情描述、后台品类等）发布中出现品类（类目）、邮费、属性、营销关键词、价格、类型等商品信息要素之间互相不一致的情况。

商品要素不一致的情况包括但不限于：品类不一致、宝贝类型不一致、属性不一致（除品牌属性外的属性错放、品牌属性乱用）、价格不一致、邮费不一致、营销关键词不一致。

商品要素不一致属于滥发信息，其违规处罚规则如图4-17所示。

违规处理					
滥发信息		违规处理及纠正			扣分
商品要素不一致		在商品类页面发布（同件商品在同一滥发情形中违规次数）	第一次	下架商品	不扣分
			第二次	删除商品	0.2分
商品要素不一致情节严重	发布大量违规商品或信息	下架店铺内所有商品、限制发布商品			6分
	同一卖家在商品要素不一致情形中多次违规	删除商品、下架店铺内所有商品			2分
	刻意规避，如错峰上下架等	删除商品、下架店铺内所有商品			2分
商品要素不一致情节特别严重	对消费者或平台产生不良影响的，如产生大量维权、引发公关事件等	删除商品、下架/删除店铺内所有商品、店铺屏蔽、交易账期延长、限制发布商品、店铺监管等措施			6分
	经商品要素不一致情节严重处理后再次违规的	删除商品、下架/删除店铺内所有商品、店铺屏蔽、交易账期延长、限制发布商品、店铺监管等措施			6分
涉嫌商品要素不一致的商品		视情节严重程度给予单个商品搜索屏蔽，或单个商品搜索降权直至商品整改完成后第3天恢复			不扣分

图4-17 商品要素不一致违规处理实施细则

为避免出现商品要素不一致，卖家发布商品时请自检自查商品标题内容与图片上的文字描述是否一致，标题内容与商品详情中的描述是否一致，图片上的文字描述与商品详情中的描述是否一致。尽量保证在商品类页面（如商品标题、图片、价格、运费模板、属性区域、详情描述、后台品类等）发布中出现的品类（类目）、邮费、属性、营销关键词、价格、类型等商品信息要素之间互相一致。

3. 为什么要优化宝贝标题

百度首页（www.baidu.com）非常简单，就是一个搜索框，需要什么，输入关键词搜索就行。比如输入"无线鼠标"，搜索结果都是与无线鼠标相关的网址，包含"无线鼠标"这个关键词的位置都标红显示。这么做的核心是与用户搜索需求非常匹配的。

回到淘宝，大家会发现不管电脑端还是无线端淘宝，首页上除了钻展广告位、直通车热卖单品广告位、根据用户需求自动展示的"猜你喜欢"模块是宝贝单品，其他位置都是索引，点进去不是某一个宝贝，而是一类多个宝贝。

淘宝商品库里十几亿件商品，官方希望通过索引给更多卖家、更多商品展现机会。而这些索引当中最关键的指标就是宝贝标题、宝贝所在类目属性，因此优化宝贝标题是为了最大程度获取淘宝站内搜索免费流量和展现。当然，如果你有其他获取流量的渠道，宝贝标题怎么写都行，只要不违反标题填写规范和相关规则。

对买家而言，希望从淘宝网高效、快速地找到自己想要的商品；对淘宝平台而言，希望将符合买家搜索意图且优质、符合淘宝网商品发布规则、综合服务能力都不错的卖家商品呈现在搜索排序结果靠前的位置；对卖家而言，应该根据淘宝网搜索排序影响因素并结合买家搜索意图，合理优化自己商品，以达到排序靠前、提升曝光率、提高搜索流量的目的。

当然，淘宝网搜索排序影响因素非常多，除了标题，类目属性、合理上下架、橱窗推荐、宝贝销量、转化率、收藏加购物车等也都是影响因素，每一个影响因素都去优化了，都为宝贝加分，能排进搜索结果第一页，对宝贝销量帮助非常大。针对宝贝标题，卖家去优化的时候要重点提升宝贝在搜索结果中的"相关性权重分"。

相关性包括：类目属性（前台类目、后台类目）、宝贝标题（规范性、可读性）、搜索关键词（买家意图）。这些都跟如何去写宝贝标题的 30 个汉字息息相关。

4. 怎么样的关键词能带来流量

买家搜索意图转化成的关键词都有被搜索次数，它直接影响该关键词是否能对我们的宝贝优化起到作用。比如某关键词一天被搜索一百次，另一关键词一天被搜索一万次，假如我们用的是一万次的关键词，那么我们的宝贝曝光次数就有一万次，相反就只有一百次。所以得出一个结论：选择人气高的关键词进行优化，有助于增加宝贝的曝光次数。进一步得出结论：宝贝标题中出现"与宝贝相关性越高、人气越高"的关键词越多，曝光次数也会越多！

例如"秋冬新款韩版修身中长款毛呢外套羊绒大衣显瘦呢子大衣百搭女外套"，从标题可看出是一个女性中长款呢子大衣，使用了多个应季热搜词"秋冬新款"、"韩版修身"、"毛呢外套"、"羊绒大衣"、"呢子大衣"、"百搭外套"，当买家搜索这些词时，此款宝贝都有机会被呈现出来。

前文提及"商品要素一致"，设置标题时选用的词一定是与该宝贝相关的，比如"雪地靴"也是秋冬热搜词，但你不能因为其人气高就加到呢子大衣的标题中去，这样不但不能提升曝光率反而会因为违规而被搜索降权或者屏蔽。

归纳：选择人气高（即被搜索次数高）、与宝贝相关性高的关键词能带来流量；同一个标题描述中增加多个人气高且相关性高的关键词能带来更多的流量。

知道了什么关键词能带来流量，那么从什么途径能找到高人气词呢？推荐五种方法寻找热词。

方法一：淘宝站内搜索结果下拉框、搜索结果页"您是不是想找"。启动浏览器，打开淘宝网首页（www.taobao.com），在搜索框中输入关键词比如"童装"，自动展开下拉框匹配热词，以及搜索结果页面中"您是不是想找"也会出现热词，如图 4-18 所示。

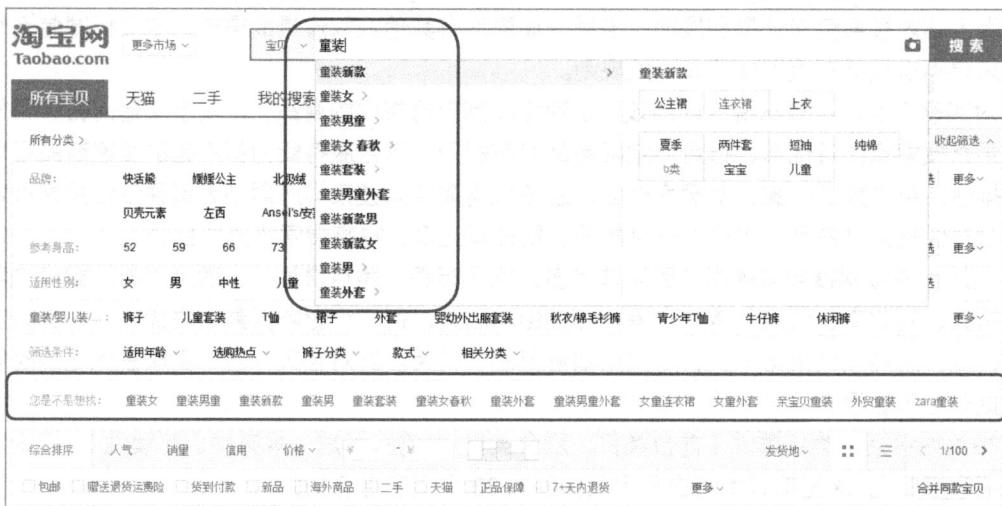

图 4-18 人气词寻找方法一：淘宝站内搜索下拉框，搜索结果页"您是不是想找"

方法二：淘宝/天猫直通车后台"流量解析"工具。启动浏览器，打开淘宝网首页，用开店卖家账号登录，进入卖家中心后台，单击首页"营销中心"-"我要推广"-"淘宝/天猫直通车"，进入淘宝直通车后台页面，单击"工具"-"流量解析"，如图 4-19 所示，输入关键词，可查询关键词热度。

方法三：淘宝排行榜（top.taobao.com）。启动浏览器，输入淘宝排行榜网址后打开页面如图 4-20 所示，单击"首页"右侧类目"服饰"、"数码家电"等，在页面中查看"上升榜"、"热门榜"等数据即可。

图 4-19　人气词查找方法二：淘宝/天猫直通车后台"流量解析"

图 4-20　人气词查找方法三：淘宝排行榜

　　方法四：生意参谋中的选词助手（sycm.taobao.com）。生意参谋中会统计淘宝站内搜索进店的数据，这些搜索关键词数据对宝贝标题优化有很好的指导作用。启动浏览器，输入生意参谋网址，在打开页面中填写淘宝卖家账号和密码登录（生意参谋是卖家专用工具，只能用卖家账号登录），单击"专题工具"-"选词助手"，如图 4-21 所示。

图 4-21 人气词寻找方法四：生意参谋-选词助手

方法五：淘宝官方数据分析软件"生意参谋-市场行情"。这个工具是付费的，并且店铺达到一定要求后才能使用，请按需选用。订购入口：生意参谋-市场行情，如图 4-22 所示，在页面中按需订购即可。

图 4-22 人气词寻找方法五：生意参谋-市场行情

5. 宝贝标题中设置关键词的注意事项

标题中不能包含特殊符号，搜索系统不能识别这些符号，带特殊符号的宝贝会被降权或者屏蔽，空格能被忽略，可以使用空格来分割关键词。

特殊符号包括但不限于：【 】『 』☆★○●◎◇◆□△▲※♂♀№§▲☆等。

6. 宝贝标题设置的技巧

宝贝标题设置时极力反对设置虚假宝贝标题，名不副实的宝贝标题只会让买家对卖家店铺的信任度降低，进而有可能终止在该卖家店铺购买商品，严重的还会被买家举报和投诉。明确、准确的消费群体才是掌柜们应该关心的事情，对于错误引导而来的消费群体只会带来更多的负面效益。淘宝对这种行为也是禁止并且会进行处罚的，比如扣分、降权、屏蔽等。

建议在宝贝标题中包含以下要素：产品名称、品牌名称；产品货号；产品功能、规格；产品特色、卖点。

可供参考的卖点有：

- 突出产品本身的功效与特性。
- 突出品牌或品质有保证，特别是那些知名品牌；比如"正品"、"行货"、"支持专柜验货"、"港货"等。
- 高信誉、良好的售出记录、好评率；比如"皇冠店"、"已售出 XX 件"、"至今无一件退款"等。
- 价格优势、促销优惠；比如"特价"、"清仓特卖"、"全国包邮"等。

推荐几种常用的宝贝标题设置格式：

- 基本型：店铺名称+商品名称+货号
- 增强型：店铺名+商品名称+货号+卖点关键词
- 升华型：商品名称+货号+卖点关键词+宝贝相关热搜关键词
- 极致型：秒杀/包邮　品牌+系列型号/特点+名称 1/名称 2+规格+功能+卖点。也可理解为：营销词+属性类目+核心营销词。

实际操作过程中，宝贝标题优化不可能一步到位，不同类目商品选取的关键词不同，在清楚优化目的、优化规则、优化方向、哪些可以有、哪些不能有后，希望卖家根据自己的商品特点多总结、多思考、善于举一反三、灵活运用，然后根据数据分析合理改进。

4.6　SEO 之宝贝上下架优化技巧

1. 什么是上下架时间

全淘宝网一口价宝贝的"有效期"统一为 7 天，发布宝贝时，有一个加红色*必填项"上架时间"，如图 4-23 所示。

选中"立刻上架"，上架时间从发布宝贝成功开始算起，比如 xx 年 2 月 9 日 20 时 30 分，下架时间就是7天后的xx年2月16日20时29分59秒。

选中"定时上架"，那么上架时间就是设置的时间，如xx年2月9日23时0分，下架时间为7天后的xx年2月16日22时59分59秒。

选中"放入仓库"，表示宝贝先不上架，在"卖家中心-宝贝管理-仓库中的宝贝"可以找到，单击"上架"按钮时，上架时间就是单击的那个时间点，下架时间是7天后。

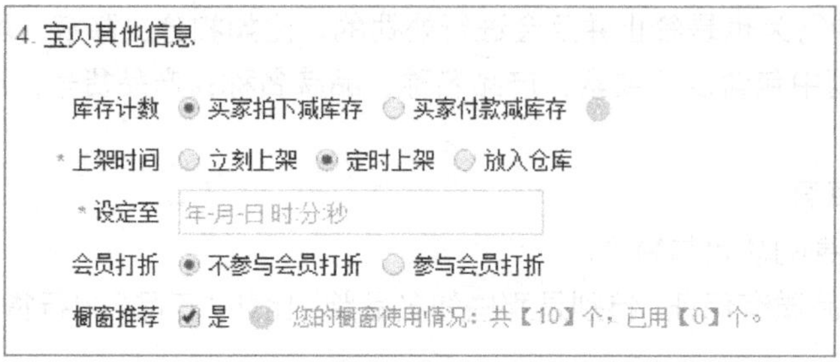

图4-23　宝贝上架时间设置入口

当下架时间到了，只要不去人工干预，商品不会被系统下架到仓库，而是**重新计算有效期**。

比如：某个商品的初次上架时间是xx年02月12日14时23分50秒，7天后重新上架时间为xx年02月19日14时23分50秒；如此循环。

2. 为什么要优化

在淘宝网搜索排序的影响因素中有一项称为"轮播因素"，指的就是商品上下架时间。时间轮播因素在天猫搜索中无效，仅在淘宝网的"所有宝贝排序"中有效。商品到了下架时间不会被系统下架到仓库，而是将有效期重新计算。

这几年淘宝搜索不断完善流量匹配规则，越来越多地偏向考量一个商家的综合运营能力。影响搜索排序的关键因素有转化率、DSR（店铺动态评分）、销售量、熟客率、收藏量以及相关人气因素等，运营能力越强的商家获取搜索匹配的流量会越多，这样一来小商家获取搜索匹配的流量压力增大，综合考量搜索保留时间轮播因素，也就是即将下架的产品会在搜索排序中获得优先展示，以保障每个商家在这个因素上都有公平展现在搜索结果中的机会。

时间轮播因素对应的工作就是"产品上下架时间优化"，再结合一直以来盛行的"关键词及标题优化"就构成了商家在淘宝和天猫搜索主要做的优化工作。安排好上下架时间，有机会获得更大的搜索展现，从而引进更多优质和高效的搜索流量，提升商品转化率/成交率/好评率/动态评分等，最终形成良性循环，得到更好的搜索排名和更多的流量。

3. 如何优化上下架时间

- 注重时间轮播因素：也就是上下架时间。
- 分析买家访问时间：获取买家的访问时间，看看访问人数最多是什么时候。将商品在买家高峰访问时段上架能获取更过流量。利用一些数据分析软件如生 E 经、生意参谋市场行情等查询买家访问时间段。
- 分配每日上架产品数量：如果自己店内商品比较多，不建议一次性、同一时间段内发布，这样一周后的同一天所有商品全部到下架时间了。建议一周七天平均分配上架数量，在每天不同的流量高峰时段错开发布上架。
- 安排产品上架时间：找出自己商品所在类目流量高峰时段，计算出自己店内每天要发布的商品数量，在每天不同时段定时上架（淘宝助理中有批量定时上架功能，非常好用且免费，商品太多时建议到淘宝助理中操作定时上架）。最终目的是让自己的宝贝在一周七天的每一天、买家访问最多的时间段里都有离下架时间最近并被优先展示的机会。良性循环，使得自己店铺源源不断从搜索获得优质流量。
- 监控效果并随时改进：第一次来操作时，肯定有不完善之处，不可能一步到位，建议多执行多分析，结合生意参谋中各项数据分析，不断改进。

淘宝卖家服务市场（fuwu.taobao.com）也有一些第三方工具可以实现批量自动上架功能，启动浏览器，打开卖家服务市场首页，在搜索框输入关键词"自动上架"，按需选用。

淘宝小二建议：商品上下架时间优化仅仅是在有限的条件下提升在搜索中展现的机会，进而提升搜索带来流量的概率。真正的运营是对商品的操盘，这永远是企业运营的基础与核心工作。未来搜索会越来越强调流量价值，如果希望在搜索中能够一直获取到优质且足够多的流量，离不开扎扎实实做好产品质量、做好客户服务，不断地积累口碑。当口碑形成，店铺才有了稳定经营的基础，在搜索中获得的流量也才会稳定提升。

小贴士

1. 到"卖家中心-宝贝管理-出售中的宝贝"单击"下架"按钮，再到"宝贝管理-仓库中的宝贝"单击"上架"按钮，才会更新在售宝贝的上架时间，其他操作比如：在出售的商品中更新标题、价格、编辑详情等不影响商品的上架时间。

2. 在淘宝网搜索所有宝贝排序中，除掉天猫网固定推荐位，一个商家最多只能有2个商品出现在同一个结果页中，所以需要将同类商品的上架时间做一定区隔。

4.7 SEO 之宝贝橱窗推荐优化技巧

1. 什么是橱窗推荐位

橱窗推荐位是淘宝官方给卖家的一个免费推广工具，卖家把自己店铺中最优质、最具核心竞争力的宝贝设置成橱窗宝贝后，可以优先展示在搜索结果中。

设置橱窗推荐的入口：“卖家中心-宝贝管理-橱窗推荐”。

橱窗位分为日常橱窗位和精品橱窗位，日常橱窗位数量将不超过店铺实时在线的商品总数（含出售中、仓库中），淘宝网将在现有发放规则的基础上按需发放，避免多发滥发，如图 4-24 所示。

举例说明：如果卖家的橱窗位按日常规则应发 50 个，但是在线商品数只有 30 个，系统将会按照发放上限（在线商品数）来发放，也就是按日常规则只发放 30 个橱窗位。

如果该卖家后来又新增了几个宝贝，则系统会实时判断到他有新的橱窗位需求了，系统会及时释放对应个数的橱窗位供卖家使用（规则发放总数也不会超过日常规则应发数量）。

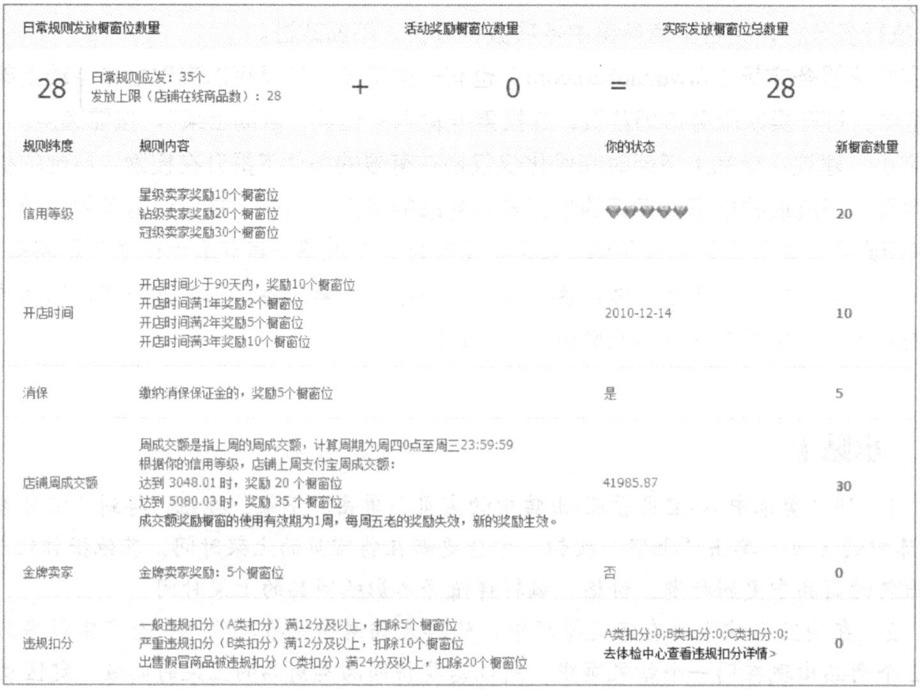

日常规则发放橱窗位数量		活动奖励橱窗位数量		实际发放橱窗位总数量
28	日常规则应发：35个 发放上限（店铺在线商品数）：28	+ 0	=	28

规则纬度	规则内容	你的状态	新橱窗数量
信用等级	星级卖家奖励10个橱窗位 钻级卖家奖励20个橱窗位 冠级卖家奖励30个橱窗位		20
开店时间	开店时间少于90天内，奖励10个橱窗位 开店时间满1年奖励2个橱窗位 开店时间满2年奖励5个橱窗位 开店时间满3年奖励10个橱窗位	2010-12-14	10
消保	缴纳消保保证金的，奖励5个橱窗位	是	5
店铺周成交额	周成交额是指上周的周成交额，计算周期为周四0点至周三23:59:59 根据你的信用等级，店铺上周支付宝周成交额： 达到 3048.01 时，奖励 20 个橱窗位 达到 5080.03 时，奖励 35 个橱窗位 成交额奖励橱窗的使用有效期为1周，每周五老的奖励失效，新的奖励生效。	41985.87	30
金牌卖家	金牌卖家奖励：5个橱窗位	否	0
违规扣分	一般违规扣分（A类扣分）满12分及以上，扣除5个橱窗位 严重违规扣分（B类扣分）满12分及以上，扣除10个橱窗位 出售假冒商品被违规扣分（C类扣分）满24分及以上，扣除20个橱窗位	A类扣分:0;B类扣分:0;C类扣分:0; 去体检中心查看违规扣分详情>	0

图 4-24 日常橱窗位数量规则

精品橱窗位发放规则如图 4-25 所示，只对测试类目的卖家开放，大家可以在"卖家中心-宝贝管理-橱窗推荐-精品橱窗-查看明细"中查询自己店铺的精品橱窗位。

精品橱窗明细

您有1个准入条件不符合，无法获得精品橱窗奖励！

准入条件	您的状态	
A类扣分<12，且无虚假交易	✔ 符合	
近1年无B类扣分	✔ 符合	
近1年无C类扣分	✔ 符合	
卖家信用等级>＝1颗钻	✔ 符合	
卖家主营类目为精品橱窗测试类目,当前主营类目为教育培训	✘ 不符合	查看测试类目列表
卖家为爱逛测试卖家	✔ 符合	

规则内容	您的状态	奖励数目
企业店铺奖励0个精品橱窗	—	—
金牌卖家奖励0个精品橱窗	—	—
中国质造卖家奖励0个精品橱窗	—	—
上周成交金额达到目标奖励0个精品橱窗	—	—

图 4-25　精品橱窗位发放规则

2. 为什么要优化

在搜索排序的影响因素中，被橱窗推荐的宝贝可以优先展示从而有机会获得更多的流量。卖家们可以利用橱窗推荐来对店铺商品进行流量调节：比如将新品/清仓商品设置为橱窗推荐，对卖断货的爆款取消橱窗推荐等。

3. 如何优化橱窗推荐

影响搜索结果中"所有宝贝"排序的关键因素之一就是被橱窗推荐，将快要下架的宝贝设置为橱窗推荐，将有机会获得更多的排名得分，使得宝贝排名更靠前。

橱窗推荐位是稀缺资源，将推荐位完全使用不留空，将店内主推/重点/优质商品循环推荐，将最大价值的宝贝（比如打造的爆款）锁定推荐以及过滤零价值宝贝推荐（比如无销量、无浏览、无收藏的三无商品），都有助提升排名。

如果宝贝少，橱窗位完全够用，全部推荐上即可。如果店内宝贝很多，橱窗位有限，可以选用一款自动橱窗推荐工具，按照以上几点原则实现自动批量推荐，省时、省力还能获得更多流量和展示机会。

哪里找自动橱窗推荐工具呢？启动浏览器，打开卖家服务市场首页（fuwu.taobao.com），在搜索框输入关键词"橱窗推荐"，按需选用。

4.8 发布宝贝必备的运费模板创建技巧

淘宝、天猫网实物类商品发货都需要物流派送，当下有四种发货方式："限时物流"、"在线下单"、"自己联系"、"无须物流"。

"限时物流"：是为了对物流的时效进行约束而产生的一种新型物流方式。它是指淘宝与快递公司签订协议，令快递公司保证在约定时间内把卖家的宝贝送达买家。如若延时或者超时，将对快递公司做出罚款等相应处罚。目前支持三种限时方式：当日达、次晨达、次日达。根据交易地区的不同，可供选择的限时方式也会不同。目前，在淘宝物流平台上提供限时物流服务的有以下物流公司：韵达快递、联邦快递、圆通速递、百世物流。

"在线下单"：卖家线上预约，快递公司安排就近网点快递员上门取件。

"自己联系"：卖家自己跟当地快递公司联系，商谈价格、取件/送件时间，让快递公司提供快递单，每天固定时间自己送件或者快递员上门取件。

"无须物流"：是指不用快递派送。如果卖实物商品，偶尔几单可以采用这种方式，多了可能会被判为虚假交易而遭到扣分、删评价、删销量、封店处罚。比如卖家与买家是同城交易且不通过物流运输，双方自行提货或送货的，卖家在发货时选择"无须物流"，一定记得保管好与买家的旺旺聊天记录及见面交易签收凭证；一方面是避免后续因买家不诚信而导致的损失，另一方面是万一后续淘宝排查订单说你涉嫌虚假交易时可以举证避免处罚。

现在发布宝贝必须关联运费模板，创建运费模板的两个入口如图4-26所示，入口一："卖家中心"-"物流管理"-"物流工具"-"运费模板设置"-"新增运费模板"；入口二："卖家中心"-"发布宝贝"-"2.宝贝物流服务"-"新建运费模板"。建议先创建运费模板，再发布宝贝。

图 4-26 创建运费模板的两个入口

单击"新增运费模板"按钮，运费模板详情设置界面如图4-27所示。从上往下每一项参数填写技巧如下：

"模板名称"：最少必须由 1 个字组成，最多不能超过 25 个字。可任意填写，创建多个模板时名称用于区别，只有卖家在后台看得见，买家看不见。例如与韵达快递公司合作，模板名称可以写"韵达运费模板"。单击"模板名称"右侧的"运费计算器"超链接，会跳转至淘宝合作物流公司"运费/时效查看器"，其主要作用是帮助卖家了解最近一周各种物流服务平均价格及派送时效，从这里可查询不同快递公司的服务均价，有助于卖家高效筛选快递公司，比如经营店铺过程中多数买家反映快递太慢，从这里了解行业平均水平后，可以考虑是否换其他快递公司。

"宝贝地址"：建议填写货源所在地。有些卖家做代理，自己与供货商不在一个城市，比如卖家在上海，供货商在广州，那么建议宝贝地址填写广州，不然宝贝详情页显示地址在上海，而物流跟踪信息显示从广州发出，买家会认为有什么猫腻，下次不敢再到你店里购物了。

"发货时间"：按实际情况选择。发货时间越短越有助于成交，淘宝规则里买家可以发起"未按约定时间发货"投诉，淘宝网核实投诉成立，卖家店铺会被扣分且赔付买家，建议不要选做不到的发货时间，比如 4 小时内发货。淘宝规定的默认发货时间是 72 小时（即 3 天），正常情况推荐选择 3 天内；如果选择大于 3 天的，比如 8 天内/10 天内，建议在宝贝详情描述中再次注明为什么要这么久才发货，高效购买是绝大多数买家的诉求，发货时间太久，买家可能不愿意等。节假日或特殊情况需要延迟发货的，一定记得修改发货时间。

"是否包邮"：分为"自定义运费"和"卖家承担运费"。选"自定义运费"，可以全国各地区设置不同运费价格，或者设置部分地区包邮，部分地区不包邮；选"卖家承担运费"，全国所有地区运费将设置为 0 元，即运费卖家出，全国包邮。

"计价方式"：分为"按件数"、"按重量"、"按体积"。每天发货量不大，建议选"按件数"，更简单方便，快递公司一般是按 1 公斤算首重，只要商品重量不超过 1 公斤，无论件数多少只算一个首重，比如买家一次选购 5 件总重量不超过 1 公斤，收一个首重的费用。如果选"按重量"、"按体积"，每次都要对单件商品称重或者算体积，流程上烦琐些。当然不同类目商品属性不一样，比如大家电、家具等商品发物流就得按体积算，绝大部分类目下的小件商品按件数算是最方便的。

"区域限售"：分为"不支持"、"支持"。当"是否包邮"选择"自定义运费"时，"区域限售"可以修改为"不支持"或"支持"；当"是否包邮"选择"卖家承担运费"时，"区域限售"只能选择"不支持"。如果支持区域限售，宝贝只能在设置了运费的指定地区城市销售。

"运送方式"有三种："快递"、"EMS"、"平邮"，只有当"是否包邮"选中"自定义运费"时，每一种运费方式才可以单独设置运费。当"计价方式"选择"按件数"，"运送方式"中所有设置均按件数收费；同理，当"计价方式"选择"按重量"、"按体积"时，"运送方式"中所有设置均按重量、按体积收费。网上开店面向全国甚至全世界，"EMS"、"平邮"是中国邮政的，全国主要城市、偏远地区及乡村都能送达，而大部分快递公司网点只到一/二/三/四/五线城市、县、镇；考虑时效性及网点覆盖范围，建议设置以快递为主、EMS/平邮为辅。

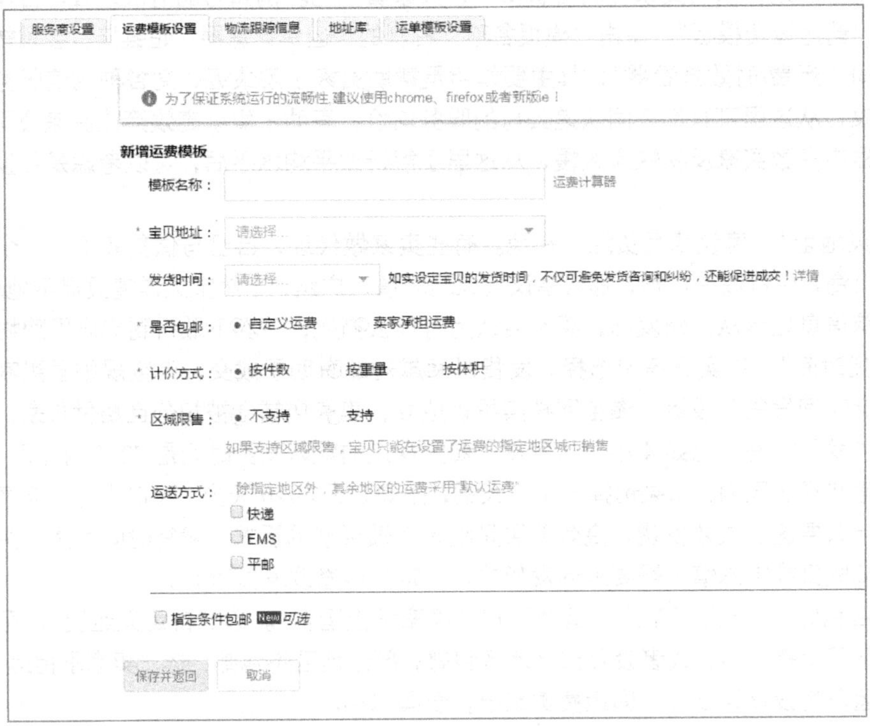

图 4-27　运费详情模板设置界面

　　以"计价方式-按件数"，"运送方式-快递"的设置为例，如图 4-28 所示，"默认运费"表示全国各地首件多少钱，续重多少钱，只设置"默认运费"，会出现某些地方运费多收而偏远地区运费少收的情况；解决办法就是同时设置"为指定地区城市设置运费"，除指定地区外，其余地区的运费采用"默认运费"。单击"为指定地区城市设置运费"超链接，当前页面中新增列表"未添加地区"，再单击其右侧"编辑"超链接，在新开弹窗中勾选区域，单击"保存"按钮关闭弹出，继续填写"首件/续件"为 1，"首费/续费"为具体价格。前文提到自己联系快递，需与快递公司商谈运费价格；大部分快递公司提供的价格都是按省算，比如韵达快递在湖北省首重 1 件 10 元，表示所寄包裹到达湖北省境内任何一个韵达网点都是 10 元，不再划分省内的市、镇；所以不同地区按快递公司提供的价格表勾选城市并设置"首费/续费"即可。如果要设置部分地区包邮，部分地区不包邮，只需将包邮地区勾选后设置"首件/续件"为 1，"首费/续费"为 0；勾选不包邮地区，填写"首件/续件"为 1，"首费/续费"为具体价格。港澳台/海外运费价格很贵，出入境商品都会严格查验，你卖的商品销往这些地方，先问清楚快递公司是否支持、能不能正常寄达，不然尽量在详情描述中加一句"港澳台/海外"不发货，提醒这些地区买家不要购买。

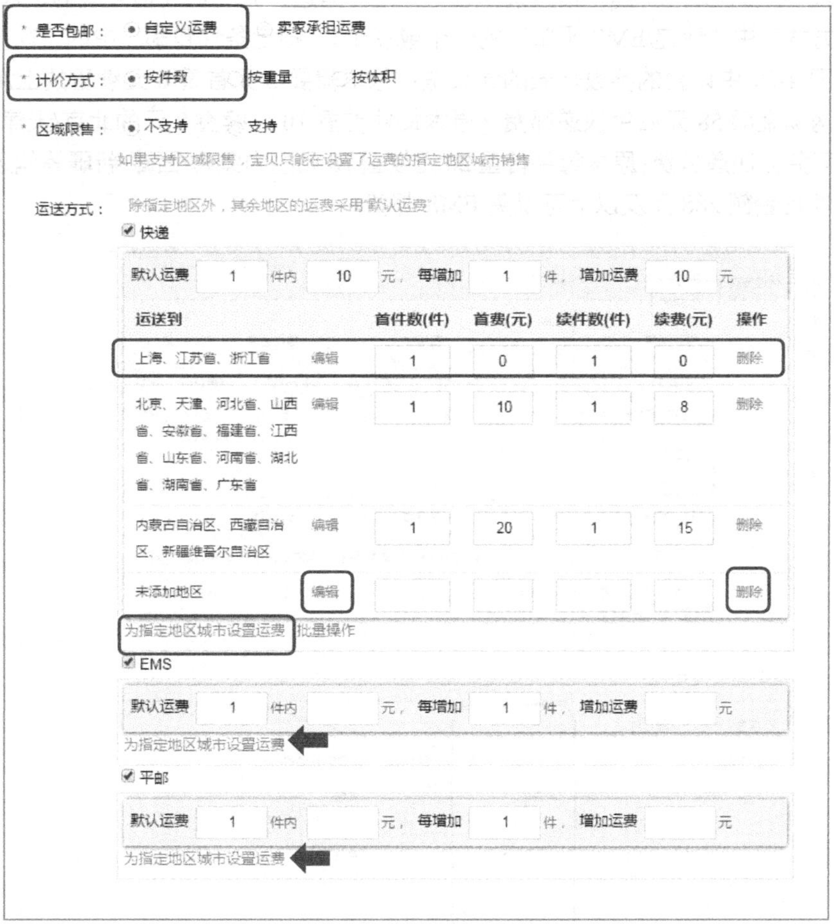

图 4-28　运送方式设置

小贴士

"运送方式"可以勾选一个，也可以勾选两个或三个。每一种方式都可以同时设置"默认运费"和"为指定地区城市设置运费"；或者只设置"默认运费"。"EMS"和"平邮"的设置步骤与"快递"一样。

"指定条件包邮"：是新增功能，可选项，也是卖家店内促销工具之一，合理设置能有效提升客单价，建议设置二次优惠时核算好成本，避免亏本；勾选后可设置不同地区用不同的运送方式、设置不同的包邮条件。"指定条件包邮"与"运送方式"是互相关联的，只有勾选并设置了"运送方式"中"快递/EMS/平邮"的一个或多个，"指定条件包邮"中的"选择运送方式"才生效。如图4-29中设置的参数代表的含义是：原本需要8元首重6元续重的上海/江苏/浙江三省买家，购满金额58元后免快递邮费；原本每件首重10元续重8元的北京/天津等地买家购满3件商品可免去快递运费；原本每件首重20元续重18元的内蒙古/西藏/新疆等偏远地区买家，只需购满3件且金额288元及以上可以免EMS邮费。

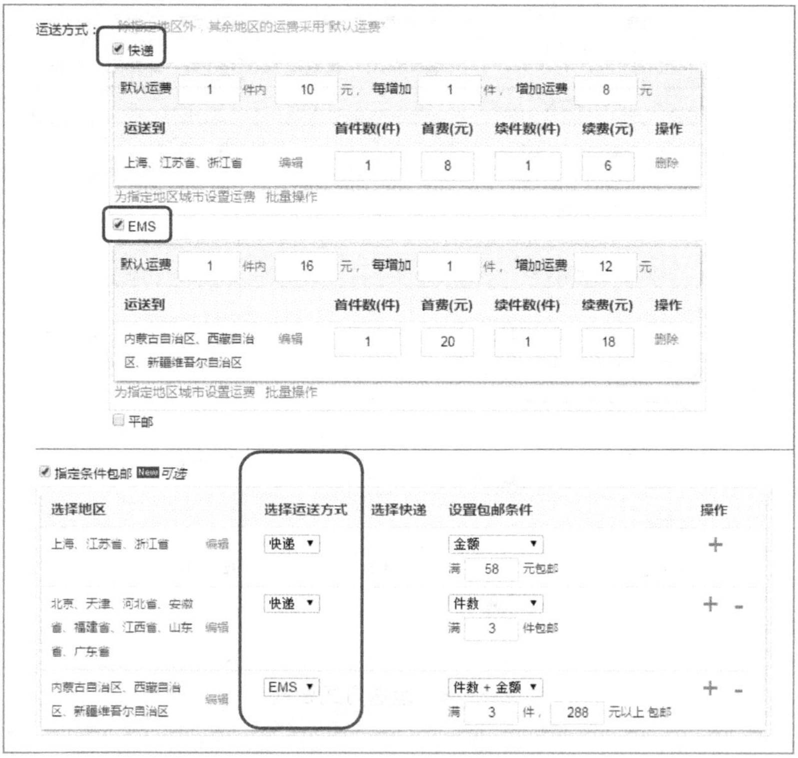

图4-29　指定条件包邮的设置技巧

4.9　提升客单价之关联推荐技巧

店内关联营销对提升访问深度、提升客单价、降低成本非常重要，也是店内优化最重要的环节之一。试想一下：假设买家购买一件包邮单品 A 98 元，卖家需付出商品成本 40 元、运费成本 6 元、人力/耗材等成本 15 元，利润是 98-40-6-15=37 元；如果卖家巧妙设置关联推荐或搭配套餐，让买家同时购买 3 件包邮单品 ABC 共 299 元，恰好这 3 件单品没超过首重 1 公斤，运费只需 6 元（或者超重运费需 10 元），假定商品成本都是 40 元，此时的利润是 299-40×3-6（10）-15=158（154）元；比 3 个不同的买家分开购买单品 ABC（299-40×3-6×3-15×3=116 元）的利润多出 42（38）元。事实和道理摆在眼前，希望卖家重视！

卖家在实际操作中容易走进误区，也有各类疑问，如关联宝贝是越多越好吗？关联推荐会引起降权吗？创建制作关联简单吗？怎么关联才能达到最佳效果呢？

1. 正确的关联形式和选款方法

不管卖什么商品，应该找对关联形式和选款方法，推荐以下几种：

关联形式 1：同类推荐。

a. 功能相同；案例：无袖羊毛背心—无袖羊毛背心；纯棉长袖衬衫—纯棉长袖衬衫；

b. 属性相同或相近；案例：红色米奇拎包—红色拎包；1.2 米咖啡色办公桌—1.2 米褐色办公桌；

c. 价格相当；案例：39 元的打底裤—20～50 元之间的打底裤；128 元的洁面乳—100～150 元之间的洁面乳；380 元的羽绒服—300～500 元之间的羽绒服。

关联形式 2：搭配套餐。

a. 功能互补；案例：毛衣—围巾—帽子；文胸—文胸洗护袋—收纳盒；手机—充电宝—保护壳/套；

b. 价格刺激；案例：搭配购买，8 折；任选 2 件，减 8 元；购买套餐，包邮送礼。

关联形式 3：好评推荐/热销推荐，有助消除疑虑、转移注意力、取长补短。

a. 功能相同或者互补；

b. 有销量支撑；案例：销量低的宝贝—销量高的宝贝；

c. 有好评支撑；案例：评价少的宝贝—评价多的宝贝；评分低的宝贝—评分高的宝贝。

关联形式 4：情感嫁接。

a. 情感联系；案例：大家电—送父母取暖器、净水器；母婴—多功能上衣—宝宝纸尿裤；首饰—送老婆—送母亲；

b. 行业特性；案例：有主有次；

c. 价格水平；案例：价格较高的宝贝—价格偏低的宝贝。

2. 哪些位置可以做关联

店内可做关联的主要位置包含首页、宝贝详情描述页、分类页、自定义页面、活动页等，当引流推广以单品为主时，在单品详情描述页中关联引导入口更为重要，包含页头店招导航、宝贝主图正下方第三方插件区、详情页左侧模块、宝贝描述正文上方/正文内/正文下方。

详情描述页中不同位置建议做的关联形式如下：

- 店招导航（页头重要）：考虑全店布局，根据自己店铺各时期促销活动安排，不定期更换。
- 第三方插件区：推荐"关联形式2：搭配套餐"。
- 左侧模块：推荐"关联形式3：好评推荐/热销推荐"。
- 宝贝详情描述正文上方：推荐"关联形式1：同类推荐"。
- 描述内容中适当添加：根据当前宝贝特点，关联互补类效果最好。比如上衣关联裙子或者裤子。
- 宝贝详情描述正文下方：推荐"关联形式4：情感嫁接"。

3. 选择适当的关联宝贝数量

淘宝官方比较注重用户体验，因此对宝贝详情页过于累赘，与当前宝贝介绍无关信息太多的商品会进行降权处理。

降权条件：在宝贝描述上方，宝贝描述下方不影响；推荐宝贝过多，数量太多或者占用页面高度太大。

详情页描述建议关联的宝贝数量：

- 搭配套餐形式：2～4个，3个最佳。
- 其他关联形式：6～12个，8、9个最好。
- 放在宝贝描述下方的：20个以内。

4. 如何展示关联宝贝效果最好

要让关联效果最佳，建议遵循"针对性展示、精准关联"原则。也就是说对不同商品做不同的关联展示模板。

最佳的效果展示：以宝贝单品为单位制作关联模板。比如当前主宝贝为A时，专门针对A制作关联模板展示；当前主宝贝为B时，专门针对B制作关联模板展示，以此类推。

一般的效果展示：以类目/属性为单位制作关联模板。比如类目A中包含商品a、b、c、d、e，制作一个类目A通用关联模板，展示到商品a、b、c、d、e所有详情中。

无效展示：全店所有商品无区分，只做一个关联模板。这种做法没考虑个体差异，推荐商品可能都与关注每个单品的买家需求有出入，最终效果不理想。

详情描述页关联营销的流程：对每一个单品分析其卖点→找准该宝贝适合的关联推荐形式（同类推荐、搭配套餐、好评推荐、热销推荐、情感嫁接）→制作关联模板→添加到宝贝详情描述页面保存发布。店内的关联推荐在装修后台操作。

4.10　发布宝贝后为什么店铺内不显示

发布宝贝后店铺内不显示，请先进入"卖家中心"-"宝贝管理"-"出售中的宝贝"中查看是否有该宝贝，找准原因，解决问题不难。主要是两类情况：

第一类，"出售中的宝贝"中有该宝贝，店铺里搜索不到，解决方法如下：

a. 将此宝贝链接发送给任意好友，如果好友能正常打开查看，是因为淘宝商品数据库滞后，导致店铺里没同步显示，宝贝成功发布后，通常 30 分钟后才会在店铺、分类、搜索中显示，建议晚些时候再查看。

b. 若将此宝贝链接发送给好友后，好友打开看到提示"很抱歉，您的宝贝可能下架或者被转移"，此时，宝贝是在被监管状态，需要审核，同时需要您自检商品，如果是由于商品价格偏离市场行情或标题描述等违规而被淘宝监管或者违反宝贝发布规则，建议调整后重新发布。

c. 店铺装修用了自定义模板或者删除了首页宝贝展示模块，这种情况需重新装修店铺，将宝贝展示出来。

第二类，"出售中的宝贝"中没有该宝贝，解决方法如下：

a. 若在"宝贝管理-仓库中的宝贝"-"即将开始"/"从未上架"/"我下架的"里面看到该宝贝，一般是由于你发布宝贝时，选择了"定时上架"、"放入仓库"或者执行过手动下架操作。下架的商品是不会显示在店铺中的，将宝贝上架即可。

b. 若在"宝贝管理-仓库中的宝贝-查看被下架的违规宝贝"里看到该宝贝，是由于宝贝存在违规被淘宝下架处理了，建议你查看下架原因并编辑调整后重新发布。

c. 若在"宝贝管理-仓库中的宝贝-历史宝贝记录"里查看到该宝贝，是由于宝贝超过三个月没有成交，成了滞销宝贝，被系统转移至仓库"历史宝贝记录"中，建议重新发布。

d. 若在仓库中未找到宝贝，一般是由于宝贝被删除了，可以查看是否有淘宝删除的通知邮件。

有时候发布的宝贝不满意，已经在卖家中心删除了，为什么店铺内还有呢？这个主要是同步问题，什么都不用做，耐心等待更新即可，半小时至 2 小时同步完成就没有了。

第 5 章
卖家交易订单管理、物流管理

5.1 淘宝支付宝担保交易流程详解

淘宝、天猫的商品买卖由买家、卖家、支付宝公司三方参与。支付宝公司属于第三方，起担保作用，买家看中卖家宝贝，拍下付款到支付宝公司，买家收到卖家发的货后确认没问题打款，钱从支付宝公司转到卖家账上；如果买家付款后又不想要了或者收货后不满意申请退货退款，钱都会从支付宝公司退还给买家。

从买家拍下商品创建订单到交易完成，整个支付宝担保交易流程如图 5-1 所示，新开店卖家要特别注意，订单状态为"等待买家付款"时切记不能发货，否则钱货两空。当有人在旺旺上与你对话并截图告诉你"已经付款了，请立即按某某地址发货"，或者截图告诉你"已经付款但不想要了，直接支付宝转账退款"，切勿轻信！这时应该立即用浏览器打开"卖家中心-已卖出的宝贝"界面，在右侧搜索框里填写"买家昵称"（买家昵称就是对方会员账号）搜索，看看此人在店内是否有过订单，订单状态是什么，核实后再处理，避免上当受骗。

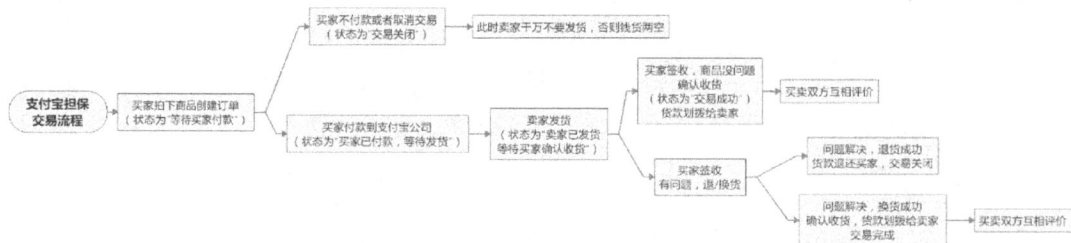

图 5-1 支付宝担保交易流程

当订单状态为"等待买家付款"时，除注意防骗、不要发货外，还有一个重要功能是修改价格；改价入口在"等待买家付款"状态时才开放，其他订单状态是不能改价的。比如一件衣服原本不包邮，买家跟你沟通后答应包邮，"卖家中心-已卖出的宝贝"该买家订单右侧会有"修改价格"字样，单击并按提示操作完成改价即可。如果买家已经付款，可以让其发起退款申请，理由为退运费；或者交易完成后用支付宝实时转账，退款给买家。

5.2　卖出第一单，如何快速发货（熟悉发货流程）

店铺卖出第一单是非常激动人心的事情，但有些卖家激动之余对发货流程还是有点手忙脚乱，不知道先做什么后做什么，这里就给大家梳理一下。

1．买家购买前的准备工作。

虚拟商品和电子兑换券商品无须物流，相对简单，多是自动发货。下面以实物发货为例进行介绍。

a．注册拥有淘宝店铺。

b．发布商品且为上架状态，只有出售中的商品才能被买家正常浏览购买。

c．选定快递公司，协商好运费，在"卖家中心-物流管理-物流工具"中：设置服务商、创建运费模板并关联到所有宝贝、在地址库中添加默认发货地址和默认退货地址；准备好快递单；准备好打包工具（胶带、包装袋、纸箱等）。

d．为了提升转化率，建议装修好店铺、优化好宝贝详情描述页。

2．熟知支付宝担保交易流程。

买家拍下商品创建订单（简称买家下单）→买家付款到支付宝（付给支付宝公司而非付给卖家）→卖家发货→买家确认收货（把货款从支付宝公司转到卖家账上）→交易完成→评价。

3．从买家创建订单到交易完成互评，整个交易流程中要非常清楚哪些能做哪些不能做。

当买家拍下商品创建订单未付款时，订单状态为"等待买家付款"，如图 5-2 所示，如果你跟买家协商好，要增加或者减少价格，单击"修改价格"链接，在新开弹窗中按提示操作即可；整个交易流程中只有状态为"等待买家付款"才能改价。淘宝规则中买家拍下商品可以 72 小时内付款，72 小时后还没付款系统自动关闭交易；虽然卖家可以对"等待买家付款"状态的订单关闭交易，但是建议卖家不要在没取得买家同意的前提下关闭订单，否则可能被买家投诉。

买家成功付款后，订单状态为"买家已付款，发货"，如图 5-3 所示，手动人工操作，单击"发货"按钮，在新开页面中按提示填写快递单号，完成发货即可。如果订单比较多，人工发货出错率高，建议订购软件实现批量自动发货。如果发货前，买家告诉你说收货地址错了，单击"详情"链接，新开页面中单击"修改收货地址"按钮，根据买家提供信息重新填写后再发货。建议买家付款后，第一时间主动联系买家核对收货消息，有错误及时修改纠正，避免售后退换货、召回包裹等问题。买家付款后收货前，任何时间都可以申请退货退款或者只退款不退货等，此时一定跟买家沟通清楚，具体什么原因，根据实际情况合理处理，一方面避免财货两空，另一方面避免中差评或者超低店铺评分，新开店经不起中差评和超低店铺评分的折腾，请卖家慎重对待。

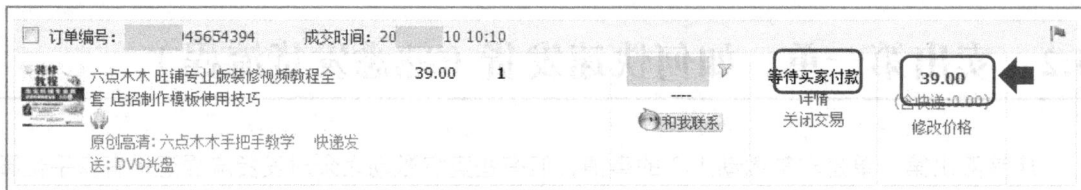

图 5-2　买家拍下商品创建订单，未付款

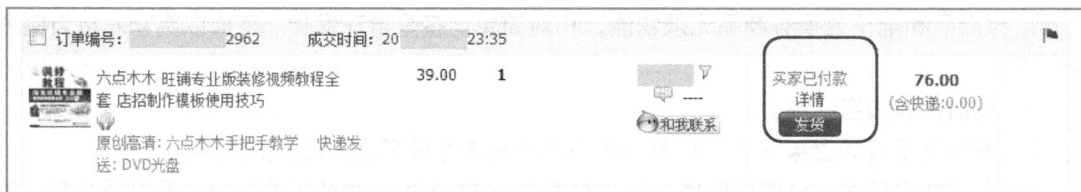

图 5-3　买家已付款，等待卖家发货

当卖家完成发货后，订单状态为"卖家已发货"，如图 5-4 所示，实物类商品在平时正常状态，发快递的派送时间多是 2~7 天。如果买家收到货后手动确认收货，之前付到支付宝的钱转到卖家支付宝账户上；如果买家没有手动确认收货，订单默认 10 天自动打款到卖家支付宝账户上。如果是全网大促活动，比如"双 11"、"双 12"等，确认收货时间会按需延长。

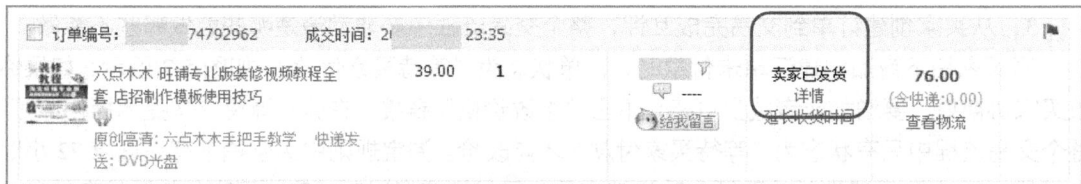

图 5-4　卖家已发货，等待买家确认收货

不论是买家手动确认收货还是时间到了自动确认收货，该笔订单交易完成。淘宝卖家店铺信誉累积是通过交易完成后买卖双方互相评价后产生的，好评加 1 分，中评不得分，差评扣 1 分，因此开店初期，建议每个交易环节都做好用户体验，维持良好健康的店铺状态。

5.3 "我要寄快递"及物流工具使用技巧

　　淘宝网支持卖家在线下单，对宅男宅女来说，真心方便，在家坐等快递员上门取件。启动浏览器，进入卖家中心，单击"物流管理-我要寄快递"，如图 5-5 所示，只需三步：填写寄件人/收件人地址→选择快递公司→完成预约。按页面提示依次填写即可，加*的是必填项。

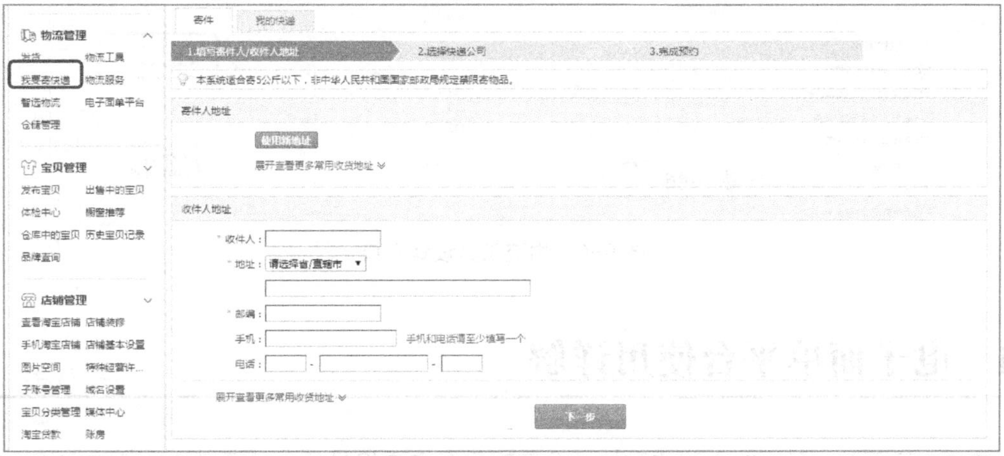

图 5-5 "我要寄快递"下单界面

　　快递公司有上百家，与淘宝达成战略合作的快递公司也有几十家，每一笔实物订单发货时，都需填写快递单号，如果不开通快递服务商，每一笔订单填写快递单号时都要从列表中的众多快递公司里去找需要的那家，这个过程非常容易出错；如果开通了服务商，发货时优先显示，其他没开通的全部隐藏，大大提升发货效率和正确率。

　　单击"卖家中心-物流管理-物流工具"，服务商开通入口如图 5-6 所示，默认显示"服务商设置"界面，比如我合作的快递公司是韵达快递，在列表中找到它，并单击右侧的"开通服务商"按钮；下次换了合作快递公司，回到该界面，单击"取消"即可。

　　单击"运费模板设置"标签，可以新增、修改或删除运费模板，前文已经介绍过，不再赘述。

　　单击"物流跟踪信息"标签，输入已经发货的订单编号，可以搜索查询物流跟踪信息。

　　单击"地址库"标签，添加新的发货地址、退货地址，最多可以添加 20 条地址。已经添加的也可以编辑修改或者删除。

　　单击"运单模板设置"标签，可以新建、编辑、删除运单模板。自定义运单模板适用发货量大且使用批量发货软件的卖家，需自己批量打印。比如与韵达快递合作，韵达快递会提供格式统一的运单，如果卖家对运单格式有想法，希望把每一笔订单的备注打印在上面，就需要自己新建运单模板。没有这类需求，可以不创建。

图 5-6　物流工具设置入口

5.4　电子面单平台使用详解

菜鸟电子面单，是由菜鸟网络和快递公司联合向商家提供的一种通过热敏纸打印输出纸质物流面单的物流服务。商家可在淘宝天猫的卖家中心申请开通服务，菜鸟会把服务申请流转给快递公司，快递公司审核通过后会给商家提供电子面单热敏打印纸；商家再通过发货软件与菜鸟网络系统交互并获得菜鸟生成的面单号（快递面单号段由快递公司提供）等打印信息，并通过热敏打印机（打印机由商家自行购买或与网点协商解决）完成电子面单打印并交付快递公司揽收派送。图 5-7 是圆通快递电子面单与传统 4 联面单的对比区别。

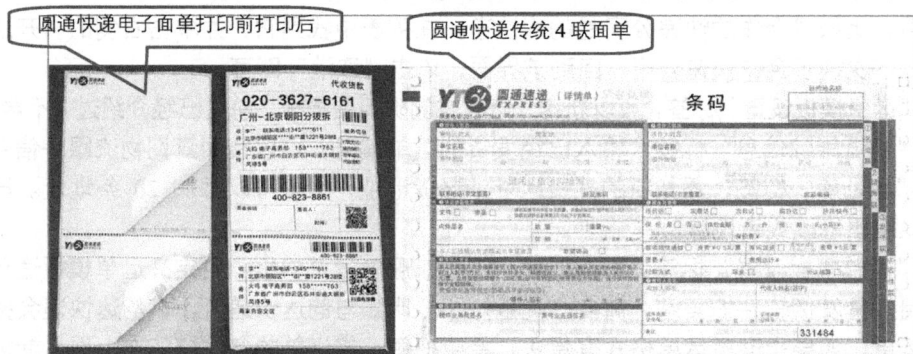

图 5-7　圆通快递电子面单与传统 4 联面单区别

当前与淘宝合作的快递运营商分为加盟和直营两种，卖家按需自由选择。例如，希望开通韵达快递电子面单服务的步骤：用卖家账号登录卖家中心，依次单击"物流管理"-"物流服务"-"电子面单"-"免费开通"，找到韵达快递并单击"申请"按钮，根据页面提示添加地址、选择就近韵达网点、输入负责人及手机号，提交后，联系快递公司审核。也可以到"物流管理-电子面单平台-我的服务商"关注审核状态，并可以同时准备热敏打印机、热敏纸等耗材。开通及使用流程如图 5-8 所示。如果每天发货量超过 50 单，建议都使用电子面单服务，高效且方便。

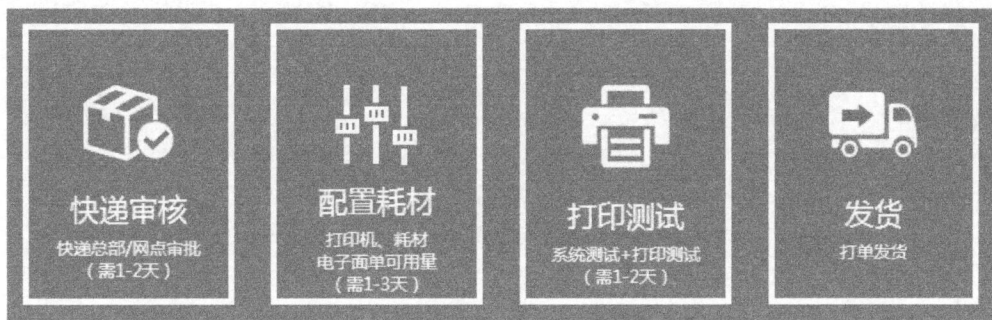

图 5-8 商家申请开通电子面单使用流程

5.5 淘宝信用体系及评价管理

淘宝规则中明文规定，买卖双方有权基于真实的交易在支付宝交易成功后 15 天内进行相互评价。淘宝网评价包括"信用评价"和"店铺评分"，如图 5-9 所示。

在信用评价中，评价人若给予好评，则被评价人信用积分增加 1 分；若给予差评，则信用积分减少 1 分；若给予中评或 15 天内双方均未评价，则信用积分不变。如评价人给予好评而对方未在 15 天内给其评价，则被评价人信用积分增加 1 分（简单理解就是好评加 1 分、中评不得分、差评减 1 分）。

相同买卖双方任意 14 天内就同款商品的多笔支付宝交易，多个好评只加 1 分、多个差评只减 1 分。每个自然月，相同买家与淘宝网卖家之间交易，双方增加的信用积分均不得超过 6 分。评价人可在做出中、差评后的 30 天内，对信用评价进行一次修改或删除。30 天后评价不得修改。淘宝有权删除评价内容中所包含的污言秽语、广告信息及其他有违公序良俗的信息（简单说就是买家给你中、差评了，一定记得 30 天内沟通让其修改，只有一次机会删除或者改为好评，过期不能改；中、差评在双方互评后 48 小时生效，显示在宝贝详情页和信用评价页。如果一方评价了，另一方不回评是看不到对方究竟给的哪种评价的）。

图 5-9　淘宝网交易完成后的信用评分和店铺评分

店铺评分由买家对卖家做出，包括宝贝与描述相符、卖家服务态度、卖家发货的速度、物流发货的速度、送件人员的态度 5 项。每项店铺评分均为动态指标，为此前连续六个月内所有评分的算术平均值。每个自然月，相同买卖双方之间交易，卖家店铺评分仅取前 3 次。店铺评分一旦做出，无法修改。自交易成功之日起 180 天（含）内，买家可在做出淘宝网信用评价后追加评论，追加评论的内容不得修改。卖家可对追加评论的内容进行解释，追加评论不影响淘宝网卖家的信用积分。

交易双方在淘宝网每交易成功一个订单都可以获得相应的评价。买家的信用度累积是针对订单中的每一项宝贝，即订单交易成功后，卖家可针对其中的每一项宝贝给买家做出如实的评价。淘宝网在交易中作为卖家角色，其信用度分为 20 个级别；作为买家角色，也分为 20 个级别，如图 5-10 所示。

"卖家中心-交易管理-评价管理"页面中可以查看"店铺半年内动态评分"、"卖家累积信用"、"买家累积信用"；还可管理"来自买家的评价"、"来自卖家的评价"、"给他人的评价"、"退款评价"。

天猫商城是没有好/中/差评之分的，只能进行店铺评分。天猫商品交易完成后的评价页面除"评价商品"、"评价服务"、"描述相符"、"服务态度"、"发货速度"、"物流速度"、"快递员服务态度"外，不同类目商品需评价的其他因素会不同，例如童装商品，还可以选填宝宝身高、体重等。

在交易中作为卖家的角色，其信用度分为以下20个级别：

分数	图标
4分-10分	❤
11分-40分	❤❤
41分-90分	❤❤❤
91分-150分	❤❤❤❤
151分-250分	❤❤❤❤❤
251分-500分	◆
501分-1000分	◆◆
1001分-2000分	◆◆◆
2001分-5000分	◆◆◆◆
5001分-10000分	◆◆◆◆◆
10001分-20000分	♛
20001分-50000分	♛♛
50001分-100000分	♛♛♛
100001分-200000分	♛♛♛♛
200001分-500000分	♛♛♛♛♛
500001分-1000000分	♛
1000001分-2000000分	♛♛
2000001分-5000000分	♛♛♛
5000001分-10000000分	♛♛♛♛
10000001分以上	♛♛♛♛♛

作为买家的角色，其信用度分为以下20个级别：

分数	图标
4分-10分	❤
11分-40分	❤❤
41分-90分	❤❤❤
91分-150分	❤❤❤❤
151分-250分	❤❤❤❤❤
251分-500分	◆
501分-1000分	◆◆
1001分-2000分	◆◆◆
2001分-5000分	◆◆◆◆
5001分-10000分	◆◆◆◆◆
10001分-20000分	♛
20001分-50000分	♛♛
50001分-100000分	♛♛♛
100001分-200000分	♛♛♛♛
200001分-500000分	♛♛♛♛♛
500001分-1000000分	♛
1000001分-2000000分	♛♛
2000001分-5000000分	♛♛♛
5000001分-10000000分	♛♛♛♛
10000001分以上	♛♛♛♛♛

图 5-10　左侧为卖家信誉等级，右侧为买家信誉等级

第6章

卖家专属工具淘宝助理使用技巧

6.1 淘宝助理的下载安装及界面简介

　　淘宝助理是淘宝官方出品的一款专为卖家设计，免费的辅助管理店铺软件，可以实现不登录淘宝网而直接编辑宝贝信息，批量上传宝贝，其强大的批量处理功能可省去大量上传和修改商品信息的时间，大大提高开店效率。如果你做代理，供货商提供商品数据包，一定要使用淘宝助理才能成功上传发布；不做代理，也可以用这个软件发布、管理、备份店内商品以及打印快递单等。

　　启动浏览器，在地址栏输入淘宝助理唯一官方下载地址 zhuli.taobao.com，如图 6-1 所示，淘宝卖家单击"淘宝版下载"按钮，天猫卖家单击"天猫版下载"按钮，下载完成后双击程序图标，根据安装向导提示完成安装即可。软件不定期更新升级，以下载时的版本为准。

图 6-1　淘宝助理软件官网下载界面

　　成功安装淘宝助理后，桌面会有一顶小黄帽子名为"淘宝助理"的快捷图标，淘宝助理是卖家专用软件，用淘宝开店卖家账号和密码登录使用。没有店铺的买家账号无法登录。常用私人电脑上可以勾选"记住密码"、"自动登录"，公用、非私人电脑上建议不勾选。

　　有了使用千牛的经验再加上对卖家中心发布宝贝的了解，使用淘宝助理会简单很多，淘宝版与天猫版启动图标、登录界面虽有稍许不同，但具体功能使用方法类似，下文以淘宝版为例演示说明，软件版本会不定期升级，使用方法大同小异，实际使用以下载时版本为准。

　　登录淘宝版淘宝助理后首页主界面如图 6-2 所示，默认显示"我的助理"标签内容，单击"我的助理"右侧的"宝贝管理"、"交易管理"、"图片空间"、"应用中心"标签可以操作更多内容。

　　图中"宝贝管理"、"宝贝体检中心"调用卖家中心数据；"常见问题"调用淘宝助理官方帮派中其他卖家常碰见的问题汇总，有淘宝官方技术人员给出的解决方案，遇到同类问题时可供参考自助处理，还有解决不了的，可以在帮派发帖提问，技术小二会给你回复；"助理公告"、"淘宝信息中心"是官方发布的动态消息，不定期更新；"快捷入口"可以直接进入网页卖家中心等。

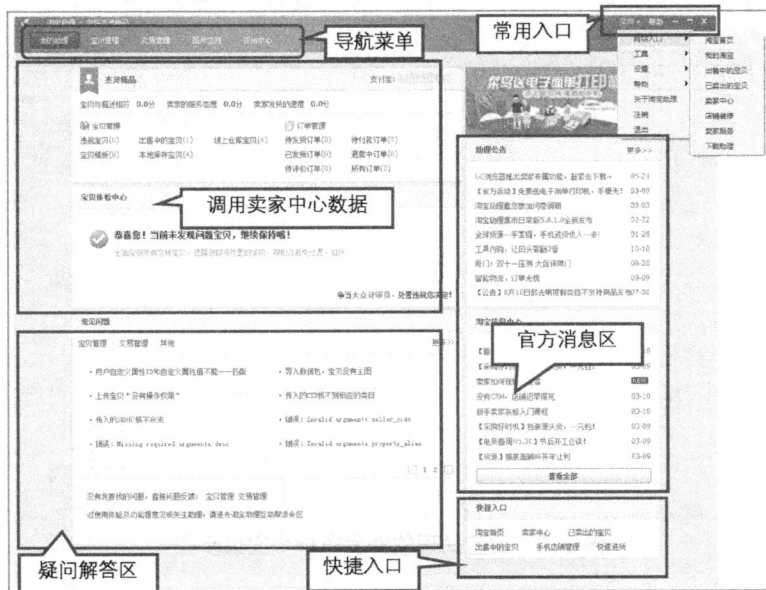

图 6-2　淘宝助理软件成功登录后的界面

6.2　淘宝助理发布单个宝贝步骤详解

　　淘宝助理管理宝贝的原理是：将网页卖家中心"宝贝管理"中的数据下载到淘宝助理内，

编辑保存后再上传，与卖家中心同步，或者直接在淘宝助理中创建新宝贝后上传至网页卖家中心。

淘宝助理中发布上传全新宝贝的步骤如图 6-3 所示。①单击"宝贝管理-本地库存宝贝-所有宝贝"；②单击"同步宝贝"，留意观察界面左下角同步进度；③同步完成后，单击"创建宝贝"，弹出创建宝贝的编辑框；④在创建宝贝的编辑框中从"基本信息"开始，依次填写"扩展信息"、"销售属性"、"宝贝描述"、"手机详情"等，所有加"*"的为必填项，选填项建议如实填写完整；⑤先单击"验证"按钮，没有错误提示或违规提示，再单击"保存"按钮，有错误或违规提示，修改后再保存；⑥所有宝贝列表中单击选中并勾选刚保存的宝贝；⑦再次单击"验证"按钮，准确无误后单击"保存并上传"按钮，成功上传后宝贝发布完成。

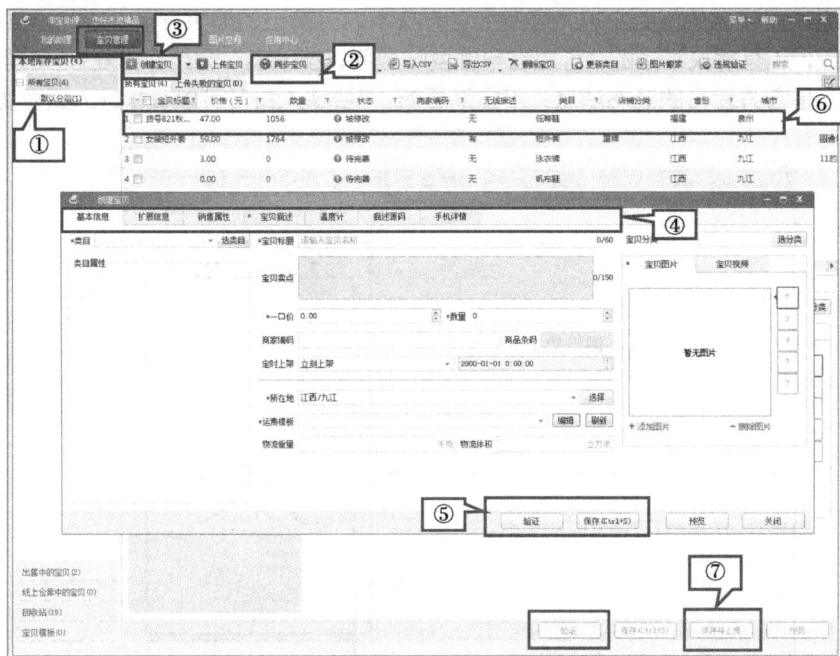

图 6-3　淘宝助理软件发布单个宝贝步骤

小贴士

图 6-3 中④创建宝贝的编辑框中，所有参数的填写规则、规范、图片尺寸要求等参照前文第 4 章讲解的技巧。"验证"功能请在保存上传宝贝前一定要使用，对宝贝是否违规、会不会被降权/扣分等处罚的意义重大。

6.3　淘宝助理一键适配手机详情

　　目前发布任何一个宝贝都分为电脑版详情和手机版详情，虽然手机版详情是选填项，但按要求填写并恰当优化，对无线端的转化率及宝贝权重非常有利。淘宝助理中有"一键适配"功能，可以直接导入电脑端详情并对不符合尺寸要求的图片进行适配，从而到达利用该软件快速发布手机详情的目的。

　　在"宝贝管理"标签内，已经保存的"本地库存宝贝"、在"本地库存宝贝"中新创建的宝贝、"出售中的宝贝"、"线上仓库中的宝贝"的手机详情一键适配的操作步骤完全一样。

　　下面以已经保存的"本地库存宝贝"为例，讲解步骤。如图 6-4 所示，①在本地库存宝贝列表中单击选中宝贝；②单击"手机详情"标签；③单击"导入-导入页面版详情"按钮；④对有红色错误提示的图，单击"一键适配"按钮；⑤先单击"验证"按钮，再单击"保存"按钮。将当前宝贝所有参数填写完整，单击"保存并上传"按钮，上传到卖家中心；暂不上传，单击"保存"按钮即可。

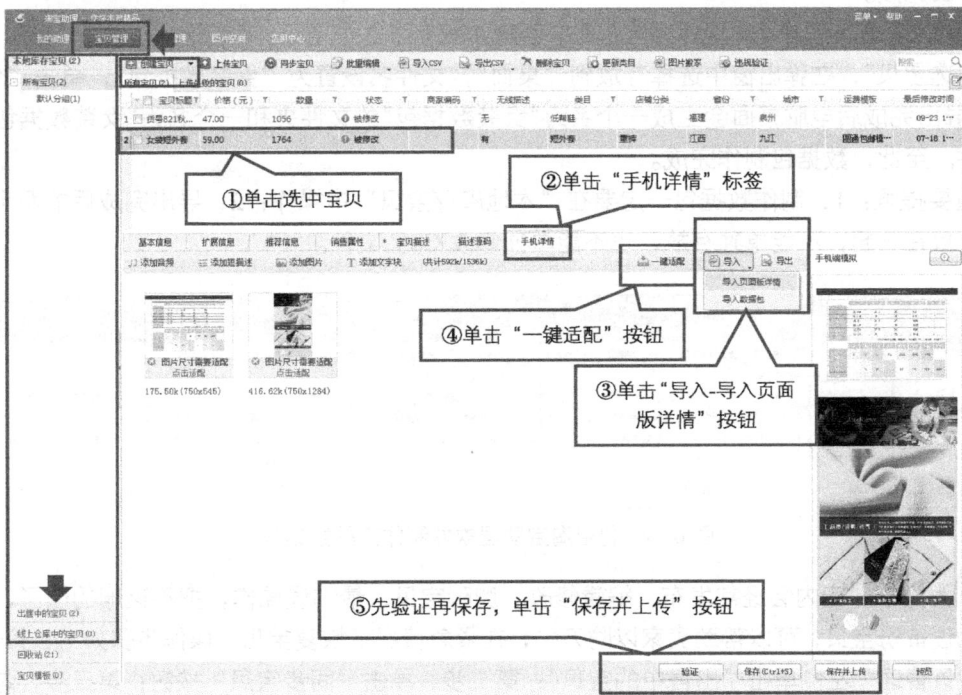

图 6-4　淘宝助理软件手机详情一键适配

小贴士

　　一键适配虽然方便，但对于尺寸太大的图，自动适配后可能会降低图片品质和清晰度。解决方法：电脑详情图宽度都不超过 750px，单张图的品质大小不超过1256KB。

6.4　利用淘宝助理制作商品数据包，备份店内商品

　　如果你是供货商，需要为分销商提供商品数据包。利用淘宝助理制作数据包的步骤如下。第一步，在"宝贝管理"-"本地库存宝贝"中依次创建并保存多个宝贝；第二步，勾选宝贝，单击"导出 CSV-导出勾选宝贝"；第三步，选择存放路径，添加文件名，单击"保存"按钮，等待导出完成。

　　如图 6-5 所示，在"本地库存宝贝"中创建并保存了 2 个宝贝，都勾选后，单击"导出 CSV-导出勾选宝贝"，在弹出窗中选择存放到"桌面"，文件名设置为"女装数据包"，单击"保存"按钮，导出完成后电脑桌面会生成一个名为"女装数据包"的文件夹和一个名为"女装数据包.csv"的文件。至此，数据包制作完成。

　　重要提醒：1．制作数据包一定要在"本地库存宝贝"中操作；2．导出完成后的两个文件一定要放在一起，不能单独存放，也不能单独修改 CSV 文件。

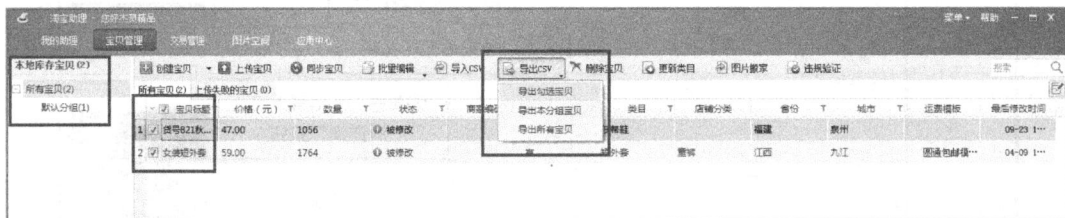

图 6-5　利用淘宝助理软件制作商品数据包

　　作为卖家，店内会经常发布、编辑修改、删除宝贝，最怕误操作，把不该删的删了，利用淘宝助理备份宝贝，可以帮助卖家以防万一，在紧急情况下恢复宝贝。操作步骤如下：第一步，在"宝贝管理"左侧单击"出售中的宝贝"；第二步，单击"同步宝贝"按钮；第三步，勾选要备份的宝贝；第四步，单击"导出 CSV-导出勾选宝贝"；第五步，选择存放路径，添加文件名，单击"保存"按钮，等待导出完成。

　　以后卖家使用该数据包的步骤如下：第一步，单击"宝贝管理"-"本地库存宝贝"，如果有之前创建但没使用的宝贝，全部勾选后，单击"删除宝贝"按钮；第二步，单击"导入 CSV"按钮，选中数据包中的.csv 文件打开，等待导入完成；第三步，勾选宝贝，先验证，再单击"保存并上传"按钮，等待上传成功。

　　分销商使用供货商发来的数据包的步骤与卖家备份数据包的步骤一样。

6.5　淘宝助理批量编辑宝贝技巧详解

　　当宝贝数量较少时，一个一个编辑简单方便不耗时；有些卖家店内商品动辄几百种甚至上千种，一个个编辑费神费力还容易出错，此时利用淘宝助理批量编辑，科学高效。

　　在"宝贝管理"中的"本地库存宝贝"、"出售中的宝贝"、"线上创库中的宝贝"都可以对宝贝进行批量编辑，以"本地库存宝贝"批量编辑为例，如图 6-6 所示，勾选要处理的宝贝，单击"批量编辑"。

　　"批量编辑"展开下拉菜单中的参数都是发布宝贝时对应的参数，例如：希望批量修改宝贝上架时间，勾选宝贝后，单击"批量编辑-上架处理"，在新开弹窗中，按提示修改保存关闭弹窗；编辑完成后单击"保存并上传"按钮。其他参数修改步骤类似。

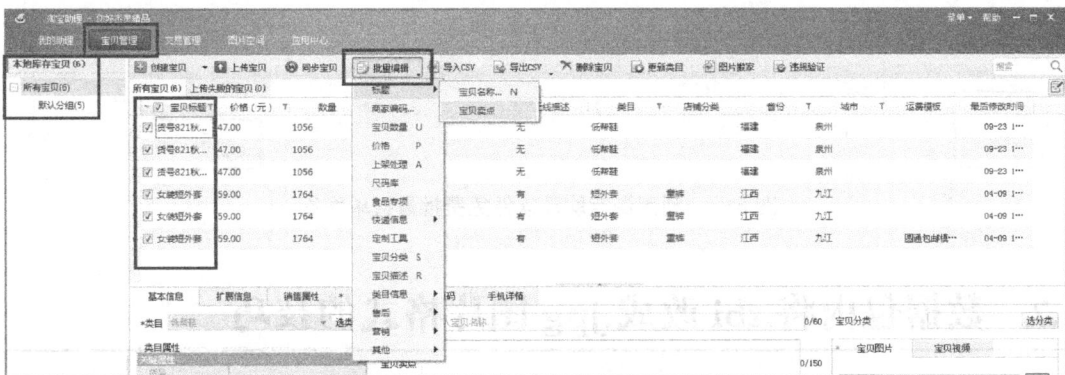

图 6-6　利用淘宝助理软件批量编辑宝贝

6.6　淘宝助理免费批量打单发货流程

　　当交易订单数量不多时，在网页"卖家中心-交易管理"中完全能应付自如，一旦订单量猛增，靠人工一个一个去发货、填快递单号是非常烦琐且容易出错的。淘宝助理中的"交易管理"能让卖家从众多订单的烦琐人工发货工作中解脱出来，并且还是免费的。

如图 6-7 所示，批量打单发货流程：在订单管理中执行下载订单→批量编辑交易→打印快递单→打印发货单→批量发货操作。对于交易成功的订单还可以全部下载后执行"批量好评"。

在"联系人管理"中可以新增发货地址和退货地址。

在"模板管理"中可以设置全国不同快递公司的快递单模板、电子面单模板以及发货单模板。

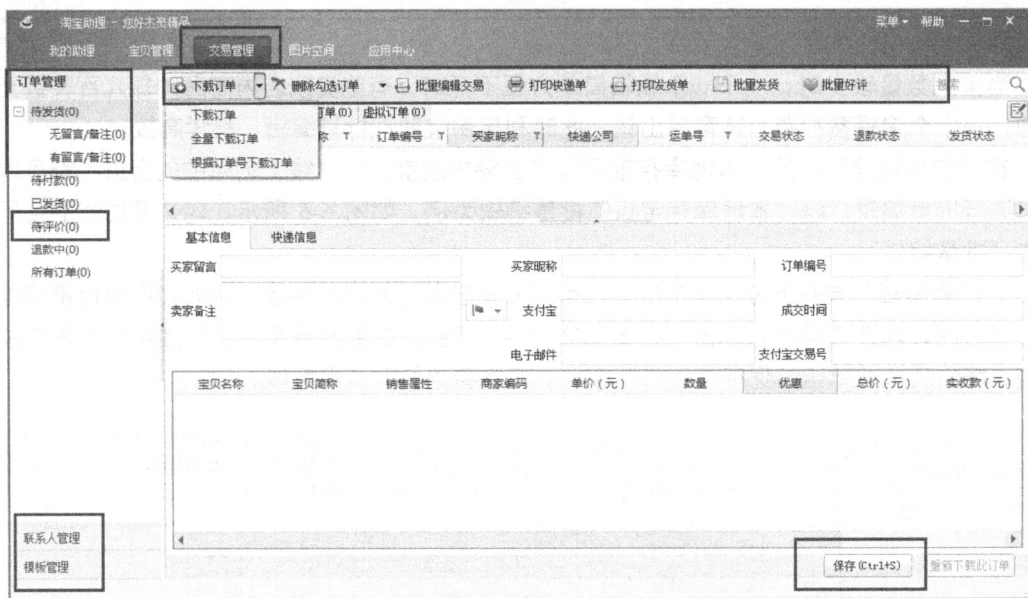

图 6-7 利用淘宝助理软件免费批量打单发货

6.7 数据包内将.tbi 改成.jpg 图片格式的技巧

大部分卖家会碰到一个棘手的问题：导出的数据包中图片都是.tbi 格式，如图 6-8 所示，如果要单独修改某张图片，该如何操作呢？

懂图片处理的卖家都知道，所有图片处理软件都不支持.tbi 格式编辑，这里教一个.tbi 改.jpg技巧。第一步，在电脑桌面上单击鼠标右键，在弹窗菜单中单击"新建-文本文档"，其后缀格式为".txt"，给该文档任意命名，比如"修改图片格式"；第二步，双击打开"修改图片格式.txt"，输入"rename *.tbi *.jpg"，保存并关闭；第三步，把"修改图片格式.txt"的后缀名.txt 改为.bat；

第四步，将"修改图片格式.bat"复制粘贴到数据包图片所在文件夹内，比如图 6-8 所示的"演示商品数据包"文件夹，双击打开"修改图片格式.bat"。

接着神奇的事情发生了，所有.tbi 格式变换成.jpg 格式，接下来用图片处理软件编辑修改需要处理的图片。

数据包内必须是.tbi 格式才能在淘宝助理中正常使用，所以你编辑完图片后，还需将.jpg 全部改回.tbi 格式。改回.tbi 时只需在第二步输入命令"rename *.jpg *.tbi"，其余三步相同。改回.tbi 格式前，请一定记得将之前的"修改图片格式.bat"文件删除；改回.tbi 格式后，也要记得删除新增的.bat 文件。

图 6-8　数据包内将.tbi 改成.jpg 图片格式的技巧

第 7 章

快速提升解决问题能力的技巧

7.1 淘宝卖家也具备买家身份，必知规则

注册开店的淘宝会员具有双重身份，既是卖家也是买家。作为卖家熟悉买家购买商品交易流程的目的：1．帮助自己了解买家交易流程，熟悉淘宝规则；2．了解买家在购买商品的不同订单状态可以做哪些事；3．解答自己店铺中买家购买商品过程中的疑问。

购买商品流程：

拍下宝贝→付款（此付款动作是把钱付到支付宝）→ 等待卖家发货→确认收货完成交易→评价。

当买家拍下商品创建订单未付款时，买家后台"我的淘宝"-"已买到的宝贝"内订单状态为"等待买家付款"，如图 7-1 所示，有一个"付款"入口；当你店内来了一些新买家，对购买流程不熟，多次拍下同一款商品没付款，可及时联系买家在"我的淘宝"-"已买到的商品"内选一个订单，单击"付款"按钮完成付款即可。同时买家后台的订单内有"违规举报"入口，如果你的商品存在下述类型：发布非预定商品、虚假交易、重复铺货、标题乱用关键词、类目/属性错放、存在外网链接等信息、加入信用卡付款服务而拒绝提供或拒绝按承诺的方式提供服务，可能会被买家举报，淘宝核实后会对你的商品及店铺进行处罚，建议诚信经营。

买家付款后至确认收货前，可以发起"退款/退货"申请，建议卖家主动沟通，搞清楚原因，灵活处理。

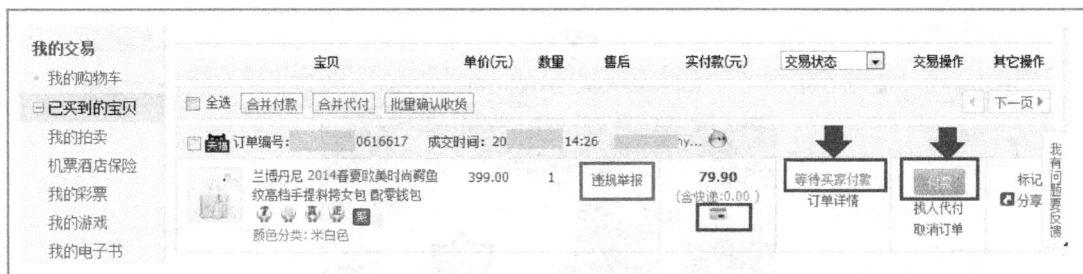

图 7-1　买家后台"我的淘宝"–"已买到的宝贝"等待付款的订单

当卖家完成发货后，订单状态为"卖家已发货，确认收货"，如图 7-2 所示，当买家单击"确认收货"按钮时，需输入支付宝交易密码才能完成收货操作。有些对支付宝担保交易不太清楚的买家会问你："为什么之前就付过款了，现在还要付款？"你只需解释清楚支付宝担保交易流程即可。

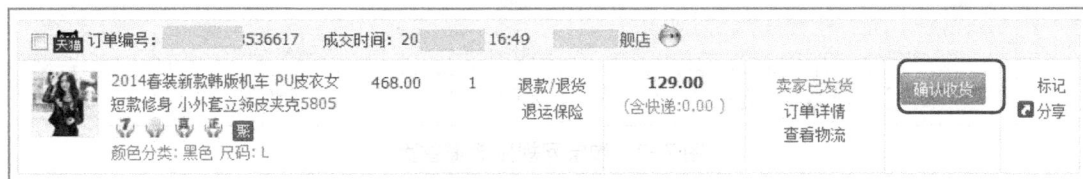

图 7-2　卖家已发货，等待买家确认收货

小贴士

图 7-1、图 7-2 是以天猫订单为例，不同类目商品或淘宝店铺商品的订单在各个环节中开放的入口和投诉举报维权类型有差异，以实际购物过程中实时订单为准。

7.2　熟悉淘宝规则，避免违规处罚

淘宝网发展到今天，已经非常成熟，各种规则条款也比较完善，作为卖家熟知淘宝规则是必修课。查看淘宝规则入口：方法一，在淘宝网 www.taobao.com 首页右上角，单击"规则"按钮；方法二，启动浏览器，直接输入淘宝规则频道网址 rule.taobao.com。

新版淘宝规则频道首页如图 7-3 所示，在众多规则中先看哪些呢？

图 7-3　淘宝网规则频道首页

建议先看以下规则：

1. 规则全文。在频道首页左上角单击"淘宝规则"-"基础规则"，在新开页面中单击"淘宝规则"。

2. 发布商品相关、虚假交易相关、评价相关规则。使用规则频道右上角的搜索功能，在搜索框中直接输入关键词"发布商品"、"虚假交易"、"评价"后，搜索结果查看。

3. 自己商品所在类目相关规则。比如你是卖食品的，在规则频道右上角搜索框中输入关键词"食品"后，搜索结果查看。

4. 淘宝论坛中"谈规说则"板块。淘宝论坛网址为 bbs.taobao.com。

其他的每天抽点时间慢慢看。

所谓无规矩不成方圆，在淘宝开店就得遵规、遵纪守法。多熟知规则，能有效避免店铺经营过程中被处罚扣分！

7.3　卖家开店过程中所需资源入口

整个店铺运营环节中，或多或少会涉及某些细节找人代处理，比如商品拍摄、装修定制、宝贝详情定制、客服外包等。当需要这些人才的时候，卖家应该知道从哪里去找。

淘宝摄影服务市场（sy.taobao.com）为卖家提供专业的商品摄影服务、视觉营销服务(含视频制作、详情页设计、图片精修、BANNER 设计、主图制作、加水印、抠图等）。

淘宝服务市场（fuwu.taobao.com）为卖家提供专业的内容互动、客服外包、店铺装修、店铺管理、营销推广、企业服务、仓储服务等，如图 7-4 所示，按需选用。

图 7-4　淘宝服务市场首页

淘营销（yingxiao.taobao.com）淘宝官方营销活动中心，如图 7-5 所示，各类目的行业活动、品牌活动、无线手淘活动等不定期进行，卖家可根据自己商品情况、自己店铺的营销节奏报名官方活动。这也是一种非常有效的引流渠道。

图 7-5　淘营销首页

7.4 开店过程中遇到问题，如何快速解决

开店过程中通常会遇到三类问题：淘宝开店、买卖相关问题；支付宝相关问题；天猫相关问题。不同问题类型有各自不同的解决办法。

1．淘宝开店、买卖相关问题解决方法。

a．在"卖家中心"、"我的淘宝"等页面中找到"常见问题"提示，阿里万象智能机器人，人工云客服等，单击咨询或自助搜索答案；

b．从淘宝网站导航，卖家地图，淘宝论坛 bbs.taobao.com 中搜索答案；

c．从淘宝网服务中心 service.taobao.com 中搜索答案；

d．电话咨询。淘宝官方联系方式，唯一集市商家热线：0571-88157858；唯一商城服务热线：0571-85026880。

2．支付宝相关问题解决方法。

a．从支付宝服务大厅 help.alipay.com 中搜索答案；

b．电话咨询。主要服务时间：8:00 - 24:00。

大陆热线：95188 转 1；海外热线：+86 571 95188；花呗、借呗：95188 转 2；网商业务(含网商贷)：95188 转 3。

3．天猫相关问题解决方法。

a．从天猫帮助中心 helpcenter.tmall.com/index 中搜索答案；

b．天猫首页底部各类问题解决入口：www.tmall.com，如图 7-6 所示。

开店其实就是一个不断遇到问题，不断解决问题的过程。熟知解决问题的途径和方法才能快速进步。

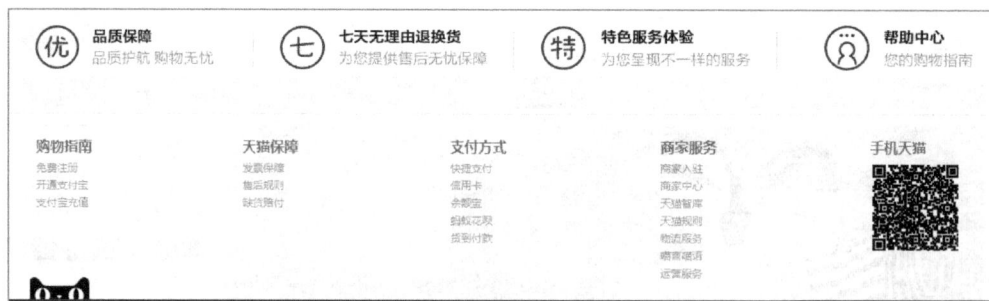

图 7-6　天猫首页底部各类问题解决入口

第 8 章

3

第三篇

淘宝店铺装修实战

　　许多新手卖家对淘宝店铺装修有着错误的认识，以为创建店铺后第一件事就是装修，实则不然，建议把店铺装修放在发布宝贝后进行。因为没有宝贝或者宝贝为下架状态，不会在店铺中显示，此时去装修相当于做无用功。

　　店内发布宝贝上架后，买家能正常购买，不就已经开门营业了吗？为什么还要装修店铺呢？

　　相信大多数人开网店的初衷是赚钱，装修店铺的最终目的也正是为了提升转化率、提升客单价，从而提升销售额实现盈利。所谓"人靠衣装马靠鞍"，规范的店铺色彩搭配、设计合理的购物引导路径、制作精美大气的店铺排版，既能让买家轻易找到想要的宝贝，也能让买家轻松享受愉悦的购物过程。

　　我们做店铺装修就应该直奔这种"让买家赞不绝口、记忆犹新、流连忘返、爽快买单"的效果。当然要达到这种效果，除了完全掌握淘宝旺铺各种功能，与图片处理、店铺运营也密不可分。

　　淘宝发展壮大经历了十多个年头，承载淘宝卖家店铺的"淘宝旺铺"也经历多次重大改版，始终活跃在淘宝一线、精通旺铺装修之道的六点木木老师会在第 8 章至 13 章教会您 PC 旺铺专业版、PC 旺铺基础版、无线手机淘宝店铺基础版、旺铺智能版的装修技巧，让您恰当选择适合自己店铺的旺铺版本并轻松装修出高大上的店铺效果，大大节约装修成本，为提升销量营造良好的店铺氛围。

　　重要提醒：第三篇的内容实操性非常强，建议边学习边对照旺铺后台操作！

第 8 章

淘宝新版图片空间使用详解

8.1　图片空间是做什么的

　　图片空间用来存放自己店铺内一切需要的图，包括宝贝主图、宝贝描述图、店铺装修素材图、促销图、推广运营活动报名图等。

　　图片空间中被引用的图一旦删除，店铺内将不再显示，一定不能删除被需要的图。

8.2　图片空间的常用入口

　　进入图片空间有四种常用入口。

- 卖家中心-店铺管理-图片空间；
- 装修后台能上传图片的位置，比如店铺招牌模块插入图片、图片轮播模块添加图片、添加分类图片等；
- 卖家中心-宝贝管理-发布宝贝-添加宝贝图片/插入宝贝描述图。卖家中心-宝贝管理-出售中的宝贝/仓库中的宝贝-编辑宝贝-添加宝贝图片/插入宝贝描述图；
- 卖家工具中的图片空间链接，比如千牛工作台、千牛客服工作台、淘宝助理。

8.3　图片空间重要功能使用详解

　　打开卖家中心，单击"店铺管理-图片空间"，默认显示"首页"内容，其右侧依次是"百宝箱"、"授权管理"、"图片美化"，如图 8-1 所示，淘宝官方赠送所有店铺 20GB 免费容量，店内需要的图片全部可以先上传再引用。

　　上传新图片，单击"上传图片"按钮。当图片比较多时，可以分文件夹存放，创建文件夹有两种方法：第一种方法，单击"新建文件夹"按钮；第二种方法，在左侧"我的图片"上单击右键，在新开弹窗中单击"新建"按钮；在文件夹内可以继续添加子文件夹，继续新建即可。新创建的文件夹，不需要时也可以选中后删除。

　　对于不需要的图，可以单击选中后删除；图片右上角"引"表示该图正被使用，不能删除，若强制删除，店内引用该图的位置会显示异常；图片左上角"手机图标"表示该图适配手机，可以在手机端使用。

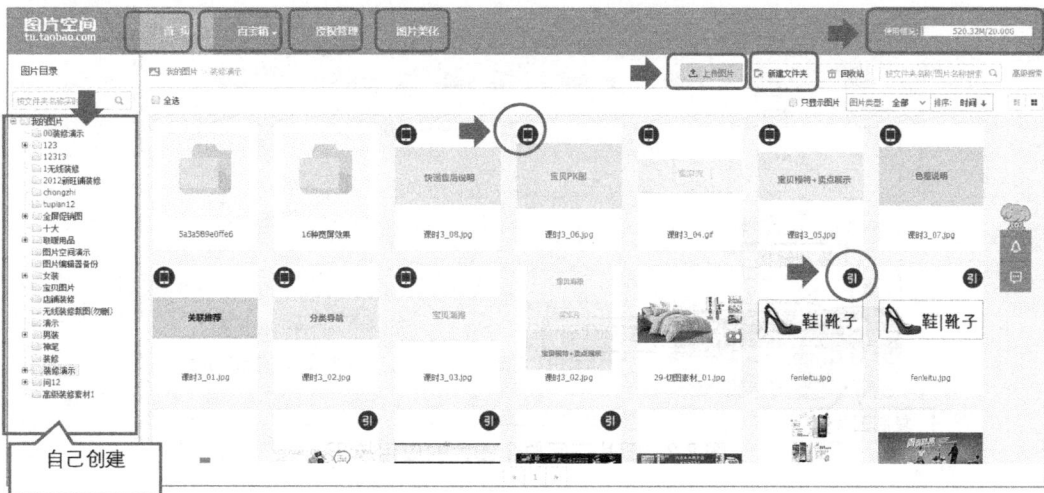

图 8-1　淘宝图片空间首页

　　单击"百宝箱"，展开下拉菜单中有"设置水印"、"网店秀"、"美图秀秀"、"图片拍摄"、"系统日志"入口。单击"设置水印"，在新开窗口中可以添加文字水印/添加图片水印，二选一，添加后在水印开关中勾选"开启"-"保存"，此后上传任何新图片，系统将自动添加你设置的水印文字或图片，不需要自动添加水印功能，只需取消勾选水印开关中的"开启"。

　　"网店秀"和"美图秀秀"是图片在线编辑工具，一些简单图片处理操作，如加边框/加文字/图片拼接等可以在这里处理，两个工具使用效果大同小异。

　　单击"图片拍摄"，在新开页面中打开淘宝摄影服务 sy.taobao.com 市场，有图片代拍需求的可以进入筛选。"系统日志"是帮助卖家们查看店内图片所有操作细节，让其做到心中有数。

　　单击"授权管理"可以添加授权店铺使用本店图片。淘宝规则明确要求不能使用别人店铺图片，如果你有多家店铺，可以先授权再使用，添加授权店铺的旺旺号即可。但是店铺信誉一钻以下的卖家不能使用授权功能。

"图片美化"：调用显示卖家服务（fuwu.taobao.com）中相关工具，按需选用。

很多时候，需要引用图片空间中的图片地址，怎么操作呢？如图8-2所示，单击选中图片，将鼠标光标移至图片上方，会浮出三个选项，从左往右依次是"复制图片"、"复制链接"、"复制代码"，单击"复制链接"，获取的就是图片地址了。此外，选中图片后还可以执行"替换"、"移动"、"重命名"、"编辑"、"适配手机"、"删除"操作。

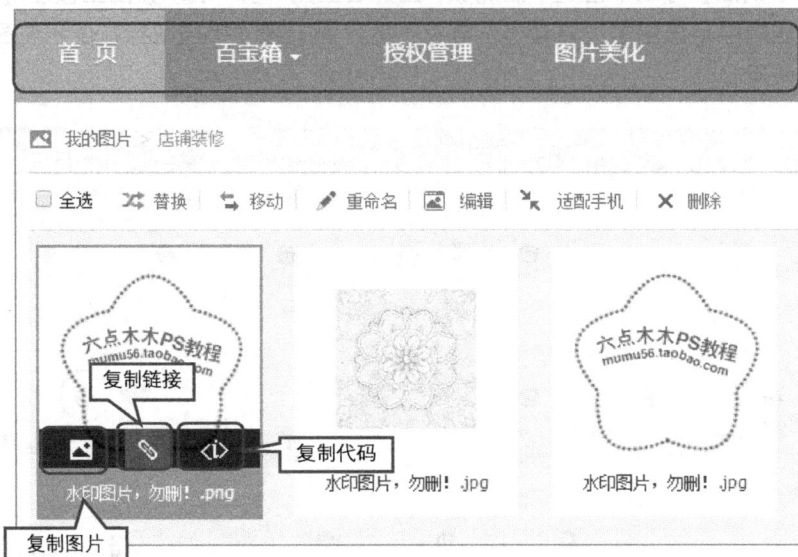

图 8.2 图片空间单个图片的应用技巧

小贴士

1. 创建文件夹时名称可以是汉字/字母/数字，不能超过 20 个字符，1 个汉字为 2 个字符。

2. 图片单张大小支持 3MB 以下，超过限制时系统会自动压缩或无法上传成功。

3. 上传图片时勾选"图片宽度调整"，会自动压缩图片，可能会使图片失真、变形或模糊，建议按需求尺寸处理好再上传。

4. 支持的图片格式：JPG、JPEG、PNG、GIF。

8.4　千牛云盘（淘盘）使用详解

千牛云盘是一款基于千牛客户端的专为淘宝卖家量身定做的提供大容量存储及内部共享的网络硬盘。2014 年 10 月千牛云盘正式更名为"淘盘"，同时启用新域名 yunpan.taobao.com，新用户完成云盘扩容任务即可领取 2TB 永久免费容量。

另外，淘盘已与图片空间完成合并，以后可以在淘盘中直接管理图片空间图片，如图 8-3 所示，还可以将自己常用的和重要的文件上传备份。

分享文件或文件夹的操作步骤为：单击选中文件夹，再单击"更多"下拉菜单中的"公开分享"或"内部分享"，单击"确定"后复制链接即可。创建分享时，可以启用提取码，访客需输入提取码才能访问分享内容。

图 8-3　淘盘首页

第9章

初识淘宝旺铺

9.1 旺铺系统简介及旺铺版本简介

在淘宝网十几年的发展过程中，其店铺管理系统也经历了几次大改版，作为卖家，顺应市场变化，不断掌握新知识是当下开店的必备技能之一。

1. 淘宝旺铺系统的版本对比

当前最新的店铺系统称为旺铺，包含电脑端（PC）旺铺和无线端旺铺。电脑端（PC）旺铺分为淘宝旺铺、天猫旺铺两种；淘宝旺铺又分为普通店铺（基础版、专业版、智能版）和行业店铺。所有淘宝卖家可以免费使用旺铺基础版；店铺信誉一钻以下可以免费使用专业版，一钻以上只能50元/月付费订购使用；智能版99元/月，所有卖家可以订购使用。

无线端旺铺分为所有卖家可以免费使用的基础版和订购才能使用的智能版。不同版本旺铺间的逻辑关系如图9-1所示。

简单理解就是店铺信誉一钻以下可以免费使用PC旺铺基础版和专业版，或者99元/月订购使用智能版；店铺信誉一钻以上可以免费使用PC旺铺基础版或者50元/月订购专业版、99元/月订购智能版。天猫商家只能使用旺铺天猫版。生态农业店铺、理财行业店铺除可以使用旺铺基础版、专业版、智能版外，还可选择订购行业店铺。

智能版将电脑端旺铺装修后台和无线端旺铺装修后台合二为一，卖家只需订购一次。

本书下文将对PC旺铺专业版、基础版、无线旺铺基础版、PC+无线智能版的装修后台及装修方法做深入讲解；天猫旺铺和行业旺铺请举一反三，操作类似。

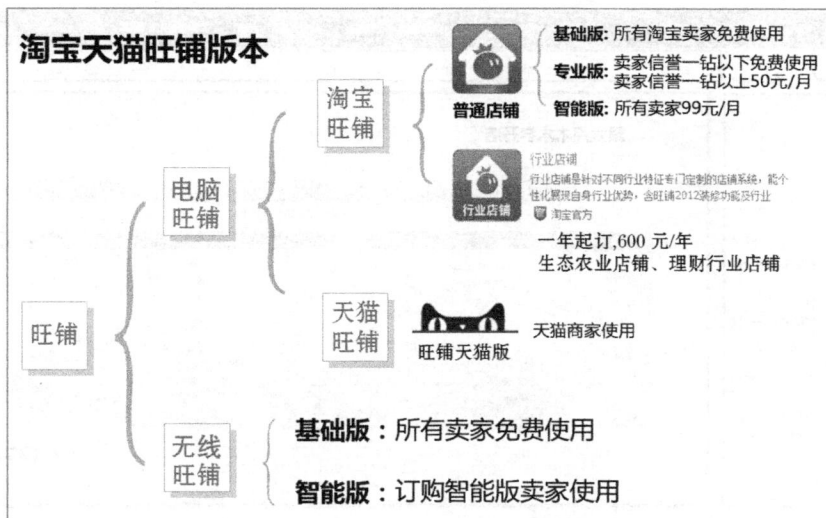

图 9-1 一张图看懂旺铺版本

2. 进入店铺装修后台的入口

进入装修后台有三种常用方法：

第一种，启动浏览器打开淘宝网首页 www.taobao.com，用开店卖家账号和密码登录，依次单击"卖家中心-店铺管理-店铺装修"。

第二种，千牛工作台、淘宝助理等卖家软件中，找到常用入口"店铺装修"。

第三种，启动浏览器打开自己店铺首页（如 mumu56.taobao.com），用卖家账号和密码登录，单击页面右上角"装修此页面"按钮。使用这种方法要注意，打开别人店铺页面是没有"装修此页面"按钮的。

3. 专业版/基础版装修后台布局简介

PC 旺铺专业版和基础版装修后台的布局样式、框架结构是一样的，如图 9-2 所示，整体分为顶部菜单、左侧导航、右侧编辑区三栏，两个版本的区别在于功能有所不同，后续章节会细讲。接下来店铺装修相关的操作都在这里完成。旺铺智能版和无线旺铺基础版装修后台内容后续章节会细讲。

每一个淘宝店铺都是相互独立的小型网站，这个小型店铺网站由不同类型页面组成，包含首页、宝贝详情页、宝贝列表/分类页、自定义页、活动页、店内搜索页，如图 9-3 所示。搞清楚这些页面与店铺的关系，接下来装修就非常容易了。

图9-2　PC旺铺专业版装修后台首页

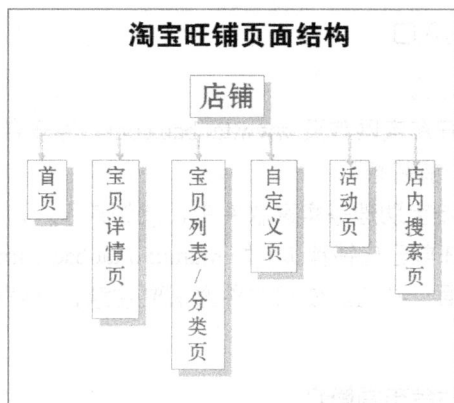

图9-3　淘宝旺铺页面结构

9.2　装修后台商品分类管理

分类管理是指卖家自己的店铺分类行为，比如发布的商品包含男士外套、男士内衣、女装、裤子，卖家希望将不同类型商品放在一起而创建分类的动作就是分类管理。

分类管理在 PC 旺铺基础版、专业版、无线旺铺基础版、PC+无线智能版中通用，只需设置一次。比如当前正在使用专业版且创建了多个分类，后来升级为智能版，升级后沿用专业版中创建的分类，如果还要创建新分类，对旧的分类进行编辑、删除、修改等，操作步骤与专业版完全一样。

　　下面以 PC 旺铺专业版为例，介绍分类管理的编辑入口、展示位置、操作步骤。

　　● 分类管理的编辑入口：

　　第一个入口：卖家中心-店铺管理-宝贝分类管理；

　　第二个入口：卖家中心-店铺管理-店铺装修-宝贝分类；

　　第三个入口：装修后台-将左侧导航"模块-基础模块"中的"默认分类"拖动至右侧 190区域，将鼠标光标移至该模块上方单击"编辑"按钮。

　　● 创建分类后可以展示在哪些位置：

　　第一个展示位置：店铺页头的导航模块；

　　第二个展示位置：设计师模块-宝贝分类模块；

　　第三个展示位置：基础模块-个性分类（个性化宝贝分类）模块；

　　● 分类管理具体操作步骤：

　　分类管理编辑界面如图 9-4 所示，添加手工分类步骤：①单击"添加手工分类"按钮；②在页面下方新增空白分类名称中输入分类名称，如"休闲男外套"；③单击右上角"保存更改"按钮。

　　添加自动分类步骤：①单击"添加自动分类"按钮；②在弹出的"自动分类条件设置"对话框中任选一种归类方式（有四种，分别是"按类目归类"、"按属性归类"、"按品牌归类"和"按时间价格"），单击"确定"按钮关闭弹窗；③单击页面右上角"保存更改"按钮。

　　已经添加的分类可以执行修改名称、添加子分类、添加分类图片、移动顺序、删除等操作。有任何修改，一定记得单击页面右上角"保存更改"按钮，使修改生效；不保存则不会生效。

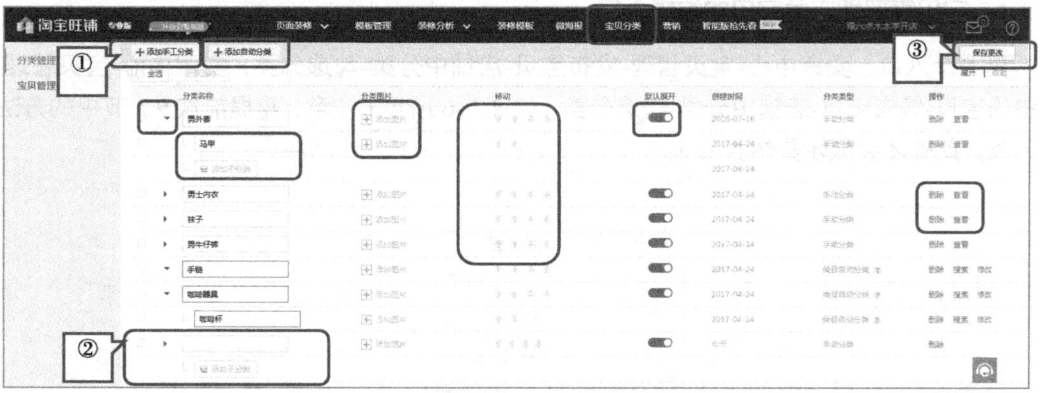

图 9-4　装修后台宝贝分类管理界面

　　自动分类对应的相关参数会自动关联卖家中心发布宝贝时填写的内容，如图 9-5 所示，以自己店内宝贝为准。自动分类的同时已经自动匹配宝贝，无须再次对宝贝进行归类操作。

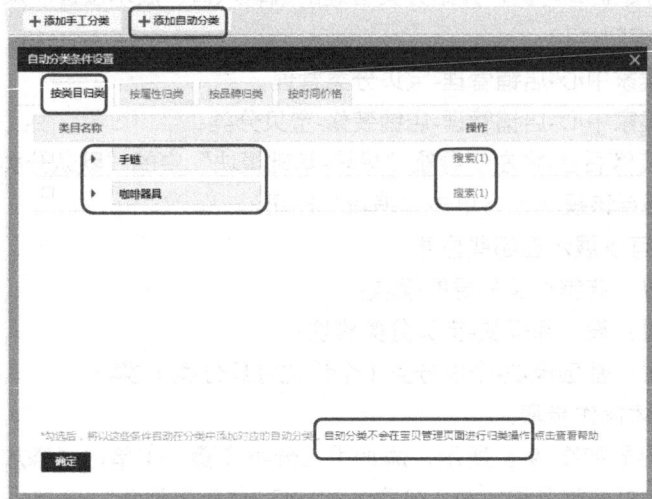

图 9-5　自动分类的参数会自动关联发布宝贝时填写的内容

9.3　装修后台宝贝归类管理

　　将不同类型的宝贝归类在某个分类的动作就是宝贝归类管理（即宝贝管理）。

1. 宝贝管理即归类宝贝的编辑入口

　　第一个入口：卖家中心-宝贝管理-发布宝贝-店铺中分类-勾选分类；卖家中心-宝贝管理-出售中的宝贝-编辑宝贝-店铺中分类-勾选分类；如图 9-6 所示（注意：需提前按 9.2 节中的方法创建分类，此处才会显示具体类目）。

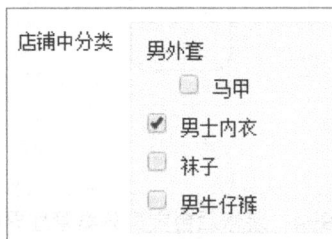

图 9-6　发布新宝贝或编辑已发布的宝贝时归类

第二个入口：装修后台-宝贝分类-宝贝管理。

2. 宝贝管理具体操作步骤

进入宝贝管理页面后，如图 9-7 所示，单击左侧页面的"未分类宝贝"，在右侧页面中可以对出售中、仓库中的宝贝进行单个分类或勾选后批量分类、上架、下架、编辑宝贝详情。如果你之前已经规划好商品上架和下架时间安排，此处不要轻易点上架或下架，否则上架时间重新计算。

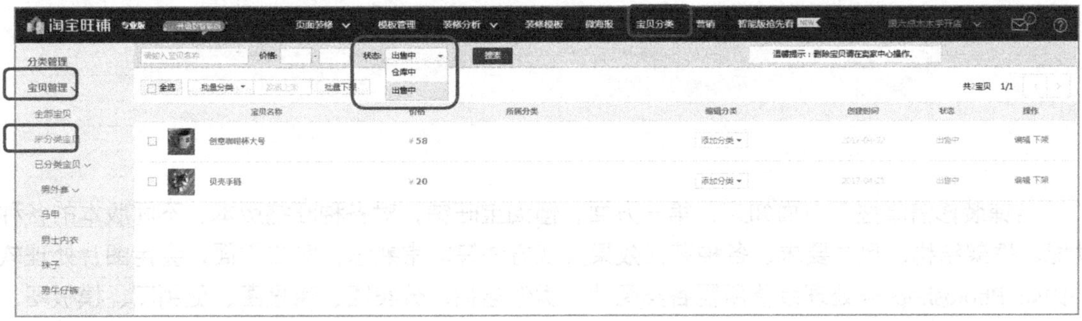

图 9-7　商品-宝贝管理

3. 关于归类后店铺延迟显示的说明

装修后台添加分类、对宝贝进行归类后，装修后台是即时显示的；但是在店铺内对应分类下显示宝贝需要半小时至 2 小时更新同步，耐心等待即可。

第 10 章

轻松学会淘宝旺铺专业版装修

店铺装修需掌握三方面知识：第一方面，懂淘宝旺铺，对各种旺铺版本、不同版本的各种功能、框架结构、尺寸要求、各种装修效果实现方法等非常熟悉；第二方面，会用图片处理软件比如 Photoshop 来处理装修所需各类图片，类似店招、分类图、海报图、促销图、模板图、宝贝主图、个性导航图、个性宝贝排版图等；第三方面，会用 Dreamweaver 软件对"自定义内容区"模块进行个性化代码排版。

本书第 10 章至 13 章侧重第一方面内容讲解，教会大家专业版、基础版、智能版、无线旺铺各种装修效果的实现方法、装修模板设计方法、安装方法等，各章节操作演示时所涉及的图片、代码等请从本书前言提供的链接中下载，边看边练习以提升学习效率。

六点木木建议学习店铺装修时，对照旺铺后台操作，学习效果更理想。

对于第二、第三方面的内容，大家可以从六点木木编著的《淘宝天猫网店美工一本通：Photoshop 图片处理+Dreamweaver 店铺排版》一书中深入学习，该书在当当、京东、天猫、新华书店等有售。

10.1　旺铺专业版整店全局装修思路

店铺装修前先思考三个问题：1.店铺装修的目的是什么？2.我的店铺要装修成什么样？3.我的旺铺选择什么版本？

回答问题 1：店铺装修的目的是展示商品；而且要合理、深思熟虑地展示！店铺装修之后应该起导购作用，主推商品放在最显眼位置，其他商品通过合理推荐，引导买家尽量看得多。特别是动辄有几百上千种宝贝的卖家更应如此。

　　回答问题 2：对于有装修经验的卖家来说，把店铺装修成什么样已经了然于胸，只需作图排版安装即可；而新开店卖家或者刚接手店铺的美工往往摸不着头脑，笔者建议先去淘宝天猫搜索同行卖家店铺，看看他们店铺的装修是什么样的，主要借鉴其装修风格、色系、排版、具体导购处理方法，然后回来用一张纸大致画一画，整个店铺首页从上往下先放什么、后放什么，之后按整理的思路作图排版安装。

　　回答问题 3：选什么旺铺版本跟你自己的装修需求相关，有些效果只能在某个版本中才能实现，非它不可的话只能花钱办事。

　　如果不太懂旺铺逻辑，很多地方容易花冤枉钱，本书第 10 章至 13 章，六点木木教的方法大多数都免费，可以让大家节约资金用在更重要的地方。

　　装修店铺时，会接触到几个概念：免费模板、免费模块、付费模板、付费模块；旺铺专业版内置三套免费模板、内置免费基础模块和设计师模块，在内置模板模块基础上装修都是免费的；如果从装修市场（zxn.taobao.com）选用模板或从服务市场（fuwu.taobao.com）选用模块，需花钱订购。

　　好了，回到正题，下面我们来看 PC 旺铺专业版整店全局装修的思路，如图 10-1 所示，这个思路是六点木木根据多年实战经验得出的，同样适用 PC 旺铺基础版和智能版。很多卖家只装修首页而忽略其他页面，是导致店内访问深度不够、客单价提不高、关联销售不给力的根本原因。

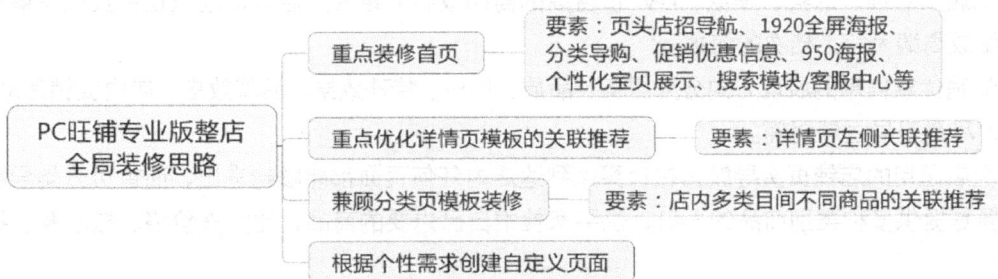

图 10-1　PC 旺铺专业版整店全局装修思路

整店装修步骤：

第一步：选风格定色系。

　　店铺装修常用风格：时尚、简约、古典、非主流、酷炫、可爱、小清新、欧美、中国风、奢华、手绘、甜美、商务、节日庆典等。不同风格常用色彩搭配也是有讲究的，淘宝店铺装修常用主色系：黑色（色值#000000）、红色（色值#ff0000）、绿色（色值#00ff00）、橙色（色值#ffa500）、粉色（色值#ffc0cb）、紫色（色值#800080）、棕色（色值#a67d3d）、黄色（色值#ffff00）、金色（色值#ffd700）、蓝色（色值#0000ff）、黑白（黑色值#000000、白色值#ffffff）、青色（色值#00ffff）、灰色（色值#808080）、炫彩。不同颜色有着不同含义，能给人各种丰富的感觉和联想。

不同行业、类目、企业、店铺都要结合自身商品属性定色系风格，比如服装，有多达18种风格：瑞丽、嘻皮、百搭、淑女、韩版、民族、欧美、学院、通勤、中性、嘻哈、田园、朋克、OL、洛丽塔、街头、简约、波西米亚。

给店铺定色系风格时可以选用冷暖色系（暖系：红橙黄；冷系：紫蓝绿），借用淘宝官方常用色系（红色、橙色、橙黄、蓝色），特定的行业用色（比如食品类目多用绿色）等。色彩搭配时可以选用单一色、互补色、邻近色等。

提醒：推荐36种主色配色方案图集详见附录C。

第二步：店铺首页购物路径设计，模块布局排版。

装修店铺最终目的是卖出更多商品，装修店铺除了图片精美，还得注意购物路径设计和布局排版，建议首页从上往下必须包含5类要素：店铺页头店招/导航、首页最关键第一屏海报、促销优惠信息、分类导购、搜索模块/客服中心。

店招/导航属于店铺页头区域，是全店通用、曝光量最大的模块，不管从哪个位置进入，都能看到，其最主要功能是让买家在最短时间内找到想要的商品，建议做商品分类时尽量不要交叉，一个产品只放一个类目。

把店内主推、热卖、爆款、UV价值高的商品或者最重要的店内活动放在首页最关键第一屏，做成高端大气上档次的海报。

促销优惠信息的展现方向分为服务、品质、价格、特殊效果、品牌效应、店内促销活动等，作图时尽量引导主题明确。

全店通用的店铺页头导航旨在让买家到达店内任何页面都能顺畅进出，而首页分类导航模块主要是提供多种类别商品的入口，供买家检索自己想要的商品，比如按价格、按收藏、按人气等。

搜索模块方便买家随时查找宝贝，客服中心方便买家随时发起对话咨询问题。

第三步：宝贝详情页模板、宝贝分类页模板、搜索页、自定义页面、活动页面排版设计。

整个店铺中最重要有两类页面：宝贝详情描述页、首页。它们无论装修、编辑宝贝、处理图片还是排版等花的心思最多，很多卖家做完这两类页面后往往会忽略其他页面装修，比如宝贝详情页模板、宝贝分类页模板、搜索页、自定义页面、活动页面等。装修可以归纳为前期准备阶段和后期推广运营阶段，后期推广运营阶段分析经营状态时会特别关注几组数据：访问深度、跳失率、关联销售订单占比、人均店内停留时间，而这些数据直接影响因素就是除宝贝详情描述页、首页外，其他页面的装修质量，建议也精致装修。

第四步：**装修效果备份。**

全部装修好，建议备份，以便后期随时调用。备份分为两种：第一种是装修后台备份，第二种是装修过程中所有的素材备份。

小贴士

装修店铺归根结底就是合理展示商品，很多地方都需引用宝贝地址、宝贝图片等，建议先发布宝贝再装修。

10.2　专业版功能、内置模板模块、页面结构使用详解

专业版后台装修流程：选定模板 → 修改色系 → 给不同页面布局模块并添加内容 → 发布装修效果 → 备份装修效果。下面细讲操作方法。

1. 专业版内置免费模板切换方法、装修效果备份方法

专业版内置 3 套永久免费模板，在装修后台单击"模板管理"，如图 10-2 所示，默认使用简约时尚官方模板（内置 24 种色系），动感红官方模板（内置 3 种色系）和收费店铺官方模板（内置 2 种色系），可随时切换使用。

切换模板方法：在未使用的模板上单击，在新开弹窗中单击"应用-立即应用"切换成功。

备份装修效果的方法：单击"备份和还原"按钮，在新开弹窗中输入"备份名"、"备注"，单击"确定"按钮备份成功。

特别注意：切换模板会将已有的装修效果恢复成初始状态，建议在切换模板前备份。

2. 为选定模板修改配色方案的方法

选定模板后接着修改配色方案，以简约时尚官方模板为例：在装修后台单击"页面装修"回到首页，单击左侧"配色"图标，在展开菜单中单击选中喜欢的配色方案，如图 10-3 所示。另外两套模板配色修改步骤与其类似。

3. 首页布局管理、模块增加/删除/编辑方法

专业版首页、宝贝详情页、宝贝列表页、自定义页、活动页、店内搜索页都可以进行布局管理，但各自规则不同，请以页面提示的信息为准。以首页为例，编辑布局管理步骤如图 10-4

所示：第一步，单击"页面装修"，选中"首页"，单击"布局管理"；第二步，单击"添加布局单元"，在新开弹窗中单击添加一个布局单元，完成。

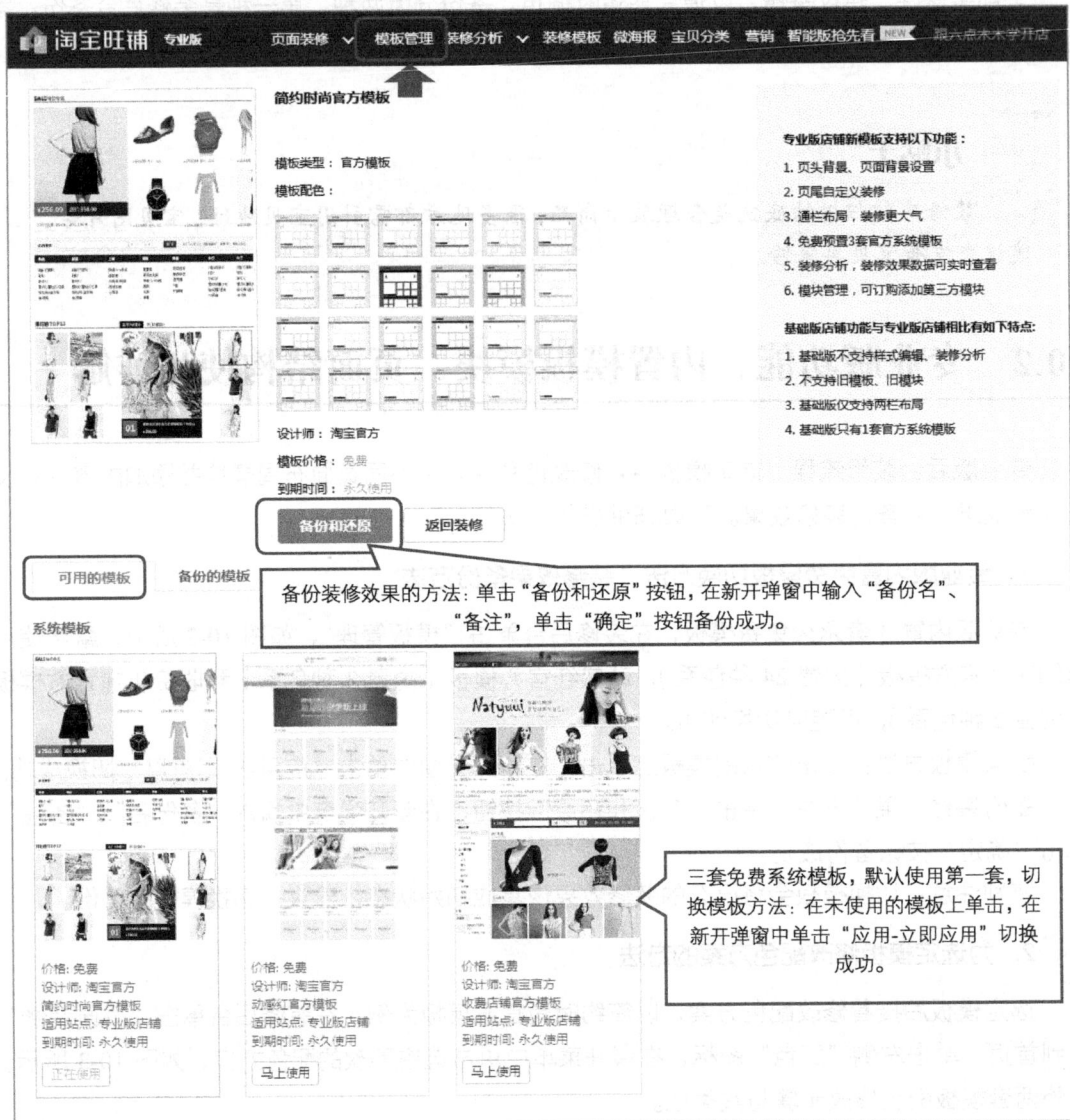

图 10-2 专业版内置免费模板

图 10-3 专业版内置免费模板配色方案修改入口

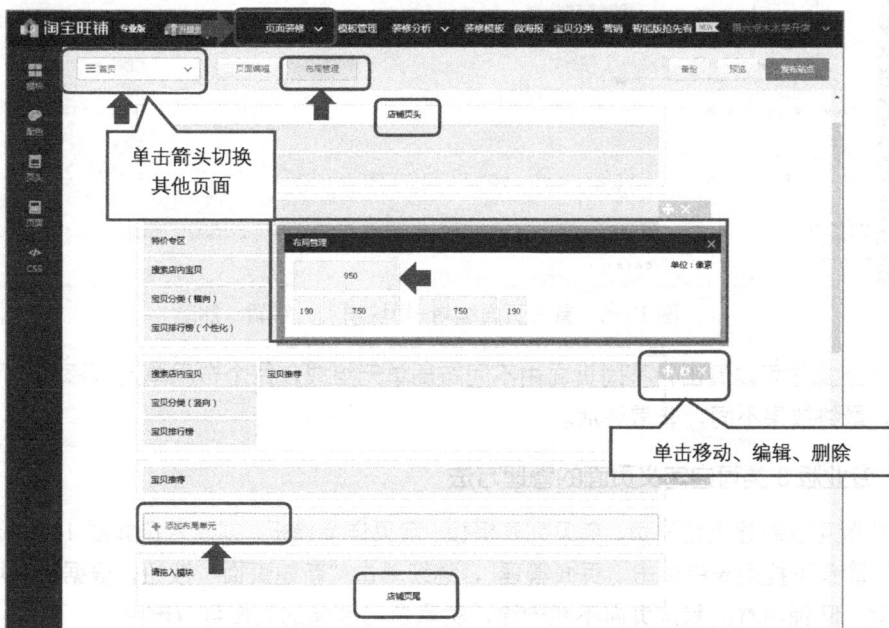

图 10-4 专业版首页布局管理

店铺页头、店铺页尾全店通用，其布局位置不能修改。不同页面可以添加的布局单元数量不同，请以页面提示为准，比如首页，除页头、页尾布局外，页面主体可增加最多5个布局单元，这些布局单元还可以移动、编辑、删除。950、750、190表示布局宽度，单位为像素。

在专业版简约时尚官方模板中包含基础模块和设计师模块，另外两套模板只有基础模块；每一种模块都有尺寸规范，有些模块可以添加在950、750、190三种布局中，有些模块只支持一种尺寸的布局，以后台提示为准。

以首页页面编辑添加"自定义区"模块为例，如图10-5所示，单击选中"自定义区"模块并拖移至右侧950区域松开，模块添加完成。将鼠标光标移至模块上方，单击"编辑"按钮添加内容；单击"删除"按钮删除模块。其他模块操作方法一样。建议大家到装修后台把每一个模块都增加、编辑、删除一遍，熟悉模块间的区别。

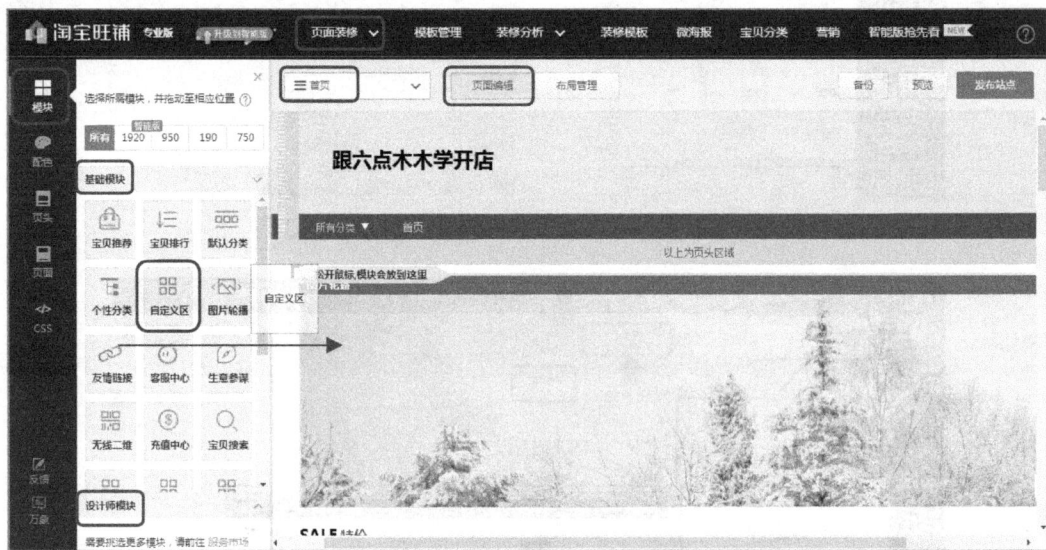

图10-5 首页页面编辑-模块增加、编辑、删除

从上述操作可以看出，不同页面由不同布局单元组成，每个布局单元可添加不同模块。选择不同，最终效果不同，非常灵活。

4. 专业版3类可自定义页面的管理方法

专业版可以新建自定义页、宝贝列表模板、宝贝详情模板，创建入口如图10-6所示：在"页面装修"箭头下拉列表中单击"页面管理"，继续单击"新建页面"按钮，根据提示填写内容后完成创建。旺铺内置的默认页面不能删除，卖家自己创建的页面可以删除。

成功创建页面后，为其添加布局单元、添加模块的步骤与上文介绍一样。

图 10-6　专业版新建页面入口

10.3　专业版全店通用的店铺页头（店招导航）和页尾装修技巧

店铺页头和页尾全店通用，在首页设置一次即可，如图 10-7 所示。

1. 专业版店铺页头设置

专业版页头区域设置规则：导航模块高度 **30px（像素）**不能删除；页头整体限高 150px，超过标尺部分将被截断。可以添加到页头的模块分别是：基础模块中的店铺招牌、设计师模块中的宝贝排行榜、宝贝分类、特价专区。店铺页头最多只能添加两种不同模块，导航模块必须保留，因此有以下四种可以作为页头的布局样式：

图 10-7　店铺页头、页尾区域全店通用

- 样式一：导航模块 + 店铺招牌模块（推荐）；
- 样式二：导航模块 + 设计师模块宝贝排行；

- 样式三：导航模块 + 设计师模块宝贝分类；
- 样式四：导航模块 + 设计师模块特价专区。

小贴士

样式二、三、四要么不够，要么超过了 150px 的最大高度，要么与导航模块内容重复，不美观。推荐使用样式一的布局。

内置模板默认使用样式一的布局，如果要更换模块，将鼠标光标移至页头"店铺招牌"模块上方，单击"删除"按钮，再从设计师模块中将新的模块拖动到页头区域。

店铺招牌模块编辑方法：将鼠标光标移至店铺招牌模块上方，单击"编辑"按钮，新开弹窗如图 10-8 所示，招牌类型有三种：默认招牌、自定义招牌、BannerMaker。淘宝店铺页面的最大布局单元宽度 950px，因此店铺招牌中涉及图片宽度统一处理成 950px。

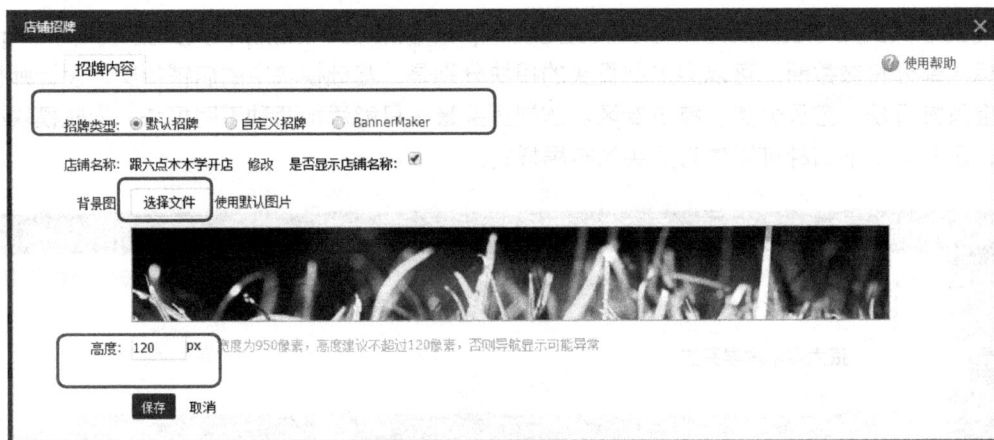

图 10-8 编辑店铺招牌模块

第一种，默认招牌：建议取消勾选"是否显示店铺名称"；单击"选择文件"按钮，上传店招图片，默认高度为 120px，那么店招图片尺寸为宽高 950×120px。也可以将图片处理为 950×150px 并修改高度为 150px，发布后店铺内导航模块隐藏不显示。

第二种，自定义招牌：提供一个空白编辑框，如图 10-9 所示，大家自由发挥，在淘宝支持的代码框架内的图文排版都可以；建议使用一图多链接，不要切片。要显示导航模块，招牌高度设置为 120px；不显示导航模块，招牌高度设置为 150px。

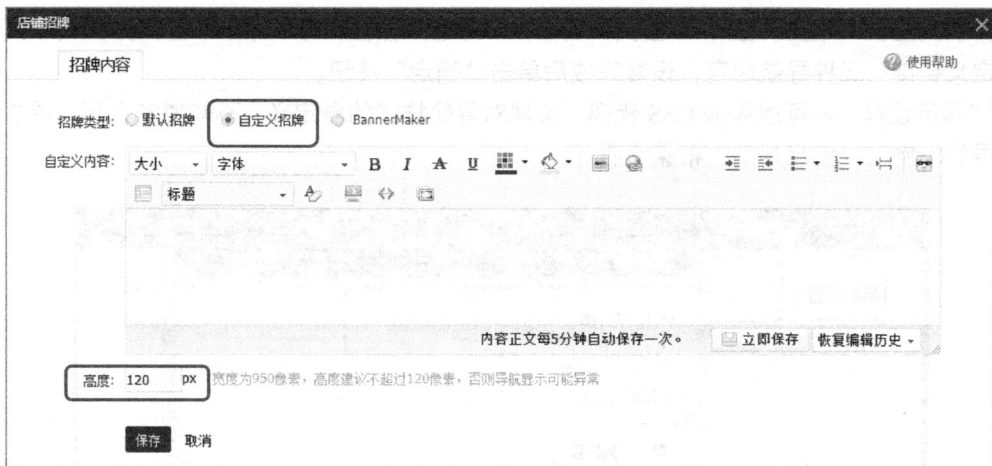

图 10-9　店铺招牌模块-自定义招牌

小贴士

1. 店铺招牌模块高度设置为 150px 时，一定要将其移到导航模块上方，否则显示不完整。

2. 店铺招牌模块高度设置为 150px 时，装修后台导航模块依旧在，只是超过限高150px，发布后店铺内不显示而已，如图 10-10 所示。

3. 页头区域高度最低为 30px，最高为 150px，留给店铺招牌模块的最大高度为120px，实际装修时设计店铺页头保留导航模块选用"默认招牌"或"自定义招牌"，其高度可以是 120px 以内任意值，灵活变通按需处理。

图 10-10　店招超过限高 150px，导航模块依旧在，发布后被隐藏

第三种，BannerMaker：阿里妈妈 Banner 市场已经关闭下线，此选项忽略不用即可。

导航模块编辑方法： 将鼠标光标移至导航模块上方，单击"编辑"按钮，新开弹窗如图 10-11

所示，默认显示"导航设置"，单击页面右下角"添加"按钮，可以添加"宝贝分类"、"页面"、"自定义链接"三种导航内容，设置完成后单击"确定"按钮。

"显示设置"内可以添加 CSS 代码，实现对导航样式的自定义，不知道怎么写，单击"自定义导航示例"、"使用帮助"链接查看。

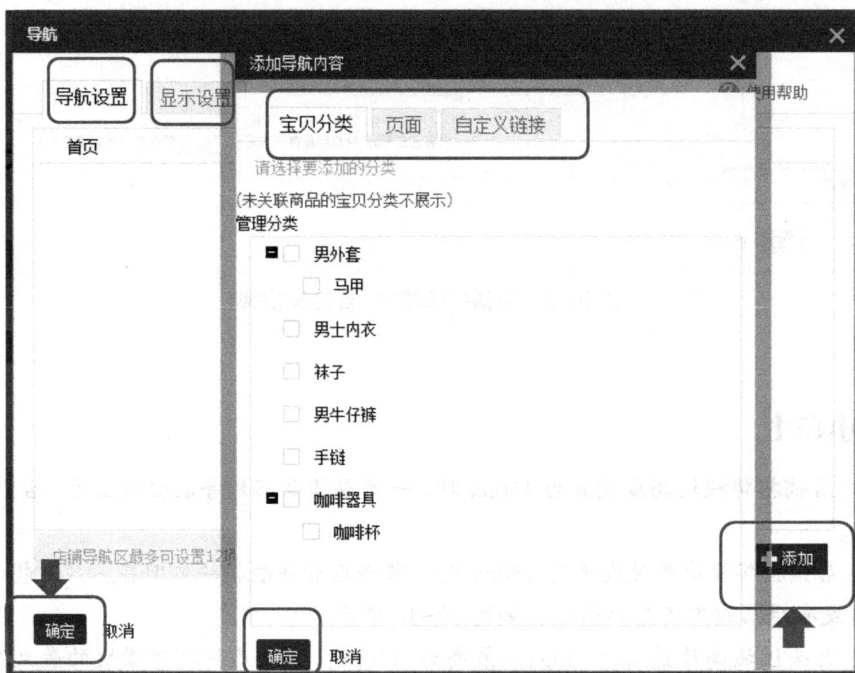

图 10-11　导航模块编辑窗口

小贴士

1. 导航区域可放置店铺最重要的信息，最多添加 12 项一级内容，建议不超过 7 项。

2. "自定义链接"只能添加淘宝网内部链接。

3. 店铺招牌模块高度设置为 150px 时，导航模块被隐藏不显示，要让自己设置的导航内容在店铺中显示，店招高度设置在 120px 以内。

2. 专业版宽屏页头背景设置方法

店铺页头可以设置单一背景色或背景图，当背景色和背景图同时添加时，优先显示背景图。

选用"背景图"时，有平铺、纵向平铺、横向平铺、不平铺四种显示方式，有左对齐、居中、右对齐三种对齐方式，如图 10-12 所示。选哪种平铺方式跟添加的图片相关。

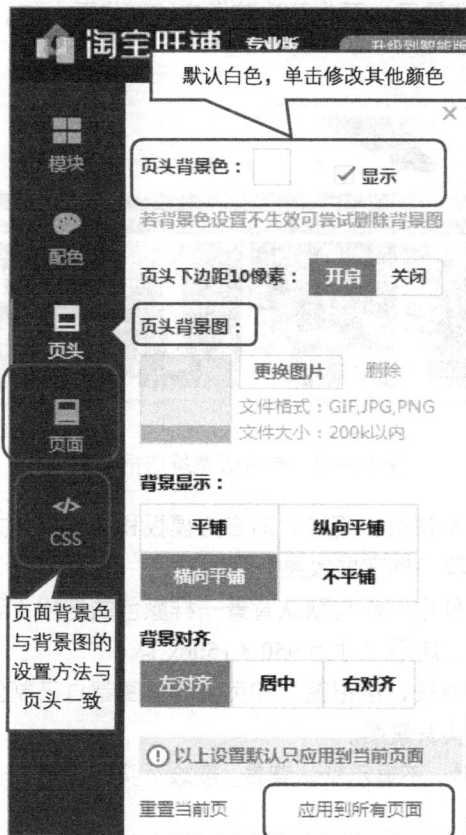

图 10-12　旺铺专业版页头背景设置界面

　　第一种：平铺，对图片宽、高具体尺寸没特别要求，只需添加的这张图适合平铺，按一定规律重复就行。选平铺时，三种对齐方式任选一种都可以。推荐适合平铺背景图下载网址：momi8.com。

　　第二种：横向平铺，横向即水平方向。建议图片高度为 150px，宽度不限，适合横向平铺，按一定规律重复；横向平铺时，建议选择对齐方式为"居中"。

　　第三种：纵向平铺，纵向即垂直方向。建议图片宽度为 1920px，高度不超过 150px，适合纵向平铺，按一定规律重复；纵向平铺时，建议选择对齐方式为"居中"。

　　第四种：不平铺。建议图片为兼容尺寸 1920×150px；不平铺时，建议选择对齐方式为"居中"。

　　每一种平铺方式用不同的图片能显示出不同效果，建议添加图片多练习。

提醒： 四种平铺方式练习图详见附录C。

淘宝店铺页面主体宽度为950px，宽屏店招效果就是页头背景超出主体向两边延伸的部分，如图10-13所示，添加页头背景图主要为了让整个店铺装修更大气。

图10-13　专业版宽屏店招背景

专业版内置三套永久免费模板，简约时尚官方模板和动感红官方模板默认有页头背景图，收费店铺官方模板没有，推荐三种宽屏效果处理方式：

第一种：在图片处理软件中制作与默认背景一样颜色的店招（显示导航模块，店招尺寸为950×120px；隐藏导航模块，店招尺寸为950×150px）。

第二种：不要模板自带背景，店招图片和页头背景图都自己制作。先定好平铺方式，再按平铺方式需要的尺寸制作页头背景图。

第三种：只显示店招图片，不显示默认背景。删除页头背景图，设置页头背景色为白色即可。

小贴士

1. 页头页面背景图文件格式仅支持 GIF, JPG, PNG；页头背景图文件大小在200KB 以内；页面背景图大小在1MB 以内。

2. 希望掌握方法后活学活用，灵活变通能实现非常多个性化店铺页头效果。

3. 专业版店铺页尾设置

专业版页尾区域最多只能添加一个模块，已经添加的不想要，删除后再重新添加；能被添加的有自定义内容区模块和3个设计师模块。

添加步骤：从左侧"模块"中找到基础模块"自定义区"、设计师模块"宝贝排行"、"特价专区"、"宝贝分类"，分别拖动至页尾区域。

10.4　专业版免费实现 1920px 宽屏促销效果

　　某卖家做了一张 1920×470px 的海报图，添加到 950px 布局的自定义内容区模块，发现该图显示不完整，正确的做法是先用代码将 950px 布局宽度扩展成 1920px。

　　专业版免费实现 1920px 宽屏效果的代码如下：

```
<div style="height:高度 px;">
    <div class="footer-more-trigger" style="left:50%;top:auto;border:none;
    padding:0;">
        <div class="footer-more-trigger" style="left:-960px;top:auto;border:
none;padding:0;">
        <!–自定义 HTML 代码替换本区域　开始-->
        <a href="宝贝详情地址" target="_blank">
            <img src="图片链接地址" width="1920px" height="高度 px" border="0" />
        </a>
        <!–自定义 HTML 代码替换本区域　结束-->
        </div>
    </div>
</div>
```

　　具体添加步骤：

　　1．制作一张宽屏促销图，建议尺寸 1920×（360~520）px，比如 1920×470px，上传到图片空间获取图片链接地址。

　　2．用复制的图片地址替换代码中文字"图片链接地址"，将"宝贝详情地址"替换成店内某宝贝的链接，修改"高度"为 470px。

　　3．装修后台添加 950px 布局的自定义内容区模块，复制所有修改好的代码，粘贴到自定义内容区模块"源码"模式下，保存发布。

> **提醒：** 1920px 宽屏效果代码+练习图详见附录 C，可直接复制粘贴使用。

10.5　同步旺旺上下线的自定义客服模块设置技巧

　　旺铺内置客服中心模块样式不美观，很多时候不能跟个性装修风格统一，如果想个性定制客服模块类似图 10-14 所示效果，实现登录旺旺灯亮，退出旺旺灯灭，买家单击可弹出对话窗口聊天，必须获取一段同步阿里旺旺上下线代码才能实现。

淘宝官方阿里旺旺上下线代码生成地址：

https://alimarket.taobao.com/markets/qnww/portal-group/ww/wangbiantianxia。

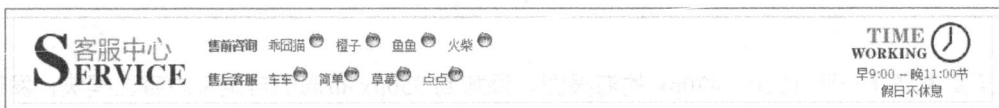

图 10-14　个性化客服模块

启动浏览器，在地址栏输入代码地址后打开，如图 10-15 所示，在"旺遍天下"下方依次选择在线状态图片风格、填写你的文字提示信息、选择是否分流、单击生成你所需的代码；最后将代码复制到装修后台自定义内容区模块"源码"模式下，适当排版即可。

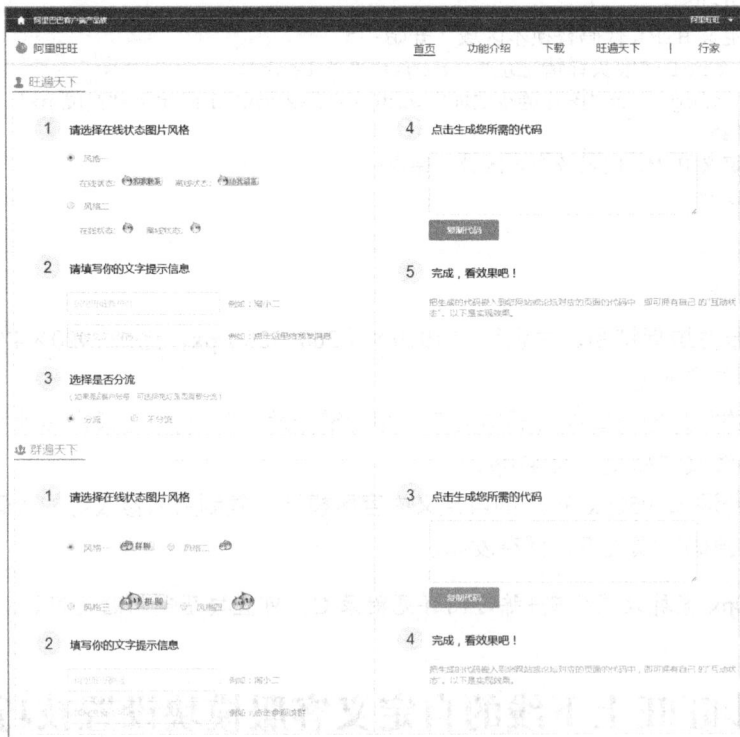

图 10-15　淘宝官方阿里旺旺上下线代码生成界面

如果你有旺旺群，在"群遍天下"获取代码。

小贴士

　　非 IE 内核浏览器比如谷歌浏览器，单击"复制代码"按钮不生效，解决方法：在代码框内任意位置单击，同时按下键盘上"Ctrl+A"组合键，全选代码，再同时按下键盘上"Ctrl+C"组合键，复制代码。

提醒：阿里旺旺上下线代码生成地址详见附录 C，可直接复制粘贴使用。

10.6　专业版个性化宝贝推荐模块装修技巧

　　个性化宝贝推荐展示案例如图 10-16 所示，这类展示方法利用装修后台默认的"宝贝推荐"模块无法实现，只能使用 Photoshop+Dreamweaver 软件图文排版加链接后添加到"自定义内容区"模块。

图 10-16　案例：英曼妃旗舰店首页宝贝个性化推荐效果

店铺装修所需的商品素材来源于商品本身，即通过拍摄商品所得。除商品图外，还会需要各类辅助素材，比如背景图、促销点缀图、装修排版参考素材等，学会寻找装修素材的方法，灵活个性装修就成功了一大半。推荐几种常用素材图获取方法及宝贝展示排版技巧：

1. 百度图片搜索（image.baidu.com）。百度是国内市场占有率最高的搜索引擎网站，其收录的图片素材可以说是国内之最，没有搜不到只有想不到。店铺需要的素材来这里找就对了。

2. 淘宝装修市场（zxn.taobao.com）借鉴页面排版。淘宝装修市场内有各种付费模板，不想花钱订购，借鉴页面排版，自己制作也是可以的。

3. 淘宝（www.taobao.com）、天猫（www.tmall.com）站内搜索卖家店铺，借鉴参考其排版效果。

4. 各类搜索引擎网站搜索需要的素材关键词，比如在百度搜索"淘宝全屏海报"，搜索结果中的一些第三方网站提供素材下载。

授人以鱼不如授人以渔，希望大家学会多种方法，灵活使用。

第 11 章

免费的旺铺基础版装修实操

11.1　旺铺基础版整店全局装修思路

当店铺信誉达到一钻即 251 个好评时，不花钱订购专业版或智能版的话，只能使用免费基础版。虽然基础版功能相对较少，但掌握方法后依旧能装修出大气的效果。

基础版装修流程与专业版类似：选定模板 → 修改色系 → 给不同页面布局模块并添加内容 → 发布装修效果 → 备份装修效果。

基础版内置一套免费模板，5 个色系，修改步骤与专业版类似，不再赘述。六点木木建议装修前先用 Photoshop（简称 PS）软件按模块尺寸要求制作出首页整体模板，比如经过思考，我希望在首页使用 1920px 的全屏页头、添加一个 1920px 的宽屏海报、一个 950px 的通栏海报、一组 950px 的宝贝个性化展示，做出来的布局和尺寸如图 11-1 所示，再对整图模板进行切片后分别安装到不同模块。

特别重要的技巧点是：精确尺寸排版，这样最终装修效果与 PS 制作的模板一模一样。

想法不同，排版不同，装修效果也不同。因基础版功能有限，想实现 1920px 和 950px 的效果，必须使用代码扩展，下文会教大家利用代码免费扩展实现 1920px 全屏页头、1920px 宽屏海报、950px 通栏海报、950px 个性宝贝展示的方法。

提醒：图 11-1 基础版首页排版思路+尺寸建议 PSD 源文件和切片详见附录 C，用作参考。

基础版首页排版思路+尺寸建议

整体宽1920px

高150px

店招图宽950px
店铺招牌图片尺寸950x150px

页头与页面主体10像素的间隔

海报图宽1920Px

海报图高500px

全屏海报1920x500px

海报图宽950px

海报图高360px

通栏海报图950x360Px

宝贝展示图宽950Px

**个性化宝贝推荐展示
950x800px**

宝贝展示图高800px

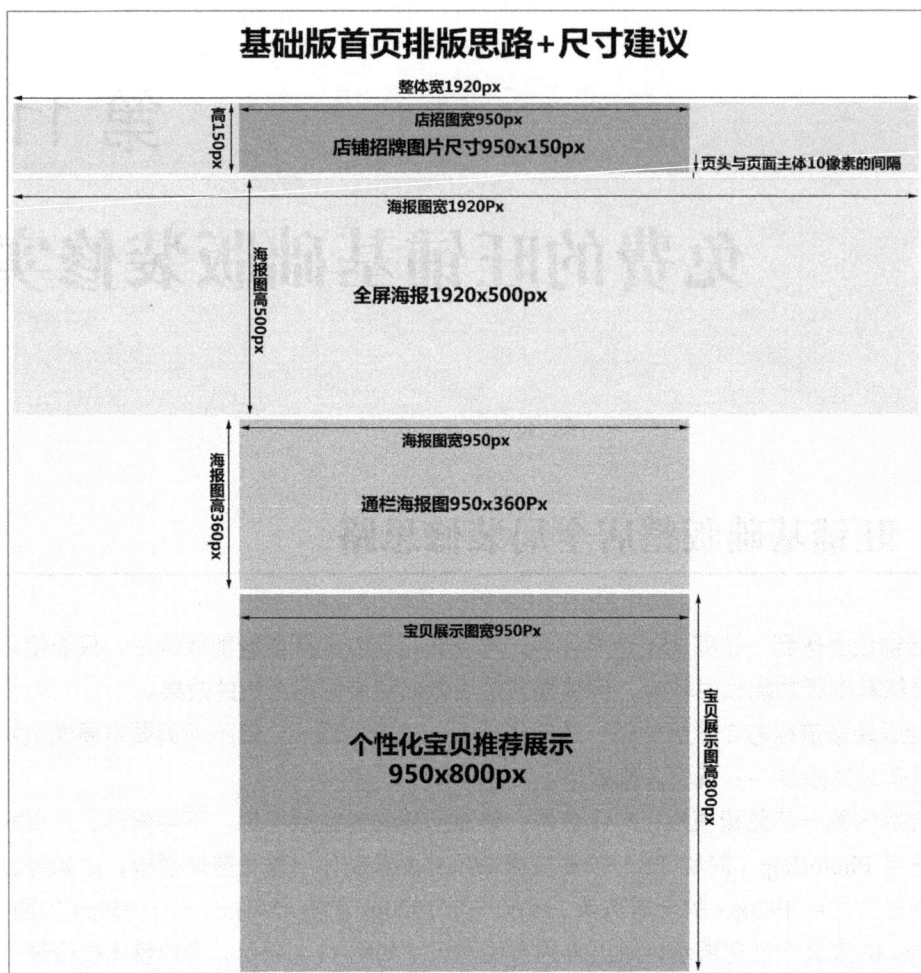

图 11-1　基础版首页排版思路和尺寸建议

11.2　基础版不花钱免费实现 1920px 全屏页头效果

旺铺基础版内置模板不支持类似专业版的页头背景图添加方法，只能通过扩展代码在"导航"模块和"店铺招牌"模块中编辑实现。具体操作步骤如下：

第一步：用 PS 制作一张 1920×150px 的页头背景图；一张 950×150px 的店铺招牌图；将两张图上传到图片空间，复制图片链接备用，如图 11-2 所示。

图 11.2　上传页头背景图和店招图复制链接备用

第二步：将以下代码中"页头背景图"五个字替换成第一步复制的 **1920×150px** 页头背景图的链接地址，其他地方不要改。

```
div.skin-box-bd{position:relative;top:-150px;left:-500px;width:1920px;height:30px;padding-top:150px;line-height:150px;background:#FFFFFF url(页头背景图);padding-left:500px;}
```

替换后：

```
div.skin-box-bd{position:relative;top:-150px;left:-500px;width:1920px;height:30px;padding-top:150px;line-height:150px;background:#FFFFFF url(https://img.alicdn.com/imgextra/i3/2360652719/TB2sOLZmYXlpuFjy1zbXXb_qpXa_!!2360652719.jpg);padding-left:500px;}
```

第三步：复制第二步替换后的代码，粘贴至"导航"模块-"显示设置"空白框中，如图 11-3 所示，单击"确定"按钮。

第四步：将以下代码中"这里放你的店招代码"九个字替换成店铺招牌图加链接的代码，其他地方不要改。

```
<div style="position:relative;z-index:10;">
    这里放你的店招代码
</div>
```

替换后：

```
<div style="position:relative;z-index:10;">
    <a href="http://mumu56.taobao.com/" target="_blank"><img src="https://img.alicdn.com/imgextra/i4/2360652719/TB2A6AlpEhnpuFjSZFEXXX0PFXa_!!2360652719.jpg" width="950" height="150" border="0"></a>
</div>
```

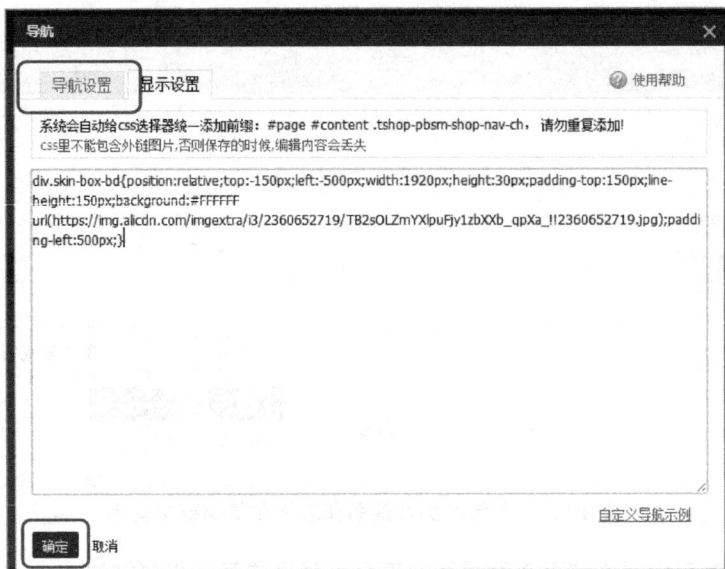

图11.3　将代码粘贴至"导航-显示设置"的效果

第五步：复制替换后的代码，粘贴至"店铺招牌-自定义招牌"的"源码"中，店铺招牌高度修改为150px，如图11-4所示，单击"保存"按钮。

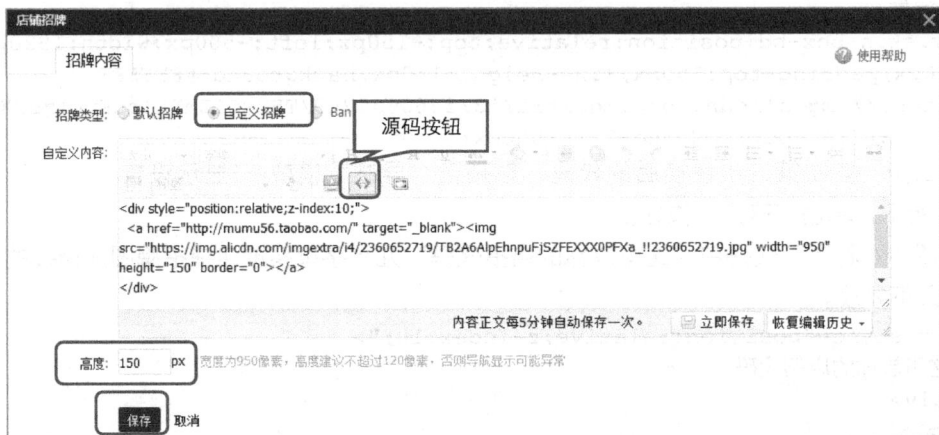

图11.4　将代码粘贴至"店铺招牌-自定义招牌""源码"中的效果

第六步：在装修后台页面右上角单击"发布站点"按钮查看效果。至此，全屏页头效果设置完成。

> **提醒：** 基础版1920px全屏页头扩展源代码和练习素材图详见附录C，可直接复制使用。

11.3　基础版免费实现 1920px 宽屏海报效果

基础版没有 950px 布局单元，想实现 1920px 的宽屏海报效果也是用代码扩展。

基础版 1920px 宽屏海报效果扩展源代码如下：

```
<div style="height:470px;">
    <div class="footer-more-trigger"
style="left:50%;top:auto;border:none;padding:0;">
        <div class="footer-more-trigger"
style="left:-960px;top:auto;border:none;padding:0;">
            <a href="宝贝/店铺/分类页/活动页地址" target="_blank">
                <img src="图片链接地址" width="1920px" height="470px" border="0"
/>
            </a>
        </div>
    </div>
</div>
```

具体操作步骤：

第一步：用 PS 软件制作一张 1920×470px 的海报图，上传到图片空间，复制链接地址备用。建议海报图的高度在 360~520px 之间，源代码中海报图的高度是 470px，比如你做成 360px，将代码中两处 470 改成 360 即可。

第二步：将第一步复制的图片地址粘贴替换为"图片链接地址"六个字。

第三步：复制你自己店铺的地址，粘贴替换源代码中的文字"宝贝/店铺/分类页/活动页地址"。比如用首页地址 https://mumu56.taobao.com/ 替换。

替换后：

```
<div style="height:470px;">
    <div class="footer-more-trigger"
style="left:50%;top:auto;border:none;padding:0;">
        <div class="footer-more-trigger"
style="left:-960px;top:auto;border:none;padding:0;">
            <a href="https://mumu56.taobao.com/" target="_blank">
                <img src="
https://img.alicdn.com/imgextra/i4/2360652719/TB2qzHWm80kpuFjy1zdXXXuUVXa_!!
2360652719.jpg" width="1920px" height="470px" border="0" />
            </a>
        </div>
    </div>
</div>
```

第四步：在基础版首页中添加左 190 右 750 的布局单元，如图 11-5 所示。

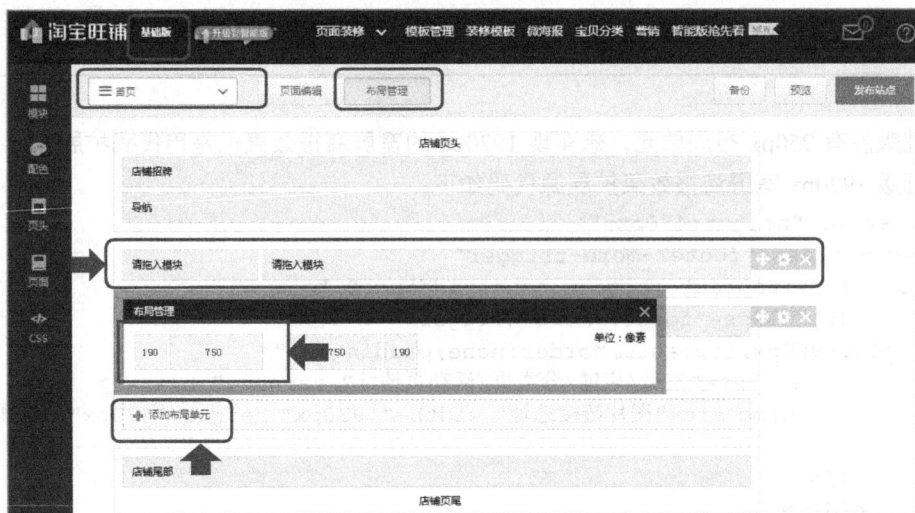

图 11-5　在基础版首页中添加左 190 右 750 的布局单元

第五步：回到首页"页面编辑"，在基础模块中找到"自定义区"模块并拖动至右侧 750 布局内，复制第三步修改好的代码并粘贴到"自定义内容区-源码"模式下，如图 11-6 所示，单击"确定"按钮，至此宽屏海报效果设置完成。在装修后台右上角单击"发布站点"按钮查看效果。

注意：在左侧 190 布局中不要添加任何模块。

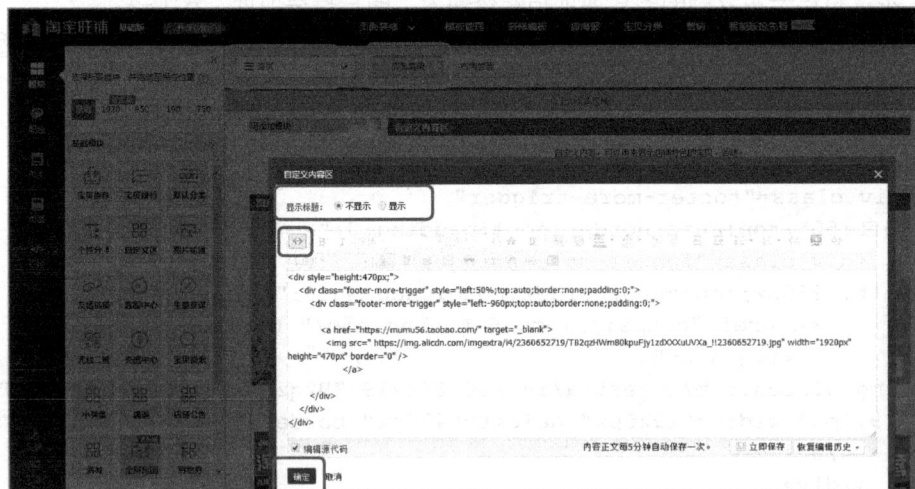

图 11-6　750 布局中新增自定义内容区模块复制代码添加

提醒：基础版 1920px 宽屏海报扩展代码和练习图详见附录 C，可直接复制粘贴使用。

11.4 基础版免费实现 950px 通栏海报效果

基础版没有 950 布局单元，不能增加 950px 的模块，我们可以将 750px 的自定义内容区模块向左扩展 200px 以达到 950px 的模板效果。扩展源代码如下：

```
<div style="height: 420px">
<div style="left:-200px;top:0px;border:none;  padding:0;"
class=footer-more-trigger>
  <div style="width: 950px; overflow:   hidden">
   <a href="宝贝/店铺/分类页/活动页地址" target="_blank">
   <img src="海报图链接地址" width="950px" height="420px" border="0" />
   </a>
  </div>
 </div>
</div>
```

源码中海报图的尺寸是 **950×420px**，海报图的高度可以修改，比如你做成 **780px**，只需将源码中两处 420 改成 780。源码中自定义代码的含义是一图一链接，只要是淘宝框架内支持的表格图文代码排版都可以替换使用，不会编写代码的同学可以学习六点木木编著的美工书籍《淘宝天猫网店美工一本通：Photoshop 图片处理 +Dreamweaver 店铺排版》或者从 **mumu56.taobao.com** 中学习表格布局代码编写的视频课程。

源代码修改使用的步骤如下：

第一步：用 **PS** 软件制作一张 **950×420px** 的海报图，上传到图片空间，复制链接地址备用。

第二步：将第一步复制的地址粘贴替换源码中"海报图链接地址"七个字。

第三步：复制你自己店铺的地址，粘贴替换源代码中的文字"宝贝/店铺/分类页/活动页地址"。比如用首页地址 **https://mumu56.taobao.com/** 替换。

替换后：

```
<div style="height: 420px">
<div style="left:-200px;top:0px;border:none;  padding:0;"
class=footer-more-trigger>
  <div style="width: 950px; overflow:   hidden">
   <a href="https://mumu56.taobao.com/" target="_blank">
    <img
src="https://img.alicdn.com/imgextra/i4/2360652719/TB2D.ILpylnpuFjSZFgXXbi7F
Xa_!!2360652719.jpg" width="950px" height="420px" border="0" />
   </a>
  </div>
 </div>
</div>
```

第四步：在基础版首页"布局管理"中添加左 190 右 750 的布局单元，回到"页面编辑"，从基础模块中找到"自定义区"模块并拖动至右侧 750 布局内，复制第三步修改好的代码粘贴到"自定义区-源码"模式下，单击"确定"按钮，如图 11-7 所示，至此 950 通栏海报效果设置完成。在装修后台右上角单击"发布站点"按钮查看效果。

注意：在左侧 190 布局中不要添加任何模块。

图 11-7　成功添加扩展代码的 950 效果

提醒：基础版 950px 海报效果扩展源码和练习图详见附录 C，可直接复制使用。

11.5　基础版免费实现 950px 个性化宝贝展示效果

宽 950px 的个性化宝贝展示效果所用到的扩展源代码如下：

```
<div style="height: 高度 px">
<div style="left:-200px;top:0px;border:none;  padding:0;"
class=footer-more-trigger>
　<div style="width: 950px; overflow:   hidden">
　　一图多链接代码
　</div>
</div>
</div>
```

源代码修改使用的步骤如下：

第一步：用 PS 软件制作一张 950×550px 的宝贝展示图，上传到图片空间，复制链接地址备用，如图 11-8 所示。

图 11-8　上传宝贝展示图复制链接备用

第二步：用 Dreamweaver（简称 DW）软件为宝贝展示图制作一图多链接代码，如图 11-9 所示。

图 11-9　用 DW 软件制作一图多链接代码

第三步：将源码中"高度"两个字改成图片的高度 550；复制第二步生成的一图多链接代

码，并粘贴替换源码中"**一图多链接代码**"七个字。

第四步：在基础版首页"布局管理"中添加左190右750的布局单元，回到"页面编辑"，从基础模块中找到"自定义区"模块并拖动至右侧750布局内，复制第三步修改好的代码，并粘贴到"自定义内容区-源码"模式下，单击"确定"按钮，至此950px个性化宝贝展示效果设置完成。装修后台右上角，单击"发布站点"按钮查看效果。

注意：在左侧190布局中不要添加任何模块。

> **提醒：**基础版950px个性化宝贝展示效果扩展源码和练习图详见附录C，可直接复制使用。

11.6 基础版功能、内置模板模块、页面结构使用详解

实际上基础版与专业版的整体装修思路、操作步骤都差不多，只要把第10章中专业版各种功能、框架结构、页面增减等熟练掌握了，再结合本章第一节至第五节的技巧去装修后台操作一遍，今后多数装修效果都可以轻松实现。

下面重点梳理一下基础版功能与专业版功能的区别：

- 基础版内置1套免费模板，5个配色方案；专业版有3套，配色方案比较多。
- 基础版不能像专业版一样单独对页头、页面添加背景色或背景图；只能用代码扩展的方式添加页头背景图。
- 基础版可以新建"自定义页"和"宝贝详情模板"，但不能新建"宝贝列表页模板"；专业版三个都可以创建。
- 基础版没有950布局单元，不能添加950px的模块、没有设计师模块；专业版有。
- 基础版不能编辑店铺页尾；专业版可以。

建议把本书第10章和第11章连起来看，使用配套练习素材去装修后台操作几遍，能加深理解。

第 12 章
无线店铺基础版装修实操详解

12.1　无线时代必会技能：无线店铺装修后台详解

1. 无线店铺装修后台入口

无线淘宝店铺分为基础版和智能版，不花钱订购 99 元/月的智能版，免费使用基础版即可。进入手机淘宝店铺装修后台常用入口如下：

第一种：卖家中心-店铺管理-手机淘宝店铺-立即装修-店铺首页。

第二种：卖家中心-店铺管理-店铺装修-页面管理-手机端页面-页面装修。

第三种：在浏览器地址栏输入无线运营中心首页地址 wuxian.taobao.com，用卖家账号登录，单击店铺装修-店铺首页。

2. 无线店铺基础版装修后台布局简介

成功进入无线店铺装修后台，其首页布局如图 12-1 所示，从左往右依次是导航区、模块区、首页内容编辑区、模块内容编辑区。

无线店铺比 PC 旺铺简单得多，重点装修首页即可。

3. 无线店铺装修完成后如何访问、预览

无线店铺通过无线终端（比如智能手机、平板电脑）查看装修效果。步骤：打开无线运营中心 wuxian.taobao.com，单击左侧导航中的"店铺装修"，如图 12-2 所示，将鼠标光标移至"店铺首页"图标上方，在浮出菜单中单击"复制短链"或者"复制长链"按钮，在浏览器地址栏中粘贴打开。

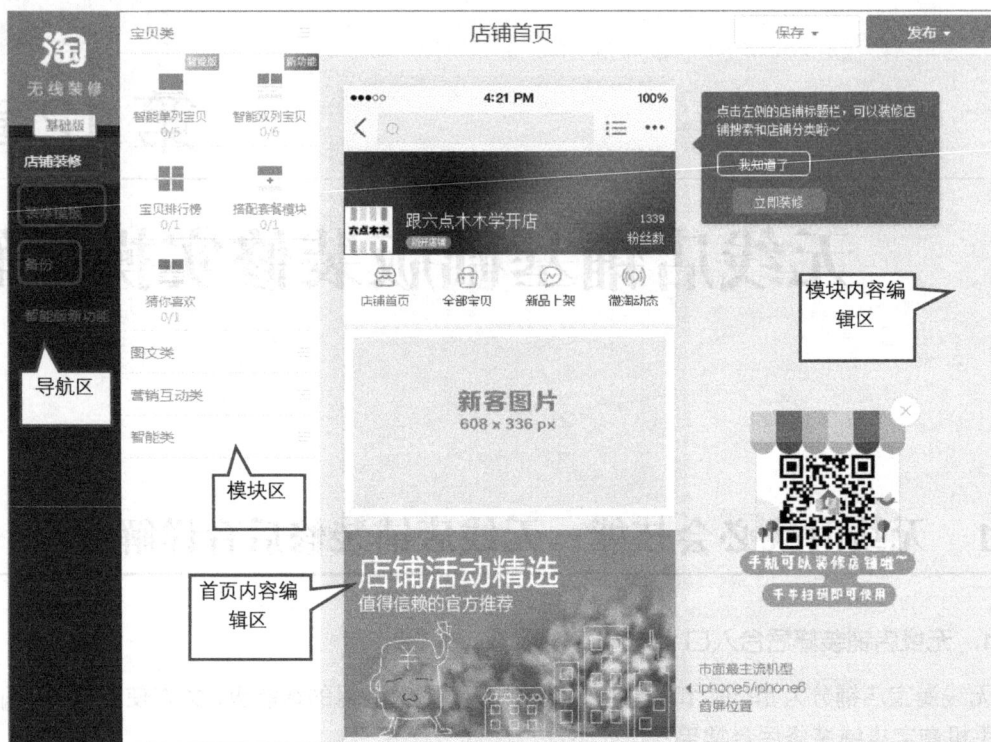

图 12-1　无线店铺装修后台首页

也可以单击二维码图标，弹出店铺首页的二维码，用手机扫码访问。

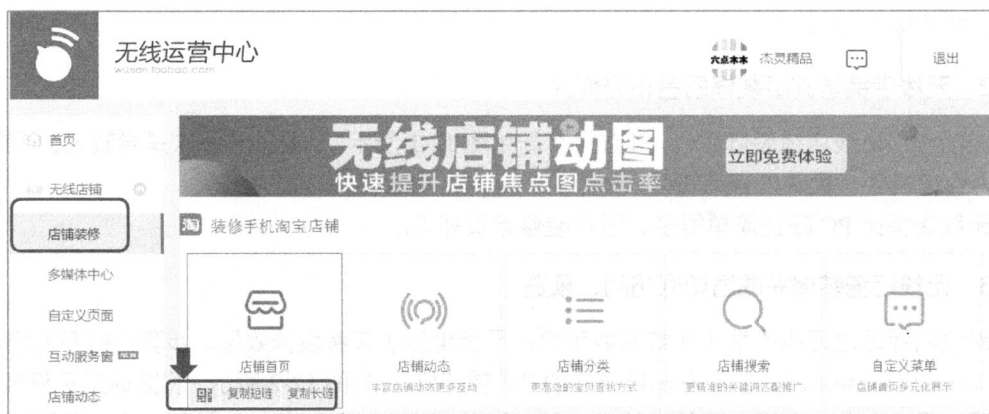

图 12-2　装修完成后预览装修效果的方法

12.2　无线店铺内置模块使用详解

无线店铺内置一套永久免费的官方模板，包含宝贝、图文、营销互动、智能四类模块，如图 12-3 所示，单击模块类别标题，可以显示/隐藏模块。

添加模块的方法：将鼠标光标移至模块上方，按下鼠标左键并拖移至店铺首页编辑区，最右侧会显示对应模块可编辑的参数，从上往下根据提示填写完整后，单击"确定"按钮。

以相同步骤，添加多个模块。

在店铺首页编辑区单击选中模块，可以上下移动对模块重新排序，也可以删除模块。

店铺首页最多添加 30 个模块，有些模块可以添加多个，有些只能添加一个，以装修后台提示为准。

有些模块是智能版专用，没订购的话，不管它就行。

建议到装修后台实际动手操作，把每一个模块都增减编辑一遍，熟悉它们的用法。

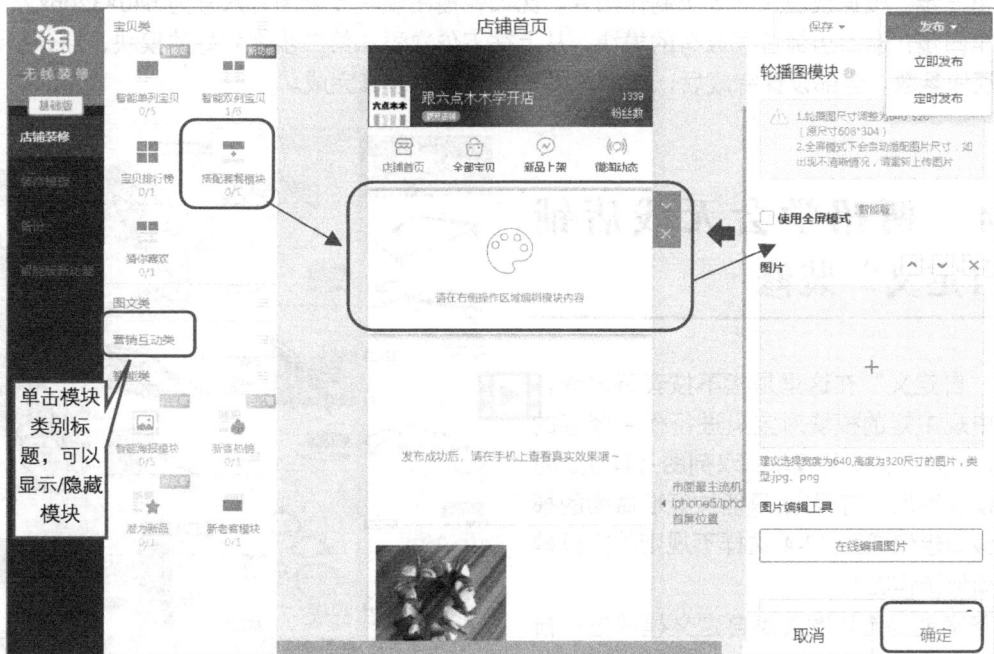

图 12-3　无线店铺内置模块使用详解

12.3　无线店铺首页全局装修技巧

对无线店铺后台布局、各种模块用法有全局认识之后，接下来要思考：如何装修出买家喜欢的店铺？

根据多年实战运营经验，笔者建议在无线店铺首页放置以下七方面内容：1.新品推荐；2.活动/活动单品推荐；3.热销款推荐；4.类目引导；5.促销优惠信息展示（打折、满减、包邮、会员卡、搭配套餐、专享价）；6.互动模块（微淘签到、粉丝圈、互动游戏，如买家秀等）；7.各种形式的专题页。

首页全局装修技巧：

第一步：规划整个首页从下往下先放什么，后放什么。比如从上往下依次放置店铺活动海报、3张轮播海报、2张热卖单品海报、分类导航、优惠券、热卖单品等。

第二步：从上往下根据内容挑选承载模块。比如店铺活动用营销互动类活动中心模块、3张轮播海报用图文类轮播图模块等。

第三步：根据模块尺寸要求制作图片。比如轮播图模块要求图片尺寸为640×320px。

第四步：删除店铺首页原有的模块，从上往下依次添加第二步规划好的模块，并分别设置相关模块参数。全部设置完成后，单击"发布"按钮。装修完成。

12.4　两招学会无线店铺"自定义"装修

"自定义"在这里是指不按套路出牌，不用中规中矩的模块对宝贝进行横平竖直的排版，比如单列图片模块、双列图片模块、轮播图模块等尺寸有限定，只能按标准做图的模块。假如想做成图12-4这样不规则的宝贝排版，如何操作呢？

答案就是选用图文类自定义模块进行自定义排版，如图12-5所示，基础版最多可以添加10个自定义模块，排版样式非常灵活。添加该模块后，先拖动调整位置确定尺寸，再根据尺寸制作图片，最后按顺序上传图片。

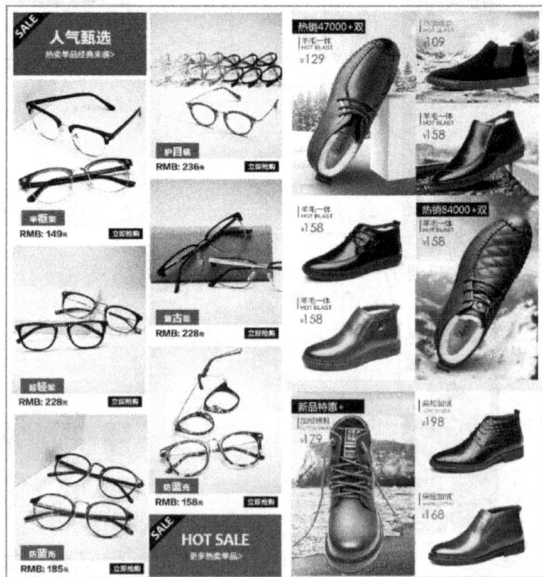

图12-4　首页不规则宝贝排版

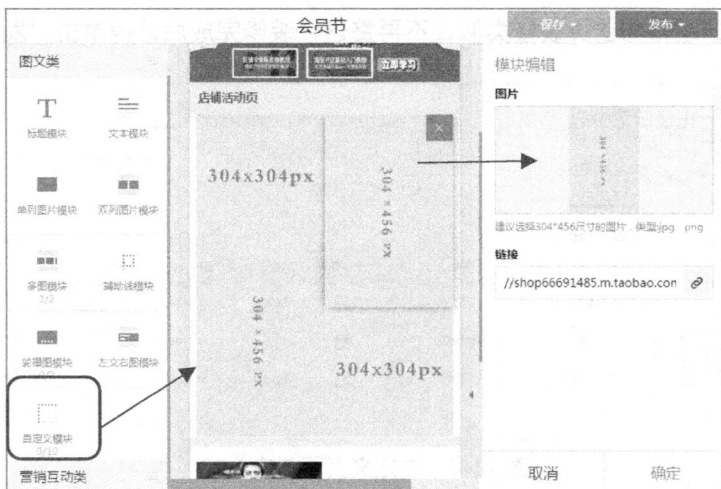

图 12-5　选用图文类自定义模块自定义排版

　　每一个自定义模块水平方向有 8 个格子，最多添加 10 张图，推荐大家使用图 12-6 所示布局技巧，这样的话你的首页可以做出非常多高端大气上档次的排版效果。

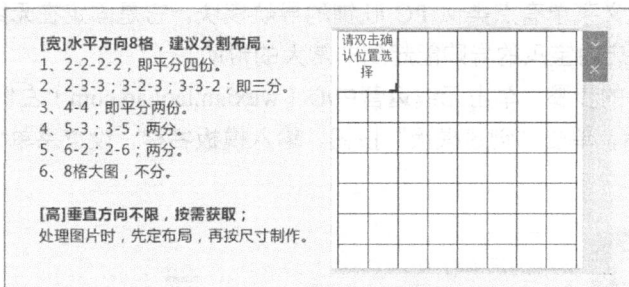

图 12-6　自定义模块布局技巧

12.5　无线店铺"自定义页面"设置详解

　　无线端自定义页面是区别首页、宝贝详情页、宝贝分类页以外的独立页面，有独立链接地址。它的应用范围也非常广，如清仓专题、打折专题、上新专题、活动专题，如淘金币/聚划算/会员专享、会员节、粉丝节、周年庆某一类特定商品专题等。

　　自定义页面创建入口：无线运营中心（wuxian.taobao.com）左侧"自定义页面"，如图 12-7 所示，单击"新建页面"按钮，输入页面名称确定后，单击"编辑"进行装修。

自定义页面的装修与首页装修类似，不再赘述，装修完成后记得单击"发布"按钮。

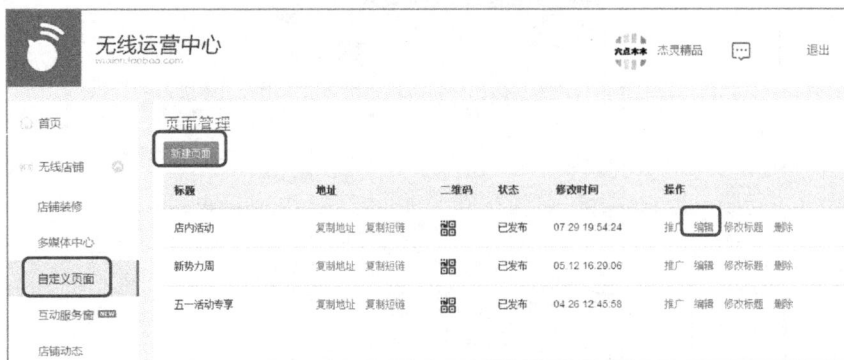

图 12-7　自定义页面创建入口

12.6　无线店铺"自定义菜单"设置详解

无线店铺的自定义菜单有点类似 PC 旺铺的导航模块，它是固定在无线店铺首页底部的，创建个性化菜单，对店内宝贝的导购能起到非常大的帮助。

创建自定义菜单的步骤：单击无线运营中心（wuxian.taobao.com）左侧的店铺装修-自定义菜单，如图 12-8 所示，单击"创建模板"按钮，输入模板名称，设置菜单标题和子菜单，确定发布即可。

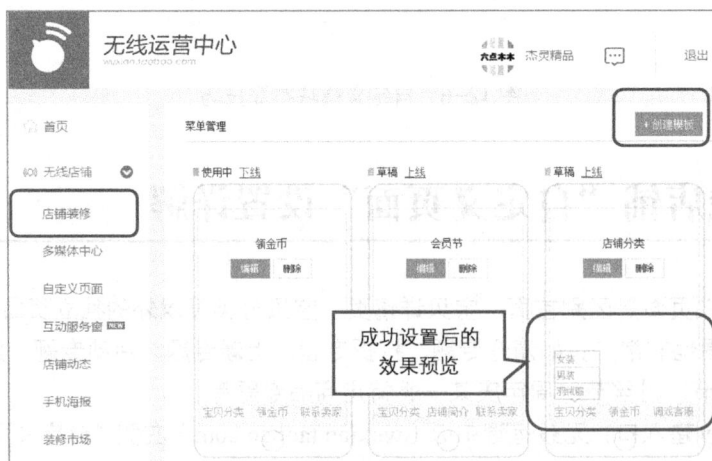

图 12-8　自定义菜单创建入口

第 13 章

旺铺智能版电脑+无线端
装修实操技巧

有了前面 PC 旺铺专业版、基础版、无线店铺基础版的使用经验，再来用智能版时，你会发现智能版包含 PC 旺铺专业版和无线店铺基础版的所有功能，并新增了很多基于大数据的智能模块，它的页面增减、布局管理、模块增减等操作与其他版本是一样的。

13.1　旺铺智能版功能及后台简介

智能版 99 元/月，从其他版本进入装修后台单击"升级智能版"按钮，根据页面提示完成付款。

很多同学会有疑问：花钱买了智能版，是不是应该给我装修好呢？答案是否定的！

智能版跟其他版本一样，提供给卖家的是功能更强大的框架，在这个框架内还是需要卖家自己做图、自己排版的。

成功订购后，智能版装修后台界面如图 13-1 所示，它最大便利之处在于把电脑端页面装修和无线端页面装修集成在一起，操作起来很方便。

图 13-1　旺铺智能版装修后台首页

13.2　智能版电脑端整店装修布局技巧、新功能详解

　　智能版电脑端页面装修思路与专业版和基础版一样，装修布局技巧完全可以套用：选定模板 → 修改色系 → 给不同页面布局模块并添加内容 → 发布装修效果 → 备份装修效果。
　　智能版电脑端功能：

- 内置 3 套与专业版一模一样的永久免费模板，模板切换步骤、装修效果备份步骤、修改模板配色方案步骤与专业版一样。
- 页头、页面添加背景色或背景图的步骤与专业版一样。
- 内置每一个页面添加布局单元、增加/删除/编辑模块的方法与专业版一样。
- 全店通用的店铺页头、店铺页尾设置规则、编辑方法与专业版一样。
- 可以新建"自定义页"、"宝贝详情模板"、"宝贝列表页模板"；创建步骤、装修方法与专业版一样。
- 与专业版相比，新增全屏宽图、全屏轮播、悬浮导航 3 个模块；新增 1920 布局单元。

专业版通过代码扩展免费实现 1920 全屏效果，在智能版中内置这类模块，直接添加编辑即可。

　　悬浮导航模块使用详解：仅支持添加在首页左上方。添加方法：在"电脑页面装修"标签内选中首页，在左侧"模块"中单击"1920"筛选出新模块列表，将鼠标光标移至"悬浮导航"上方并按下左键拖动至右侧专属区域，如图 13-2 所示。

图 13-2　智能版悬浮导航模块添加方法

　　将鼠标光标移至"悬浮导航"模块上方,单击"编辑"按钮,弹出其参数设置界面如图 13-3 所示,包含"位置设置"和"内容设置"两项内容,按页面提示正确添加,单击"确定"按钮。

　　导航栏上传的图片要求宽度小于 200px、高度小于 600px,类型支持 JPG、PNG、GIF;最多能添加 20 个热区链接。

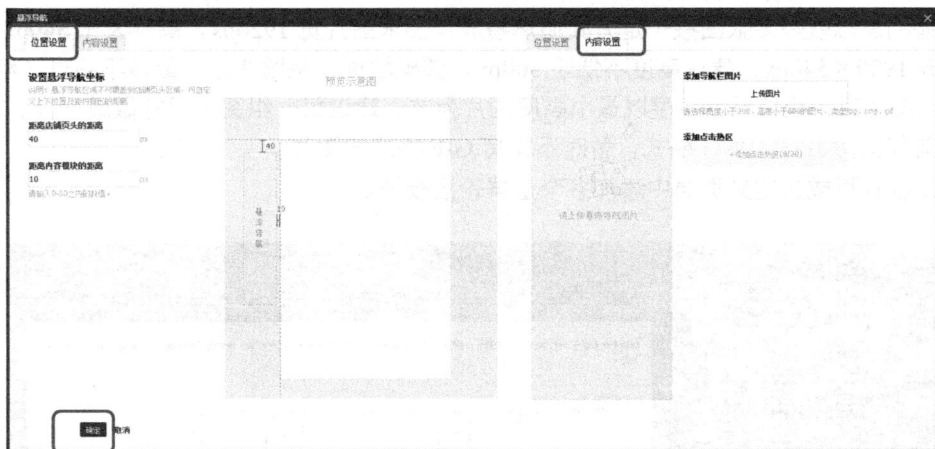

图 13-3　悬浮导航模块参数设置界面

　　全屏宽图模块使用详解:仅支持添加在首页、自定义页 950/1920 布局单元内。以添加到首页为例:在模块列表中找到"全屏宽图"并按下左键拖动至右侧 950/1920 布局单元内,将鼠标光标移至该模块上方，单击"编辑"按钮，新开弹窗如图13-4所示，上传或选择海报图，添加链接，单击"保存"按钮。

要求图片宽1920px，高不大于540px，你可以制作成1920×540px；建议高度不低于300px。一个全屏宽图模块只能添加一张海报图，你可以在首页中添加多个。

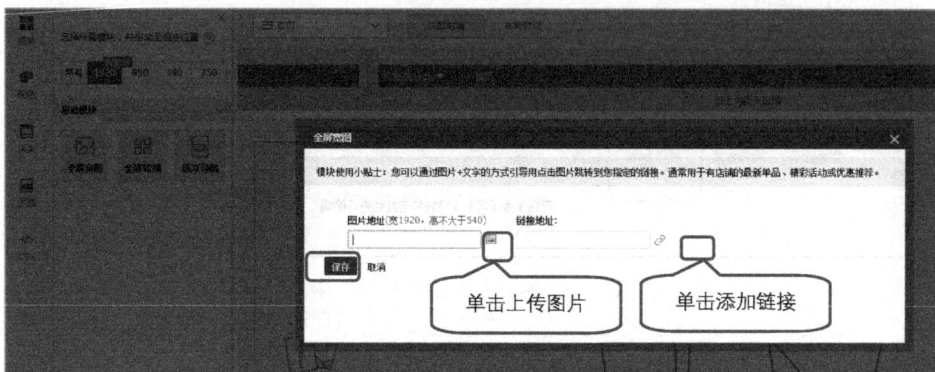

图13-4　全屏宽图模块参数设置界面

全屏轮播模块使用详解：仅支持添加在首页、自定义页950/1920布局单元内。以添加到首页为例：在模块列表中找到"全屏轮播"并按下鼠标左键拖动至右侧950/1920布局单元内，将鼠标光标移至该模块上方，单击"编辑"按钮，新开弹窗如图13-5所示，上传或选择海报图，添加链接，单击"保存"按钮。

轮播的意思就是多张图按一定方式循环播放；要求图片宽1920px，高不大于540px，你可以制作成1920×540px；建议高度不低于300px。该模块最少保留2组，最多不超过5组图片，添加多组图片时，模块展示高度以最小高度图片为准，建议每一组图片尺寸做成一样。

当前仅支持JPG、PNG格式，暂时不支持GIF格式的图片。

可以在首页或自定义页面中添加多个全屏轮播模块。

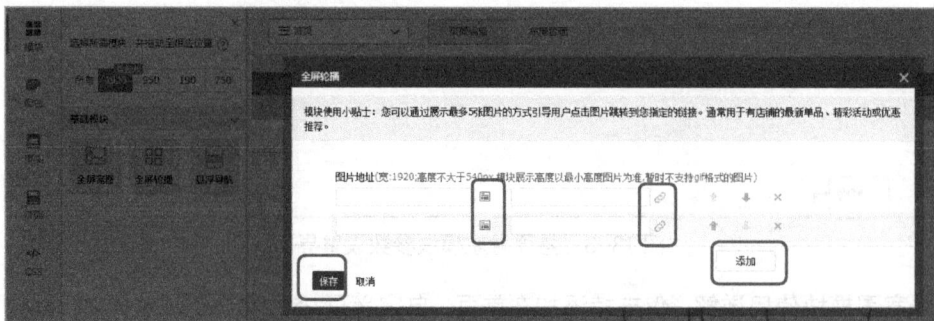

图13-5　全屏轮播模块参数设置界面

13.3　智能版无线端整店装修布局技巧、新功能详解

智能版无线页面装修界面如图 13-6 所示，它的整个装修逻辑与无线店铺基础版一样，把模块从左侧拖移至中间店铺首页，再编辑模块参数，装修完成后"发布"。

智能版整店装修布局技巧与无线基础版通用：

第一步：规划整个首页从下往下先放什么，后放什么。比如从上往下依次放置店铺活动海报、3 张轮播海报、2 张热卖单品海报、分类导航、优惠券、热卖单品等。

第二步：从上往下根据内容挑选承载模块。比如店铺活动用营销互动类活动中心模块、3 张轮播海报用图文类轮播图模块等。

第三步：根据模块尺寸要求制作图片。比如轮播图模块要求图片尺寸为 640×320px。

第四步：删除店铺首页原有的模块，从上往下依次添加第二步规划好的模块，并分别设置相关模块参数。全部设置完成后，单击"发布"按钮。装修完成。

那么它与基础版最大的区别是：可以用现有更智能的模块更轻松地实现想要的店铺装修效果。

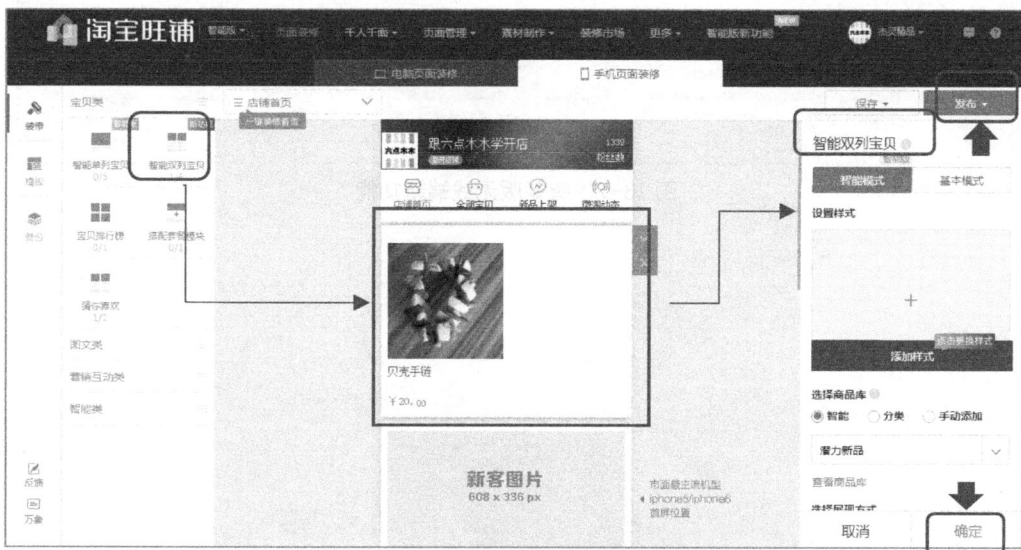

图 13-6　智能版无线页面装修界面

智能版新功能中大多数都是应用在无线端，这也与官方大力发展无线淘宝的战略吻合。在装修后台顶部菜单栏中单击"智能版新功能"按钮，新开界面如图 13-7 所示，列表中展示的都是智能版无线装修新功能，单击每一个图标会有视频教你如何使用该功能。

智能版中除了装修因素，还加入了更多数据运营的理念，如果你是新卖家，舍得花钱，建议订购智能版；如果你已经开店并有一定运营基础，单从装修方面讲，无须订购，学会专业版、基础版、无线店铺基础版的应用完全能满足装修需求。

图 13-7　智能版无线端新功能

4

第四篇

流量为王
淘宝店铺推广实战

　　创建店铺、发布宝贝、装修店铺属于内功，可以短时间内快速做好并且不难！但绝大多数淘宝卖家的店铺并不赚钱，其核心问题就是店铺根本没人看！

　　虽说淘宝竞争激烈，但庞大的市场需求持续吸引着越来越多的人加入，以求实现创业梦想。借助淘宝平台成为百万、千万甚至亿万富翁的人越来越多，拥抱变化是当下所有电商、网商都必须做到的。

　　然而在当前电商环境下，坐等顾客上门已然过时，本篇第 14 章至 18 章，六点木木老师将教会您当前最实用、最全面的免费流量获取技巧、官方活动报名引流玩法、淘宝站内各种推广工具引流技巧，以及淘宝站外推广引流技法，让您的好宝贝人尽皆知，不愁卖不掉！

第 14 章

店铺推广的核心

14.1 店铺推广的本质

1. 店铺推广的本质——引流量

线下实体店铺经营思路：好地段好位置+好商品好服务+坐等顾客上门=盈利。门面搬不走，要招揽更多的生意，最关键两点：一是选一个人流量密集、适合卖你这类商品的好地段好位置；二是主动出击，做各类宣传，比如印宣传单、画册、ADM 单、报纸广告、户外广告牌、出租车/公交车广告、电视广告、广播等。上门顾客越多，买的人越多，盈利赚钱就越多。实体店铺盈利的核心在于目标消费群体到店数量。

淘宝店铺经营思路：开店准备（注册淘宝店铺+解决货源选好商品+发布商品+装修店铺）+推广销售+售后维护=盈利。与线下店铺最大区别之处在于：网店申请成功后会获得一个唯一性店铺网址，任何时间任何地点，都可以在有网络的电脑、手机、平板电脑上查看，可以利用多种网络推广手段将其散播到互联网各个角落。同样道理，网店要赚钱，必须增加销量，让很多顾客进店选购。网店的进店顾客称为 Unique Visitor（简称 UV），即独立访客数，越多越好；访客在店内访问页面数量称为 Page View（简称 PV），越多越好。那么网店能不能跟实体店铺一样，坐等顾客上门呢？目前淘宝几百万卖家，上亿件商品，真是酒香也怕巷子深，再好的商品没人看没人买，也白搭，得主动出击。

在整个店铺经营环节中推广至关重要，推广的目的是获取优质流量，让更多目标人群看到你的商品或服务并购买。有流量，店铺是活的，商品才能卖出去，后续才有打包发货、会员营销、分析数据、完善改进运作流程等，一切才能正常运转；没流量，其他事情做再多也是零。

2. 店铺经营的主体思路

淘宝店铺运营我们都会关注产品、流量、转化、付费会员，从这几方面着手，根据自身情况去操作，落实执行力，解决具体问题，店铺都会朝好的方向发展。

不管以卖货赚快钱思维运作，还是以打造品牌知名度、美誉度、忠诚度思维运作，建议集中力量把一个或几个单品的销量从无到有，打造成为爆款，通过关联销售、店内活动、促销等辐射全店，拉升店内其他商品畅销率。接着布局好产品规划，把握营销节奏，根据产品的生命周期和市场环境及顾客需求的变化，在每个时期打造出不同的爆款群。

14.2　认识流量及流量来源

1.　什么是流量

通常说的流量（traffic）是指网店的访问量，是用来描述访问一个网店的用户数量以及用户所浏览的网页数量等指标，常用的统计指标包括网店的独立用户数量、总用户数量（含重复访问者）、网页浏览数量、每个用户的页面浏览数量、用户在网店的平均停留时间等。

2.　跟网店相关的数据名词解释

很多卖家经常纠结：店铺好冷清、没人看、流量好少、没人买？有人看怎么还是没人买？这些仅是对店铺流量数据的初步概念，其他一些名词也要了解。

淘宝官方数据分析平台量子统计全面升级为生意参谋（sycm.taobao.com），开放更多数据供卖家参考使用，主要分为实时直播（每一天的实时概况/实时来源/实时榜单/实时访客、商品监控/竞店监控/活动分析/活动对比/行业分析/活动配置、实时催付）、经营分析（流量分析、商品分析、交易分析、服务质量、物流分析、营销推广）、市场行情（行业洞察、搜索词分析、人群画像）、自助取数（店内各种数据指标报表如流量、交易、服务、店铺/商品收藏次数/人数等）、专题工具（官方工具如流量纵横/竞争情报/财务分析/选词助手/行业排行/单品分析/商品温度计/销量预测/物流管家/供应链服务，业务小站如自媒体观测站/电视淘宝/淘宝海外等）。

生意参谋标准包免费订购使用，其中数据作战室、市场行情、流量纵横、竞争情报需付费订购。

针对店铺的具体数据指标包含三类：流量类：被浏览商品数、店铺首页访客数、访客数、老访客数、访客数较前一天变化量、老访客数占比、浏览量、浏览量较前一天变化量、跳失率、人均浏览量（访问深度）、人均停留时长、商品详情页访客数/浏览量等、店铺/商品收藏数；交易类：客单价、老买家数、老买家数占比、人均支付商品件数、人均支付子订单数、商品详情页支付转化率、下单金额、下单商品件数、下单转化率、新买家数、支付金额、支付买家数、支付商品件数、支付商品数、支付转化率等；服务类：DSR 综合低评分买家数、服务态度动态评分、描述相符动态评分、物流服务动态评分、售中申请退款金额、售中申请退款买家数、已发货父订单数。

看懂这些数据能帮助我们准确找到店铺问题所在，制定正确的运营策略。

小贴士

　　每一项数据指标的具体含义请到"生意参谋-自助取数"中查看。生意参谋网址为 sycm.taobao.com，用卖家账号登录。

3. 流量是怎么来的

每个淘宝店铺的页面包含：首页、宝贝详情页、分类页、搜索页、自定义页面、活动页等，只要是属于自己店铺的页面被点击就会产生流量。

数据能被统计到且为买家真实点击称为真实流量。做推广就是要最大程度获取买家真实访问数量。

有些软件，利用技术手段模拟访问，虽有数据但不是买家真实访问所得，要善于区分，此类无效流量再多也没用。

14.3 数据分析的重要性

1. 什么是数据分析

理论上说，数据分析是指用适当的统计方法对收集来的大量第一手和第二手资料进行分析，以求最大化地开发数据资料的功能，发挥数据的作用。数据分析是为了提取有用信息和形成结论而对数据加以详细研究和概括总结的过程。

2. 数据分析软件、工具

官方提供的数据产品大致可分为两种：呈现店铺数据的生意参谋平台和呈现地区行业数据的阿里指数。

生意参谋平台（sycm.taobao.com）：是阿里巴巴集团重点打造的首个商家统一数据平台，面向全体商家提供一站式、个性化、可定制的商务决策体验。集成了"量子恒道"的海量数据及生意参谋的店铺经营思路，不仅整合了"量子恒道"大部分功能还新增了自助取数、单品分析、商品温度计、实时直播大屏等新功能，让你在清新愉悦的视觉中享受大数据赋予你的价值！用开店卖家账号登录，基础标准包的功能免费使用。

阿里指数（alizs.taobao.com）：是阿里巴巴出品的基于大数据研究的社会化数据展示平台，媒体、市场研究员以及其他希望了解阿里巴巴大数据的人可以从这里获取以阿里电商数据为核心的分析报告及相关地区与市场信息。基于阿里大数据，阿里指数面向媒体、机构和社会大众提供地域和行业角度指数化的数据分析、数字新闻说明、社会热点专题发现，作为市场及行业研究的参考、社会热点的了解。阿里指数分为区域指数、行业指数、数字新闻、专题观察等模块。目前一期模块区域指数、行业指数已上线。

3. 要分析哪些内容

数据分析应该日常化、制度化，定期总结，查找不足之处，及时纠正完善，生意参谋为店铺开放的六类经营分析数据建议认真关注：

流量分析包含：跳失率、人均浏览量、平均停留时长、访客数、浏览量、访客行为、访客特征、电脑/无线流量来源、访客店内路径、流量去向、访客分析、装修分析等；这些数据可以帮助我们分析店铺装修设计时购物路径引导是否到位、关联营销是否恰当、宝贝详情介绍是否有吸引力、收藏/关注/加购物车等留客入口设置是否合理等，这都是分析店铺内功修炼是否到位的关键数据指标。

商品分析包含：加购件数、收藏次数、日均跳出率、商品销售排行、全店异常商品数、流量下跌商品、支付转化率低商品、高跳出率商品、支付下跌商品、零支付商品、低库存商品等。这些指标能帮助我们了解商品竞争力、受买家欢迎程度、详情优化存在的问题等，为活动报名、直通车选款提供数据参考依据。

交易分析包含：访客数、下单买家数、支付买家数、交易构成等。这些指标能帮助我们了解店内客单价、引流能力、老买家活力等情况，便于进一步修订商品价格、扩大活动促销力度、制定新的引流策略等。

服务质量分析：近 30 天的维权总览、退款商品、退款原因分析、近 180 天评价总览、描述相符/卖家服务/物流服务评分趋势、近 30 天负面评价商品、正面/负面评价内容分析、单品服务分析等。描述相符代表买家对商品质量的认可程度，偏低，说明短期内要及时控制产品质量；服务态度是店铺客服服务水平的体现，偏低，要赶紧培训客服了；物流服务是快递派送的直接结果，偏低，当掌柜的你得考虑是否更换更高效的快递公司了。只有商品质量过硬、用户群精准、把商品卖给对的人、服务标准，售后问题才能得到根本缓解。

物流分析包含：支付订单数、发货包裹数、揽收包裹数、派送包裹数、签收成功包裹数、物流差评率、物流详情完整度、拒签率、签收成功率、支付后超 72 小时揽收包裹数、揽签超 7 日签收成功包裹数、派签超 2 日签收成功包裹数、虚假签收投诉包裹数等。通过这些数据我们能了解快递公司的服务水平和买家对快递公司的评价，从而帮助我们在选择合作快递公司时做出正确决策。

营销推广分析包含：创意单品营销、多品营销、全店优惠、爱上聚划算等，自己用了哪些营销工具，创建了哪些营销活动，效果怎样；同行用了哪些营销工具。借鉴同行做法，提升自身营销活动策划能力。

除了上述六类经营分析数据，生意参谋平台中还有非常多更进一步、更深入的数据指标，多看、看懂、找准需求点有助卖家提升店铺数据运营能力。

当然，做店铺不能只了解自己，还要了解整个行业大盘、了解同行，当店铺发展到一定阶段，没有数据指导，好比"盲人摸象"，因此一些付费的数据分析功能如生意参谋市场行情、竞争分析等也可以订购使用。

14.4 学会流量布局 迅速扩大网店知名度

流量、优质流量关乎店铺存活。不管是小店掌柜还是大店运营专员，都应该学会多渠道流量布局！

经常有学员来问六点木木："网店新开，适合哪种引流方式呢？""我用了这种方法引流，为什么效果不明显呢？""有没有什么引流方法是一劳永逸的呢？"

只能说不同商品、不同店铺的变数太大，哪怕是同一种方法用在不同店铺或者用在同一店铺的不同阶段，都会产生不同的效果。没有哪一种引流方法可以做到一劳永逸。

建议大家多渠道引流，既然不知道哪种方法最适合自己，那么多尝试几种，在不断执行的过程中总结经验，不断的完善改进。执行力非常重要，同一种方法，执行力不同，效果也不同。请记住：方法对你有没有用，是做出来的，不是想出来也不是说出来的。

图14-1是四类引流渠道及具体方法，下文第15章至第18章会深入介绍。

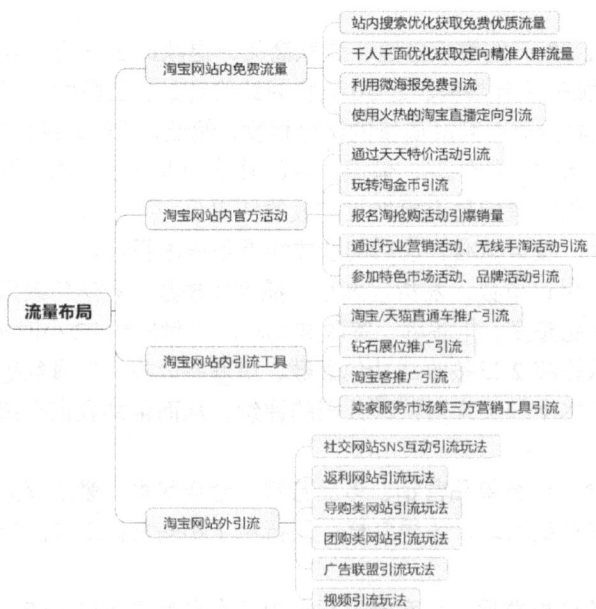

图14-1 四类引流渠道及具体方法

第 15 章

淘宝网站内免费流量获取技巧

15.1 站内搜索优化获取免费优质流量

淘宝 SEO 即淘宝搜索引擎优化，是通过优化店铺宝贝标题、类目、上下架时间等获取较好的排名，从而获取淘宝搜索流量的一种技术。

广义的淘宝 SEO 是指除淘宝搜索引擎优化以外，还包括一淘搜索优化、类目优化、淘宝活动优化等，我们也把它叫作淘宝站内免费流量开发，即是最大限度地吸取淘宝站内的免费流量，从而销售宝贝的一种技巧。

1. 为什么要做搜索优化

淘宝网那么多店铺，那么多商品，酒香也怕巷子深，以搜索"连衣裙"为例，搜索结果有 90.55 万件商品，但每页仅展示 48 件商品，最多 100 页，也就是说每一次搜索请求提交后，最多展示 4800 件商品，其余全被过滤掉了。可见竞争特别大。

从淘宝自然搜索来的流量被公认是最优质、转化率最高的流量。比如买家搜索"手机保护套"，证明他想买，正巧你卖这个商品且排在前面容易被找到，买家几番对比后，觉得你的商品比别家有优势，成交几率就比别家的高。做搜索优化就是力争排序靠前，增加曝光几率，尽量吸引点击促成转化。

在所有引流手段中，搜索优化投入的人力、物力、财力相对较少，更容易见效且对新开店卖家来说，只要深刻理解如何去优化，起跑线差不多。建议中小卖家，在多数情况下，应当以自然推广流量为主，不仅成本较低，风险也更低，而利润则可以循序渐进，逐渐把你的网店做强做大，为长远的发展奠定坚实的经验、团队和资金的基础。如果想大干一场，每天有几千甚至几万的流量，建议推广模式为自然流量+回头客+付费流量。

2. 搜索优化方向

淘宝站内所有能利用的资源通过合理规划和管理都能带来流量，这里重点说下搜索优化的方向。一是当买家用淘宝站内宝贝搜索时，让宝贝在搜索结果中尽量排序靠前的优化即宝贝优化、类目优化；二是当买家用淘宝站内店铺搜索时，让自己店铺在搜索结果中尽量排序靠前的优化即店铺优化。

3. 影响搜索排序的因素

要达到搜索结果宝贝排序靠前的目的，必须搞清楚淘宝搜索的本质。

淘宝是一个平台，卖家们在平台上创建店铺、发布销售商品，买家来选购，因此淘宝官方要平衡这三者的关系，搜索面对的是三个对象：第一个是买家，也是最重要的一个，用户体验一定要做到最好，如果其他的原则跟用户体验相违背，那其他的原则都会被排斥；第二个是淘宝卖家，搜索是很多卖家流量的来源，特别是一些中小卖家，中小卖家在收费流量上投入的资金没那么强，所以更依赖免费流量，而免费流量最大的是淘宝搜索自然流量，所以搜索的任何一个改变都可能影响整个卖家的生态圈，影响卖家的一些生意。第三个对象是淘宝平台本身。

搜索的目的：是希望让买家能找到并且更快地找到其需求的商品或服务。只有找到的是需要的，才会产生购买，所以那些符合这个原则的宝贝，一定会有更多的流量，就是搜索会给其更多的流量。

搞清楚本质，再来看影响搜索排序的因素，如果能把每一个影响因素都往有利于用户查找、搜索喜欢的宝贝方向调整，宝贝排序靠前就会更轻松。

- 宝贝优化、类目优化

满足"消保优先、相关性、橱窗推荐"三大条件，会被优先展示。

消保优先：指加入消费者保障服务且冻结消保保证金，个别类目加入延伸服务如：15天退换、假一赔三、退运费险、破损补寄等。不冻结消保保证金，搜索结果没你的份儿。如何冻结消保保证金前文讲过，不再赘述。

橱窗推荐：被橱窗推荐的宝贝优先展示。如何优化橱窗推荐本书前文细讲过，不再赘述。

相关性：指类目属性（前台类目、后台类目）相关、宝贝标题相关（规范性、可读性）、搜索关键词（买家意图）三方面，标题优化、发布宝贝各参数优化，前文也细讲过，不再赘述。

影响"综合排序"因素包含：轮播因素即上下架时间、店铺权重（作弊程度、违规扣分程度、退款率、纠纷退款率、投诉率、拍发时间差、店铺 DSR 评分、旺旺在线与否、旺旺响应时间、转化率、回头客、支付宝使用率、好评率、卖家信用、橱窗推荐）、宝贝权重（7 天/30 天付款人数、交易成功笔数、收藏量、浏览量、有效评价数、标题、价格、宝贝主图、类目属性等）。上下架优化、橱窗推荐优化、宝贝标题优化在前文中都讲过，不再赘述。其他影响因素都好理解，只要在日常店铺运作过程中把细节做到位，让每一个参数保持良好状态不难。

影响"人气排序"因素包含：7 天/30 天付款人数、旺旺在线、交易成功笔数、收藏量、浏览量、有效评价数、回头客。

影响"销量排序"因素包含：默认销量从高到低，7 天/30 天付款人数、交易成功笔数、回头客。

影响"价格排序"因素包含：关键是价格因素、旺旺在线。

淘宝改版之后，宝贝搜索结果排序对店铺信誉高低弱化，新店只要其他因素优化得当也能获得靠前显示，不必太在意自己某阶段的信誉高低，店铺搜索信誉是影响因素之一。

影响"类目属性"排序因素包含：类目正确、属性完整、标题描述与属性一致、宝贝发货地址。

能为搜索排序加分的打标包含：淘金币、新品、正品保证、海外商品、支持货到付款、支持信用卡支付、公益宝贝。

只要注重上述细节优化，你的商品就能从竞品中脱颖而出。

● 店铺优化

淘宝站内店铺搜索结果中影响排序因素包含店铺名称、店标、店铺简介、类目属性、DSR评分、收藏、上新、促销、销量、人气、信用、所在地、特色店铺等，如图 15-1 所示。店铺信息设置入口：卖家中心→店铺管理→店铺基本设置。

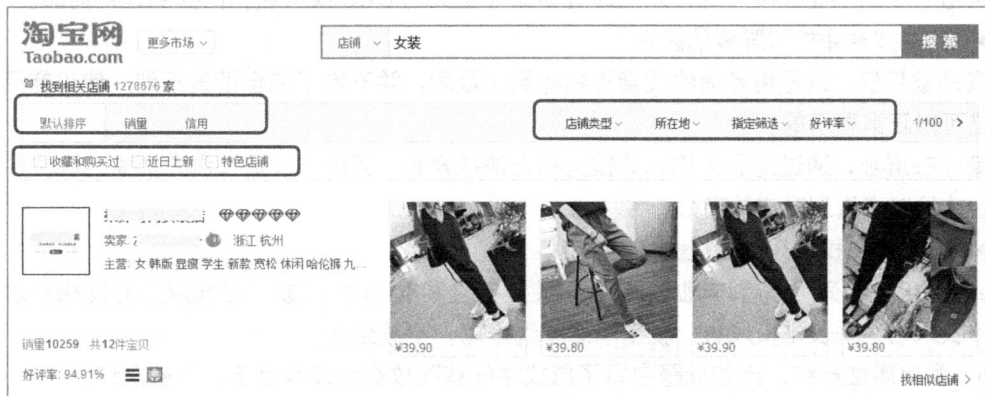

图 15-1　淘宝店铺搜索结果

4. 必看的淘宝搜索规则

有些卖家研究搜索规则时，钻空子走所谓的捷径，比如刷销量、刷信誉、刷收藏等，结果被屏蔽、降权、封店，得不偿失。淘宝能发展到今天，其技术高科技含量不容小觑，所以不要作弊。

什么是作弊？一切以欺骗消费者来获取利益的行为，都可称为作弊。

无论是堆砌关键词、虚假邮费、广告商品、故意错放类目等，还是恶意炒作销量、炒作信用、超低价格欺骗用户等，都属于作弊。

如何衡量正常优化还是作弊？其原则就是看是否欺骗消费者。例如：热门词"春季新款"，如果卖家的宝贝确实是刚发布的新款，在标题上增加"春季新款"，属于正常优化；但如果这个商品去年春季就上架在卖，为了获取更多展现机会，在标题上增加"春季新款"，这就是欺骗消费者，这就属于作弊。

- 商品降权和屏蔽的定义

搜索问题概述：淘宝搜索排序的目的是帮助消费者找到最满意的商品。店铺经营情况、商品价格与信息等可能会对搜索结果产生影响。淘宝反对通过各种不正当手段对搜索结果进行影响的行为，并将给予严厉打击。淘宝有权对卖家的违规行为和作假情况进行统计，并根据卖家的相关记录调整其商品在搜索结果中的排名。淘宝有权根据多变的业务情况，采取灵活的解决方案，对排序规则与搜索结果进行持续调整与改善。

搜索处理分降权和屏蔽两种方式：

降权：商品能够被搜索到，但在搜索结果中的排名靠后，具体体现在：

a．综合排序和所有宝贝排序：商品排名靠后；

b．价格、信用和销量排序，商品默认被隐藏。

屏蔽：商品不能被搜索到，只能通过商品详情页的 URL 或者店铺内找到这件商品。

- 商品搜索降权和屏蔽的区别

商品被降权，只是将商品的搜索排名降到了最后，并不等于完全搜索不到。使用商品全称搜索是可以正常显示的。

商品被屏蔽，通过商品全称和关键词都无法搜索到，买家只能通过浏览卖家店铺内的全部宝贝，才可以查看到对应的商品。

- 商品被降权的几种违规类型及案例

a．乱用关键词（品牌堆砌/标题滥用/关键词堆砌），比如标题"名典屋三彩艾格秋水伊人江南布衣风格春季长排扣风衣"就属于品牌词堆砌，不被允许；

b．类目属性放错，比如标题中写了男式牛仔裤而放在女装类目下，不被允许；

c．虚假交易、炒作信用和销量交易，比如一个账号违反常规一次购买某件商品几千件，造成热卖假象，不被允许；

d．重复铺货，比如店内一模一样的商品反复发布好几次，多个链接内容一样，不被允许；

e．商品价格和邮费严重不符，比如商品一件的价格 28 元，未超重默认初始邮费却 120 元，这种情况有故意降低一口价扰乱市场、恶性竞争的嫌疑，不被允许；

f．超低价广告商品，比如一口价 0.01 元还包邮的商品，描述中却说各种理由拍下不发货，这种情况属于典型广告商品，不被允许。

● 商品降权与屏蔽的处理方式及对应规则

a. 降权对应的处理方式和规则：

搜索算法识别（由系统识别商品违规情况，并做出降权处理）；

搜索人工处理（由人工核查商品违规情况，并做出降权处理）；

CTU 和运营规则（将运营部门提供的数据录入系统，由 CTU 自动监控，并作出降权处理）。

b. 屏蔽对应的处理方式和规则：

搜索算法识别（由系统识别商品违规情况，并做出屏蔽处理）；

搜索人工处理（由人工核查商品违规情况，并作出屏蔽处理）；

CTU 和运营规则（将运营部门提供的数据录入系统，由 CTU 自动监控，并作出屏蔽处理）；

全网保障项目（根据客服提供的数据，人工将会员的商品作屏蔽处理）。

c. 滞销商品（系统默认这部分商品被降权）。

指的是 3 个月没有成交记录且未被编辑过的商品，会员编辑后再上架，商品会被系统暂时释放不做降权。当到期下架时仍没有成交，那么会员就必须再次操作编辑，否则上架后，商品仍会因为滞销而被降权。

● 违禁信息和滥发信息

违禁信息是指会员发布以下国家法律法规禁止发布的商品或信息的行为；滥发信息，是指用户未按本规则及淘宝发布的其他管理内容（包括但不限于规则、规范、类目管理标准、行业标准等）要求发布商品或信息，妨害买家权益的行为。这二者都是违反淘宝规则的，坚决禁止，希望店铺在经营过程中不要触犯。

淘宝规则频道首页为 rule.taobao.com，建议在开店过程中多抽时间看看。

15.2　千人千面优化获取定向精准人群流量

1. 什么是千人千面

"定向推广"较早前是淘宝/天猫直通车里面的推广计划之一，官方给的定义是：利用淘宝庞大的数据库，通过创新的多维度人群定向技术，锁定目标客户，将卖家推广的宝贝展现在目标客户浏览的网页上。

其展现原理是：通过用户的行为，构建用户模型，将用户兴趣和需要映射到类目，将类目宝贝主动推荐给用户，实现精准营销（用户行为包括用户的长期行为和近期行为，包括浏览情况、搜索情况、收藏情况、购买情况等）。

随着买家群体需求的精细化，以及对网购宝贝品质要求的提升，官方把这项技术逐渐应用到全网层面，力求让每一个流量和访问得到最大化利用。

例如：用淘宝会员登录后，搜索"防晒衣女"并浏览相关宝贝，淘宝会记录你的浏览轨迹并贴上"防晒衣"的标签，当再次打开淘宝首页时，你会发现 PC 端和无线端很多位置都变成了与你上次搜索"防晒衣"相关的内容。以此类推，当你在淘宝网搜索的关键词越多、浏览的宝贝越多，你被打上的标签也就越多，自动推荐给你的商品就越来越符合你的购买需求。这就是千人千面！

对消费者来说，这叫千人千面人群标签，每一个真实买家最近关注什么、收藏了什么、购物车里添加了什么、购买过什么、购买偏好是什么，都会被记录并打上标签。

对卖家来说，店内的每一个宝贝也会被打上标签，以符合千人千面的买家需求而被精准推荐。

2. 卖家如何优化宝贝的千人千面标签呢

技巧一：目标用户群分析。分析自己所售商品对应买家群体的年龄、地域、职业、客单价、下单支付时间段、搜索词偏好、购买价格偏好、购买频次属性、购买品牌偏好等，从而合理上下架、合理定价、合理设置促销优惠手段。

技巧二：宝贝标题关键词优化。分析我们的目标用户群都在搜索哪些关键词，与自己所售商品相关的关键词是哪些，从而优化宝贝标题关键词。

技巧三：类目属性精确优化。分析目标用户群搜索的与我们宝贝相关的关键词所对应的类目是什么，从而合理优化宝贝所在类目。每一个宝贝的属性都要精准填写。

技巧四：科学定价。每一个宝贝都有其定位，如低端、中端、高端、轻奢等，不同定位注定其定价不同，千人千面下的人群价格标签是非常重要的部分，符合人群价格标签的才会被优先推荐展示，因此你的宝贝卖多少钱要深思熟虑。

技巧五：最大程度引导买家关注店铺、收藏店铺/宝贝、加购物车。

小贴士

人群画像分析、搜索词分析可以订购生意参谋–市场行情或其他数据分析工具。

15.3 利用微海报免费引流

"微海报"是由淘宝旺铺官方出品的，解决卖家在淘宝网以外进行无线引流难问题所推出的 H5 海报工具。卖家使用该工具生成微海报后，可在微博、微信朋友圈、QQ 空间、豆瓣等直接分享和传播该海报，点击微海报后可直达你的店铺、商品、活动，实现真正的无线引流不花钱，并且能对引流数据进行监控。

启动浏览器，用淘宝卖家账号登录卖家中心，依次单击"店铺管理-店铺装修-微海报"进入微海报首页，或者直接在浏览器地址栏输入微海报网址 **weihaibao.taobao.com** 并打开，如图 15-2 所示，卖家可以从"模板市场"中挑选任意模板修改成自己的内容，也可以单击"创建空白海报"。

图 15-2 微海报首页

以模板使用为例，介绍微海报创建步骤。

第一步：选中一个模板，将鼠标光标移至其上方，单击"立即使用"按钮，如图 15-3 所示。

图 15-3 使用免费微海报模板

第二步：填写微海报信息，如图 15-4 所示，从上往下依次单击修改封面推广图片、标题、文案、图片、展示商品等，全部修改完成后单击"确定创建"按钮。如果对当前模板有更进一步的修改需求，单击"去设计器编辑海报"超链接，完成编辑后单击右上角的"发布"按钮。

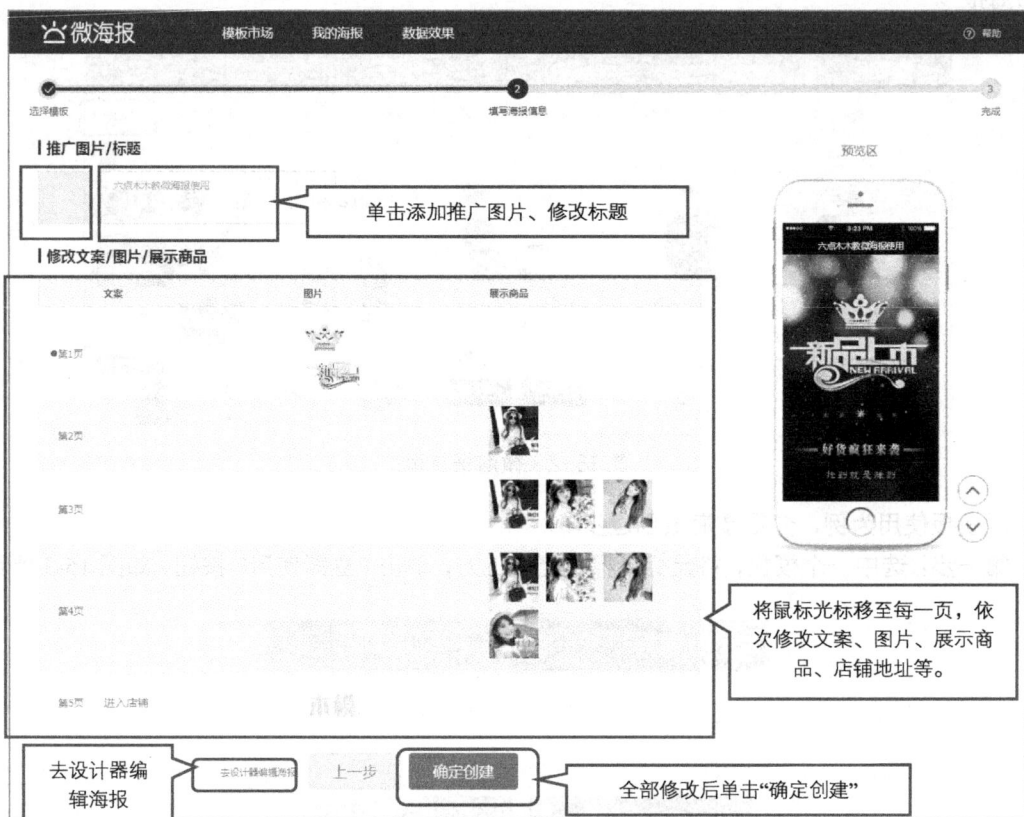

图 15-4　填写微海报信息

第三步：确定创建或发布后，跳转至分享界面，如图 15-5 所示，左侧是预览界面，右侧是二维码及分享入口。

图 15-5　分享传播创建好的微海报

15.4　利用火热的淘宝直播定向引流

淘宝直播（taobaolive.taobao.com）是阿里推出的直播平台，定位于"消费类直播"，用户可以"边看边买"。淘宝直播在淘宝电脑端首页和无线端首页都有固定秀出，人气非常旺。

卖家可以通过入驻阿里 V 任务，与达人进行直播合作，推广商品。具体步骤如下：

第一步：用卖家账号开通淘宝达人。启动浏览器输入淘宝达人网址 daren.taobao.com，用卖家账号登录，如图 15-6 所示，账号通过全部校验后单击"下一步"按钮，填写账号信息单击"确认开通"按钮，成功开通后跳转至淘宝达人后台界面。

第二步：在淘宝达人后台左侧导航列表中单击"阿里 V 任务"或者浏览器地址栏输入网址 da.taobao.com，如图 15-7 所示，单击我是商家下方的"申请开通"按钮（请注意，V 任务平台有商家和达人两种角色，一旦选择其中一个角色，不能更改）。

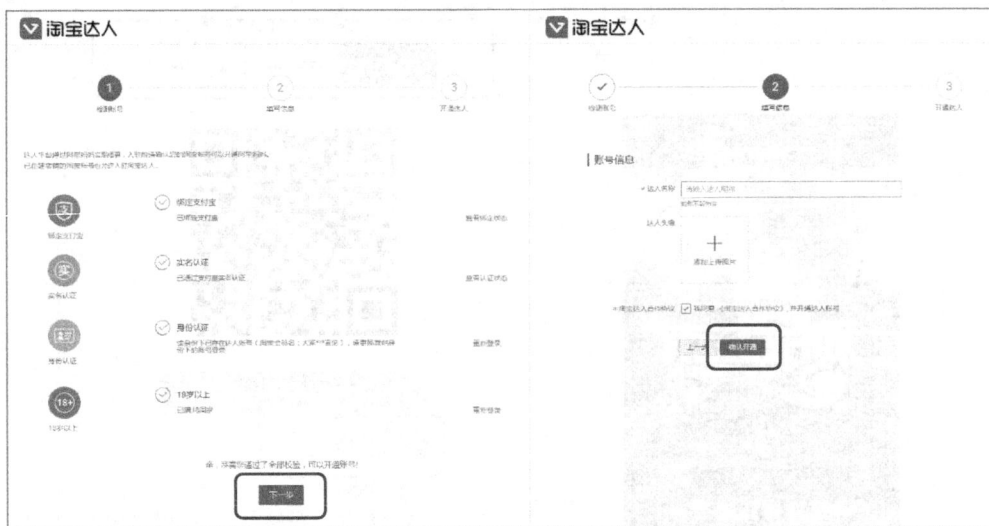

图 15-6　开通淘宝达人步骤

图 15-7　选择"我是商家"入驻阿里 V 任务

第三步：在"阿里 V 任务"招商广场中报名达人直播，如图 15-8 所示。

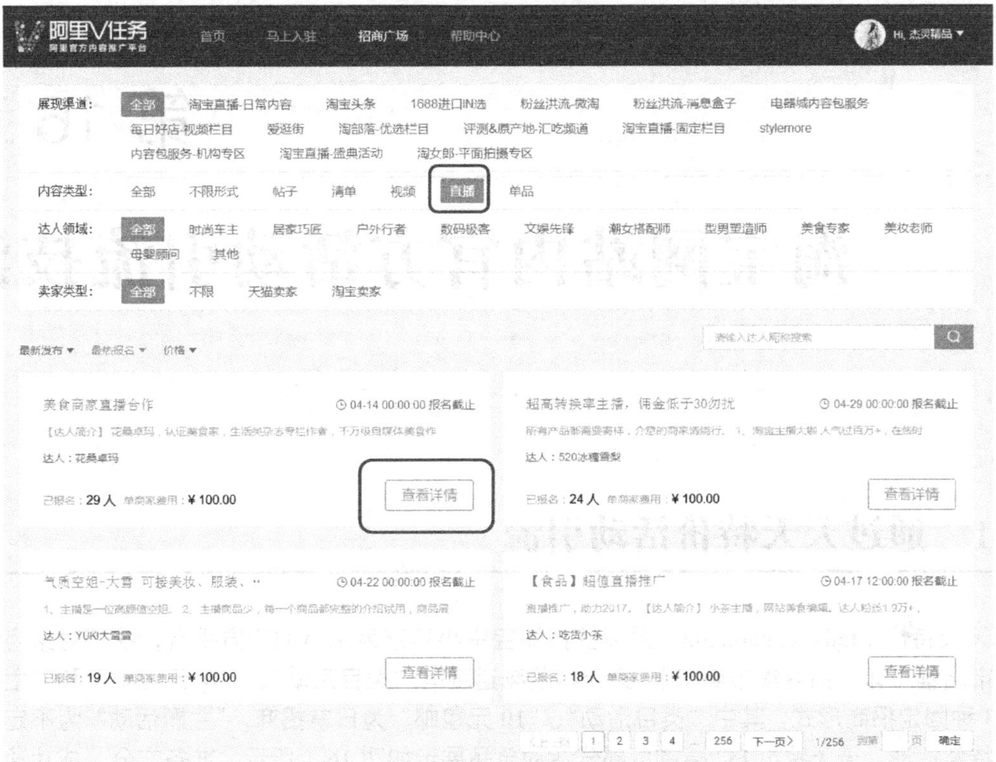

图 15-8　筛选适合自己的直播 单击查看详情报名

第 16 章

淘宝网站内官方活动引流技法

16.1   通过天天特价活动引流

天天特价（tejia.taobao.com）是以扶持淘宝中小卖家为宗旨的官方平台，扶持对象为淘宝网集市店铺（即只招商集市商家）。天天特价频道现有"类目活动"、"10 元包邮"和"主题活动" 3 种固定招商形式，其中"类目活动"、"10 元包邮"为日常招商，"主题活动"为不定期开设的特色活动。天天特价 PC 端首页部分活动单品展示如图 16-1 所示，准备充分、成功通过活动报名，单次销售几百件甚至上千件商品是比较容易和轻松的事情。

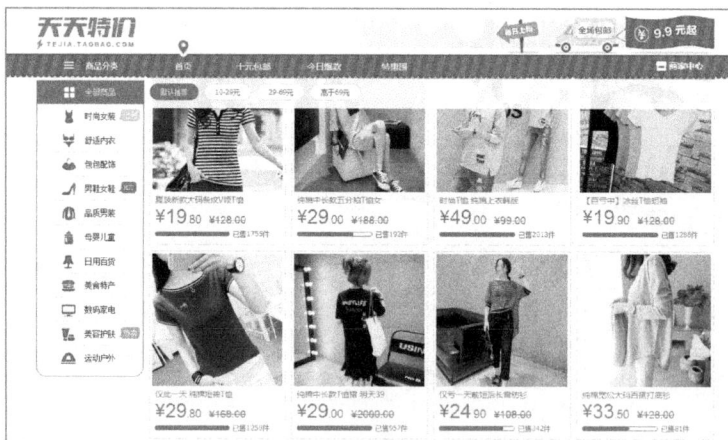

图 16.1   天天特价电脑端首页部分活动单品展示

报名入口：天天特价首页 tejia.taobao.com 右上角"商家中心"。

【疲劳期】日常活动店铺疲劳期为 30 天 5 次，如 1 月 1 日参加天天特价日常活动，在 1 月 31 号之前还可以再参加 4 次天天特价日常活动。

1. 天天特价报名流程

商家选择报名类型和日期　→　填写报名信息等待审核　→　一审　→　二审　→　活动进行中　→　交易　→　发货售后。如果一审或二审不通过，根据不通过的原因提示，修改达标后重新报名。

2. 如何快速通过天天特价活动报名

1. 报名的宝贝和店铺要符合天天特价平台招商的基本规则。

2. 天天特价的核心价值是为买家提供物美价廉的商品，疯狂促销、应季精品、服务保障是平台更欢迎的宝贝类型，建议报名前分析店铺近期热卖宝贝、淘宝近期热搜的关键词和宝贝，分析下你打算报名的宝贝是否受欢迎。

3. 了解以往报名商品的价格定位，提供一个有竞争优势的价格去报名。提高原价再打折或者报名折扣价格跟店铺内促销价格一样，绝对上不了活动！宝贝和价格不成正比、全网比价无优势、曾有极低价销售纪录、原价虚高、评价记录中有负面信息的都不容易通过审核。

4. 优化报名宝贝详情页面。精美的图片、清晰的宝贝描述不仅容易通过审核，还能大大提高转化率。

5. 符合规范的高品质主图容易通过审核。图片尺寸：480×480px；文件格式：JPG；文件大小：不超过 1MB；图片背景：白底，纯色，浅色背景图或者场景图均可；图片清晰，主题明确且美观，不拉伸变形、不拼接，无水印、无 LOGO、无文字信息；商品图片应主题突出，易于识别，不会产生歧义，构图完整，饱满。

6. 报名宝贝涉及品牌，应诚信提供一切能证明货品来源的文件，如授权书、进货凭证等。

7. 填写宝贝名称的时候，系统要求 13 个以内的汉字，这 13 个汉字将宝贝信息直接体现。标题关键字尽量精简明确，且能够体现该宝贝属性。例如报名一款女士 T 恤，标题可命名为：修身纯棉透气 T 恤或圆领可爱舒适短袖 。

8. 活动准备：清点库存（活动期间不能修改库存）、清理其他活动（若使用第三方打折软件，建议取消或保证打折软件价格高于活动价）、确保只有一个价格（取消区间价）、足额缴纳保证金且商品是上架状态（通过审核后，商品被锁定不能下架，保证金可用余额≥1000 元）、运费模板设置卖家承担运费（全国包邮）、宝贝标题最前面添加活动专属字样（【天天特价】）。

9. 最新天天特价手淘入口素材图规范：尺寸要求 800×800px、1:1、大小<1MB；格式要求 JPG、JPEG、PNG；底色要求白底图；图片要求仅商品本身、无人像、无 LOGO、无文字等其他元素；商品要求正面、清晰完整、有质感、无任何投影；一张图内宝贝数最多不超过 3 个；不允许图片拼接；不允许有图片水印；商品四周均留 80px 距离。

3. 报名天天特价活动常见疑问

问题 1：好不容易一审通过，如何提高二审通过可能性？

答：一审通过后，意味着有 90%以上可能性最终能成功参加活动，建议真实库存务必高于活动报名库存；虽然二审后开放了真实库存编辑，但二审通过后改库存会导致活动页面显示的"已出售**件"数量异常，因此不建议二审后再去改库存。活动审核实时监测，DSR 评分三项指标分别不得低于 4.7，若报名单品不再满足要求则无法通过审核。比如：一审的时候满足要求审核通过，二审的时候评分下降，则被清退。

问题 2：天天特价活动期间打折软件一定要失效吗？

答：可以使用打折软件，但折扣价不得低于报名天天特价活动的价格，如果活动排期后以低于活动价售卖，会被取消活动参与资格 90 天。

问题 3：天天特价有哪些信息在什么阶段就无法编辑了？如何降低限制编辑的影响？

答：报名页面提交的信息（库存除外）如宝贝链接、宝贝名称、活动价、活动商品图、白底图、联系人、联系电话、邮箱提交后均无法再修改。

活动商品标题、主图、库存、SKU 增加/减少/删除、更换运费模板二审通过后无法修改。宝贝详情页始终可编辑。

通常主图和标题无法修改容易有描述不符、违背承诺的风险，建议将相关情况在商品详情页尽可能描述清楚，以降低影响。

问题 4：活动单品价格本来就低，如新疆、西藏、内蒙古等偏远地区也必须包邮吗？

答：是的。运费模板中务必要设置"卖家承担邮费"即全国包邮。

16.2 玩转淘金币引流

1. 什么是淘金币，卖家如何开通淘金币营销工具

淘金币是淘宝网为全网用户提供的积分，可以当"钱"用，100 淘金币抵 1 元人民币。持有淘金币的淘宝网会员还可以用它兑换电子书/线上课程/航旅优惠券、抽支付宝红包等。

淘金币营销工具为全网集市（天猫暂时只支持天猫国际）卖家通用，不限类目（虚拟类，二手闲置类除外），不限心钻冠，免费开通。淘金币营销有两大玩法：卖家店内玩法和官方活动玩法。卖家们除了可以利用该工具提升顾客回店率、重复购买率、买家忠诚度等，还可以报名参加官方淘金币活动，获得更多流量扶持和搜索加权。

第一次使用，免费开通淘金币营销工具入口：启动浏览器，用卖家账号登录淘宝网，依次单击"卖家中心 - 营销中心 - 金币换流量 - 立即申请淘金币账户"，按页面提示完成开通即可。

在淘宝网成功开店的会员同时具备买家和卖家双重身份，淘金币余额数量也分买家版和卖家版。用会员账号登录淘金币首页 taojinbi.taobao.com，页面左上角看到的是买家金币余额；在"卖家中心 - 营销中心 - 金币换流量"看到的是卖家金币余额，如图 16-2 所示。

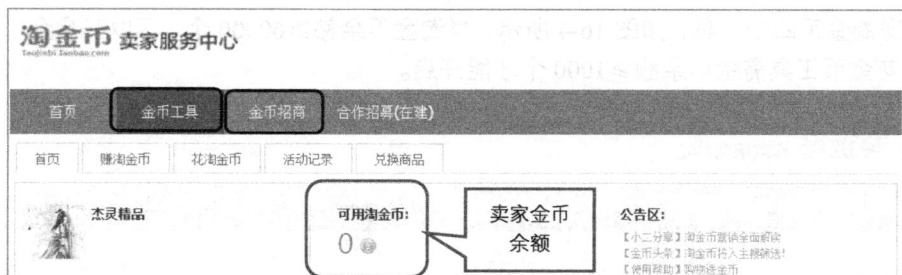

图 16-2　淘金币营销后台

2. 淘金币营销之卖家店内玩法

卖家店内玩法的核心是先赚后花。运作流程：先赚淘金币，买家在你店内购物时用一部分淘金币抵钱，比如 58 元人民币+2000 淘金币，交易完成后"可用淘金币"变成 1400（买家抵扣金币的 70%到卖家淘金币账户，30%回收到淘金币平台）；然后再把这些淘金币花出去，吸引更多新买家或已经在店内购买过的老买家免费领取，接着用一些优惠/促销/上新活动等吸引有比较多淘金币的买家再回来多次购买，如此循环。

单击"金币工具-赚淘金币"，可以看到列表中有四个工具，分别是淘金币抵钱、优惠券赚金币、充红包得淘金币、淘金币店铺兑换，如图 16-3 所示，单击"立即运行活动"按钮，根据页面提示可完成对应工具设置。如果希望提升赚金币速度，可同时开启多个。

图 16-3　赚淘金币工具

单击"金币工具-花淘金币"，列表中有金币换流量、收藏店铺送淘金币、店铺签到送淘金币、评价送淘金币四个工具，如图 16-4 所示，当淘金币余额≥60000 个，可以开启金币换流量；其他三个花金币工具需金币余额≥1000 个才能开启。

图 16-4　花淘金币工具

小贴士

　　卖家店内淘金币核心玩法"先赚后花"一般不会变，但具体的赚金币工具、花金币工具可能会随淘宝平台的发展而变化、更新或升级；请以淘金币营销后台实时显示内容为准。

3. 淘金币官方活动报名玩法

　　淘金币官方活动需提前报名排期，目前分日常活动、主题活动两类。单击"卖家中心 - 营销中心 - 金币换流量 — 金币招商"，活动报名界面如图 16-5 所示，左侧日历中灰色日期表示已失效无法报名，黑色日期表示可以报名。

　　报名步骤：第一步，单击选中希望参加活动的日期，比如 24 号；第二步，在日常活动或主题活动中选择适合自己店内商品的活动类型，单击"立即报名"按钮，根据页面提示严格按活动要求填写相关信息提交，等待审核（请以报名时网页显示的实时信息为准，图 16-5 仅供参考）。

图 16-5　淘金币官方活动报名界面

小贴士

淘金币官方活动全部都有门槛，新开店的卖家很多活动暂时无法参加，建议先来报名入口了解活动的各种要求，后续达标了再报名。已经有一定积累的卖家，建议根据自己店内促销节奏和淘金币官方活动节奏恰当排期参加报名。

4. 淘金币官方活动中、后期细节优化

参加官方活动选品技巧：建议选择当前流行的应季款、有热销潜力的、评价好的、利润大的、转化高的、货源稳定不容易断货的、尺码标准的、常规基本款的、颜色好卖的宝贝。

活动定价技巧：平台对活动价格的核心要求是金币/加钱购抵扣后价格小于或等于近30天最低拍下价，不高于其他营销平台。卖家报名的活动价=进货成本+推广成本+利润，如果报名活动前，单品利润低，报名时活动价可以接近或稍低于日常销售价；反之，可以报一个规则内的超值诱惑价。

对于大型官方活动，流量都非常大，建议成功报名后对团队进行细致分工：要求美工专员把活动单品的详情页、店铺首页、活动承接页等位置按要求放置淘金币Banner；活动开始前对客服人员开动员大会、对活动商品突击培训、要求设置千牛快捷短语/自动回复（如快递、发货、颜色、尺码），检查准备好电脑硬件、电源、网络等；要求仓库专员对产品进行清点、提前质检、预先包装、准备打印耗材等；要求运营专员多渠道流量布点、做好老客户营销。

每一次活动售前、售中、售后都是一整套流程，售后有两项重要指标：店铺动态评分 + 好评率。建议活动结束后客服必须做好订单物流跟踪，及时发现并标注异常件，买家咨询及时回复，积极解决；做好退换货的处理，避免纠纷，维护店铺动态评分；及时关注中差评，第一时间与买家沟通，妥善处理，维护店铺好评率。

活动结束后美工必须及时更换过时材料，避免争议；及时修改促销折扣工具，避免争议或亏损；配合运营或策划部门重新装修店铺或优化详情。

活动结束后仓库人员必须做好退换货签收，及时汇总反馈给客服，以便及时退款换货；换货的件，要及时发出。

活动结束后运营专员必须盘点活动成果，如目标完成情况、存在哪些问题、做得好的细节；做好买家数据汇总分析、活动单品成败分析；做好活动排期、进入下一轮活动。

16.3 报名淘抢购活动引爆销量

1. 淘抢购业务介绍及招商规则

淘抢购（qiang.taobao.com）是淘宝官方无线端最具特色的限时限量闪购平台，其电脑和无线端首页界面如图16-6所示；对买家来说，平台的宝贝限时限量，都是精挑细选的优质好货，能大大降低决策成本；对卖家来说，是优质理想的流量渠道，可以快速规模化地获取新用户，锻炼店铺自身无线实战运营能力。

　　淘抢购单品类型分为今日必抢、抢洋货、抢大牌、普通单坑，无线端展示的"急速抢"由系统自动抓取参加过聚合抢购的单品；品牌抢购是同店多款商品以"团"的形式展示，单团商品数要求 80 款以内，最少不低于 30 款。

　　淘抢购招商规则详见：https://tqgfreeway.ju.taobao.com/tqg/rule.htm。

　　淘抢购活动流程：商家报名（当日可参与报名 8~13 天后的淘抢购活动）→ 小二审核（日常情况在活动开始前 3 天会完成审核，其他活动商品最晚在活动前 1 天完成审核。可在淘抢购商家中心的"报名管理"中查看到商品的审核状态。审核不通过的，会显示不通过的原因）→ 商家缴费（淘抢购单品类活动会收取技术服务费）→ 发布活动单品（系统会在活动前三天进行商品发布，需要收费的业务只有缴费后商品才能发布。如在发布后缴费，商家还需进行手动发布）→ 活动预热（单品类活动如日常单品活动/今日必抢/抢洋货/抢大牌等预热开始时间为活动前一天的 20 点开始预热；品牌抢购从活动前 1 天的 0 点开始预热）→ 活动上线（目前单品类活动全天共 18 个场次：分别为 0 点场、7~23 点共 17 个整点场，活动售卖时间为 24 小时）。

　　淘抢购收费规范：https://tqgfreeway.ju.taobao.com/rule/detail.htm?id=4339。

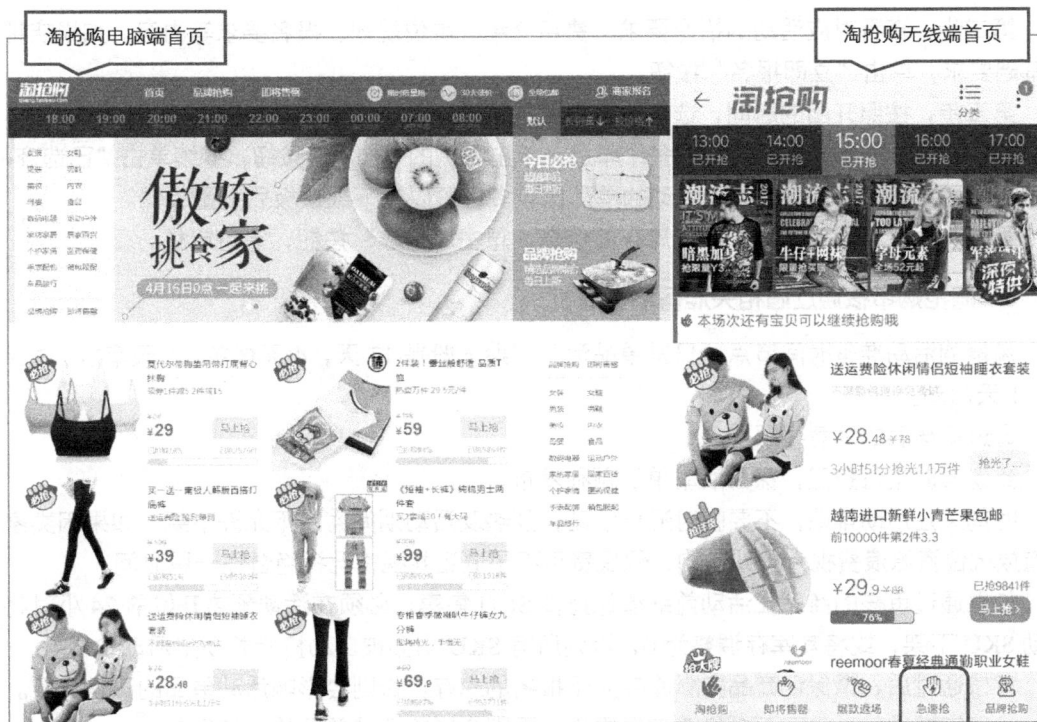

图 16-6　淘抢购电脑端和无线端界面

2. 淘抢购报名流程

单品类报名流程：

第一步，启动浏览器输入淘抢购网址 qiang.taobao.com，用卖家账号登录并单击右上角"商家报名 – 我要报名"按钮进入淘抢购商家后台。

第二步，找到希望报名的活动链接，单击"查看详情"。

第三步，查看对应活动的招商要求、费用介绍、坑位规划、报名要求等内容。

第四步，如果店铺资质符合基础要求，单击"立即报名"按钮，选择报名商品。如果不符合基础要求，无法报名。

第五步，检查商品是否符合要求，选择店内希望报名的商品。如果商品不符合坑位要求，不能选择，单击"查看原因"可看到不符合要求的具体原因。

第六步，按页面提示，仔细填写报名信息。提交等待审核。

品牌抢购报名流程：

第一步，与单品类一样，进入淘抢购商家后台，找到希望报名的品牌抢购活动链接，单击"查看详情"。

第二步，查看对应活动的招商要求、费用介绍、坑位规划、报名要求等内容。如果店铺符合基础要求，单击"立即报名"按钮。

第三步，按照开团的时间，选择希望报名的坑位，单击"选择"按钮。

第四步，选择希望参加活动的多个单品，单击右侧的"加入"按钮；继续单击"已选商品"标签，填写详细信息。如果参加活动的单品比较多，可以在下载模板后批量编辑。

第五步，完善团购价格、线上库存等信息，单击"提交"按钮，等待审核。

3. 淘抢购审核通过后相关准备事宜解析

淘抢购活动准备时间节点：日常单品活动周期一般是 13 天，4 天报名、5 天审核、3 天准备、1 天活动。

通过审核后的注意事项：

建议及时支付费用，保证活动单品顺利发布。

时刻关注活动排期，不要临时退出活动，预热及活动期间商品不允许下架，如果因卖家问题造成坑位资源浪费视为排期违约，保底费用不予退还并视情况拒绝合作一段时间。

如果通过审核的商品在活动前继续保持多 SKU 售卖，必须在活动预热开始前 24 小时将非活动 SKU 下架，或将其库存调整为 0，否则所有 SKU 均会被自动打标并锁定活动价格。

审核通过后，请保证商品实际库存大于报名的库存，否则会影响活动单品的正常发布。

一旦审核通过，千万不要修改宝贝原价，否则会影响活动单品的正常发布。

审核通过后等待发布状态的宝贝，活动价格只能改低，库存、标题、活动主图、是否返场等参数不允许修改（若修改规范发生变化，以官方最新消息为准）。

免单及返现两种形式的各类玩法，如前**名返现、晒图返、好评返等已被禁止使用，建议使用淘抢购官方推出的单品优惠券、整店抢优惠、聚人气红包等营销工具。

请务必注意：在活动标题、利益点、活动单品各级页面及对外推广中禁止出现任何新广告法中禁用的极限词语，并禁止使用如"月瘦 XX 斤"、"年轻 XX 岁"等绝对功效或夸大宣传用语。

16.4　通过行业营销活动、无线手淘活动引流

行业营销活动是指淘宝官方根据不同行业特点，不定期举行的类目活动。这类活动与淘抢购、天天特价、淘金币官方活动不同，没有太强的逻辑性；活动形式也不固定，需卖家随时关注。活动报名入口：淘营销 yingxiao.taobao.com。

报名步骤：第一步，启动浏览器，输入淘营销网址并打开，用卖家账号登录，单击"行业营销活动"，如图 16-7 所示。

第二步，单击自己店铺所在行业，比如"男装"，在列表中筛选适合的活动，查看活动详情，单击"立即报名"按钮。

第三步，按活动要求填写相关信息，提交等待审核。

行业营销活动的核心是以"类目"为单位的，你卖什么就关注对应行业活动，一般不允许跨类目报名。

运作流程：先搞清楚行业有哪些活动，这些活动展示在淘宝网 PC 端或无线端哪些位置，类目小二对活动预期是什么；再分析自己店铺，看哪些单品适合参加对应的活动，通过参加这些活动希望达到什么目的（比如增加销量、增加新用户、增加收藏加购人数等）；接着调用店内各方面资源准备活动报名事宜；最后活动成功与否都要总结经验、查找不足，以备下次再战。

小贴士

1. 行业营销活动形式不固定、时间不固定，希望通过该渠道引流的卖家，建议做好中长期规划并长期关注自己行业的活动。2. 最好通过活动介绍页找到类目旺旺群并加入，一般类目群由对应类目的淘宝小二管理，消息通知更及时。

无线手淘活动报名入口也在淘营销（yingxiao.taobao.com）里面，如图 16-8 所示，报名流程与行业活动类似。

无线手淘活动相对较少，也是不定期更新变化，建议多关注，适合自己店内商品的活动及

时报名。

图 16-7　淘宝官方营销活动中心-行业营销活动报名入口

图 16-8　淘宝官方营销活动中心-无线手淘活动报名入口

16.5　参加特色市场活动、品牌活动引流

淘宝特色市场如中国质造、质+市场、极有家、特色中国、农村淘宝、潮电街等，品牌活动如小微快采、全民抢拍、淘特莱斯、腔调、聚划算、全球购等都是官方运营的，具有优质的流量资源，虽然特色市场活动与品牌活动有相交之处，但每一次具体活动的主线都非常清晰，每一个平台官方对用户群的定位也都非常精准；它们的活动报名入口在淘营销后台都能找到，

如图 16-9 所示。

本章前几节重点介绍了天天特价、淘金币、淘抢购的活动玩法，其实淘宝平台内的所有活动玩法都大同小异，从刚开的新店到皇冠店、金冠店甚至天猫店，各个阶段都有适合的活动，关键点在于卖家自己：对平台活动有没有清晰的认识，对"活动引流"这种渠道有没有短、中、长期的规划，有没有把"活动"放在店铺运营的重要位置。很多卖家总在抱怨没流量，用心看懂本章活动玩法本质的卖家已经偷偷在家数钱了！

任何一场活动从初期准备到最后结束都是一个完整的运营过程，考验卖家对选品、库存、店内装修优化、详情优化、推广策划促销、客服接待、售后物流、发货等各个环节的把控能力。方法、技巧摆在眼前，不要光看，去执行，只要成功参加一场活动，"官方活动引流"这种渠道的玩法你一定会迅速掌握！

已经有卖家只潜心研究这一类引流玩法而成为人生赢家！一场成功的活动下来销售额少则几万元，多则几十万上百万甚至上千万元，平台上活生生的例子多不胜数。

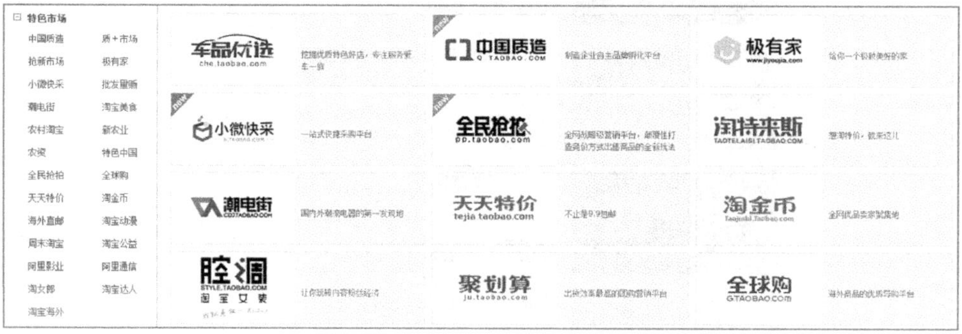

图 16-9　淘宝特色市场活动、品牌活动

第 17 章

淘宝网站内使用工具引流

17.1　淘宝/天猫直通车推广引流

1.　淘宝/天猫直通车简介

直通车是一种搜索推广工具，它通过买家搜索的关键词自动匹配宝贝，时刻为你精确定位适合的买家人群，让你的宝贝最精准地展现给想买的人看。淘宝网拥有超过上亿个买家浏览的热门展位，参加直通车推广可以让你的宝贝出现在手机淘宝/淘宝网搜索页的显眼位置，以优先的排序获得买家关注，给你带来大量的精准流量！此外，直通车还提供了多种形式的营销产品，如店铺推广、定向推广等辅助卖家获得最大程度的买家关注。

直通车展位上的展现是完全免费的，只有当买家点击了你的宝贝，才需支付费用，系统智能过滤无效点击；简单理解直通车推广是按点击付费的营销工具；卖家可以自由控制推广预算、自由出价。

买家是如何通过直通车找上门的？

买家寻找宝贝的步骤：第一步，买家在淘宝搜索关键词，如"连衣裙"；第二步，直通车展位上显示与买家搜索关键词相关的卖家推广宝贝（卖家宝贝展现免费）；第三步，买家点击推广宝贝进入宝贝详情页（点击扣费）；如图 17-1 所示。

2.　直通车开通及使用流程

直通车使用流程：开通并激活直通车账户 → 充值 → 新建推广计划 → 选择推广宝贝 → 添加创意 → 添加关键词 → 设置出价。

直通车账户开通步骤：启动浏览器，打开淘宝网（www.taobao.com）首页，用卖家账号登录并进入卖家中心，单击左侧"营销中心 - 我要推广"，找到淘宝/天猫直通车图标并单击"即刻提升"按钮进入直通车后台，首次进入需要同意《淘宝直通车软件服务协议》，请认真阅读并单击"我已阅读并同意以上协议"按钮完成开通。

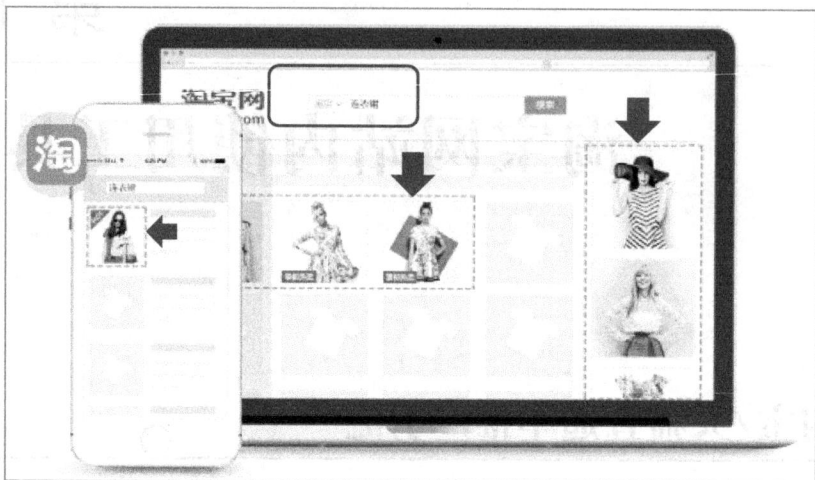

图 17-1　淘宝直通车部分展位

激活账户：直通车后台界面如图 17-2 所示，单击"我要充值"按钮，充值 500 元激活账户（首次充值最低 500 元，续充最低 200 元）。

直通车推广新宝贝的步骤：第一步，单击"新建推广计划"按钮创建计划。后台已经创建了一个"默认推广计划"，卖家可以直接编辑修改；第二步，以"默认推广计划"为例，将鼠标光标移至该计划上方，单击右侧"编辑"按钮，新界面中依次"新建宝贝推广"、"修改默认出价"、"设置日限额"、"设置投放平台"、"设置投放时间"、"设置投放地域"；第三步，单击"参与推广"按钮完成宝贝推广。

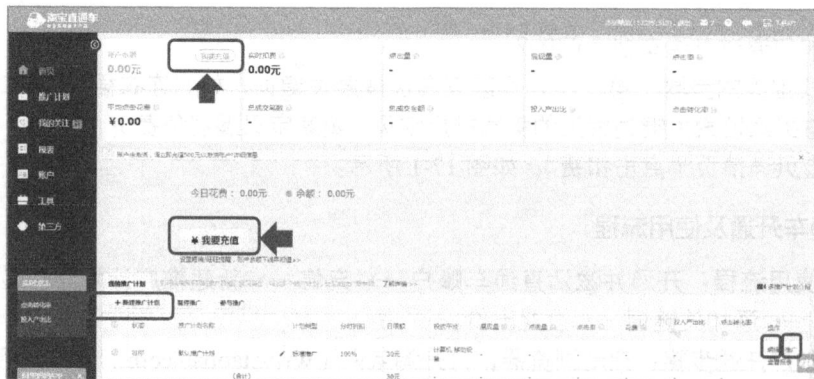

图 17-2　淘宝直通车后台界面

3. 优化直通车推广效果

虽然直通车按点击付费，展现免费，但光有展现没有点击，对宝贝的销量帮助不大。因此使用直通车推广应该尽量提升点击率。

直通车推广要素主要包含宝贝的创意主图、推广标题及关键词。创意主图和推广标题不是卖家中心发布宝贝时添加的宝贝图片和宝贝标题，需单独制作。创意主图尺寸 800×800px，可添加两条不同的推广标题，每条标题不超过 20 个汉字（40 个字符）。

买家通过宝贝搜索关键词例如"四件套"，搜索结果页提示"掌柜热卖"的都是直通车展位，可以看到对应宝贝的推广信息如创意图片、推广标题、宝贝售价、宝贝成交笔数、重要属性等，如图 17-3 所示。卖家应该重点优化直通车创意主图，让图片更具吸引力促进买家点击。

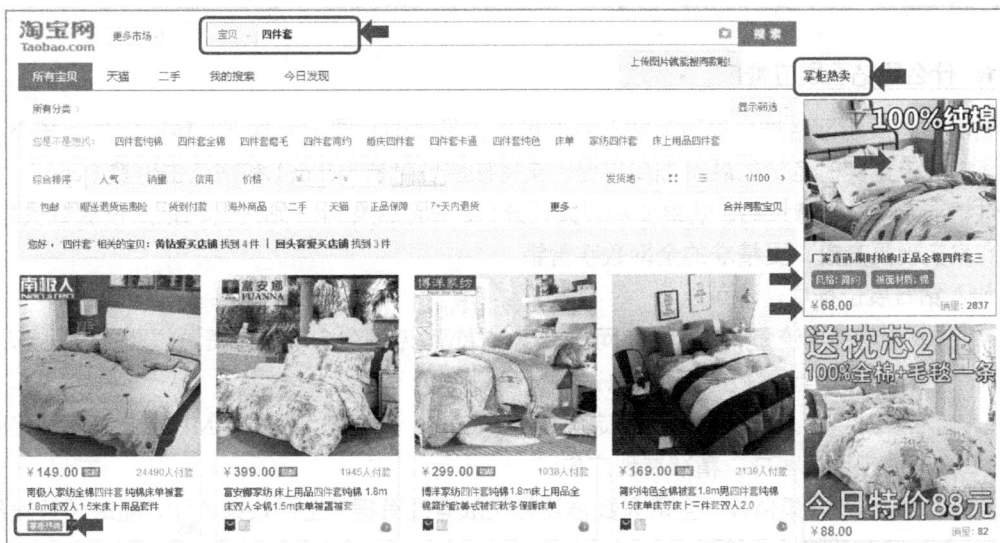

图 17-3　淘宝首页通过宝贝搜索关键词，部分直通车展示位呈现的推广信息

另外，卖家还应该优化每一个推广宝贝的关键词，提升关键词的质量得分，优化出价，优化投放时间/地域/平台等，力争最大化提升投入产出比。

提醒： 淘宝/天猫直通车优化技巧及常见使用问题解答详见附录 D。

4. 直通车相关规则及注意事项

使用淘宝/天猫直通车服务，需严格遵守《淘宝/天猫直通车服务使用规范》《淘宝/天猫直通车店铺推广服务使用规范》，推广店铺、推广商品需符合相关资质，禁止推广不在准入类目的商品。否则可能被扣分、终止服务，甚至永久清退。

提醒：《淘宝/天猫直通车服务使用规范》详见附录D。

《淘宝/天猫直通车店铺推广服务使用规范》详见附录D。

直通车商品推广类目准入明细详见附录D。

直通车化妆品、保健品以及食品行业高频违规点详见附录D。

淘宝/天猫直通车官方公告详见附录D。

17.2 钻石展位推广引流

1. 什么是钻石展位推广

钻石展位展示网络推广简称为钻石展位推广，是以图片展示为基础、精准定向为核心、面向全网精准流量实时竞价的展示推广平台；支持按展现付费（cpm）和按点击付费（cpc）。为商家提供精准定向、创意策略、效果监测、数据分析、诊断优化等一站式全网推广投放解决方案，帮助商家实现更高效、更精准的全网数字营销。

加入钻石展位推广，你可以：

- 获取全网精准流量，包括淘宝网首页/天猫首页/无线淘宝等站内资源位和各大视频/门户/社区网站等全网优质流量资源；

- 精准定向目标人群，通过群体定向、访客定向、兴趣点定向和DMP定向等多种定向方式，圈定目标客户，精准展现广告；

- 数据分析、效果监控：全网大数据让你投放有理有据，全面效果监测，随时了解投放效果，及时调整投放策略；

- 达成营销目标，不管是需要在短时间内为店铺制定营销活动和带来销量引流，还是面向目标客户积累多次品牌印象，提升品牌价值，都可以通过钻展丰富的展现形式实现。

2. 钻展的展示位主要在哪里

其主要展示在淘宝首页、天猫首页，淘宝天猫各个频道大尺寸展位、淘宝无线App端、淘宝站外如新浪微博、腾讯、优酷等各大优势媒体，钻展重点资源位如图17-4所示。卖家可以在钻展后台"资源位"中查看，分19个行业，其中"网上购物"为淘宝站内的资源位，其他为全网资源。

创意图片尺寸的单位统一为"像素（px）"（资源位可能会调整，请以钻展后台实时显示为准）。

标签	资源位名称	创意尺寸	创意类型
站外优质资源位	站外_PC_优酷视频网_播放页首屏画中画	300x250	图片、Flash、创意模板
	站外_PC_新浪微博_首页右侧推荐	186x275	图片
	站外_视频_PC_暂停页_youku视频网_视频播放页	400x300	图片、Flash、创意模板
	站外_PC_凤凰网_资讯内页图文01	300x250	图片、Flash、创意模板
	站外_PC_新浪微博_首页底部通栏	950x90	图片
	站外_视频_PC_暂停页_优酷视频网_视频播放页	640x480	图片、Flash
	站外_视频_PC_暂停页_腾讯QQlive_视频播放页	400x300	图片、Flash、创意模板
	站外_PC_优酷视频网_放页通发画中画	300x250	图片、Flash、创意模板
	站外_PC_PPTV_客户端播放页右下画中画	300x250	图片、Flash、创意模板
	站外_PC_GDN接入虚拟网站流量	300x250	图片、Flash、创意模板
	站外_视频_PC_暂停页_PPstream_视频播放页	425x320	图片、Flash、创意模板
	站外_PC_PPstream_客户端右侧画中画	300x250	图片、Flash、创意模板
	站外_PC_嘻嘻哈哈网_内容页右侧1屏banner1	300x250	图片、Flash、创意模板
	站外_PC_网易_图集右下画中画	300x250	图片、Flash、创意模板
	站外_PC_凤凰网_内容页右侧画中画04	300x250	图片、Flash、创意模板
	站外_PC_新浪网_爱问内容统发页画中画	300x250	图片、Flash、创意模板
	站外_PC_土豆网_视频播放页首屏画中画	300x250	图片、Flash、创意模板
	站外_视频_PC_后贴片_腾讯QQlive_视频播放页框内	0x1	视频、创意模板
	站外_PC_上叽歪_叽歪笑话右侧banner1	300x250	图片、Flash、创意模板
	站外_PC_中华网_新增内页浮窗	300x250	图片、Flash、创意模板
站内优质资源位	站内_PC_淘宝首页_焦点图2、3、4	520x280	图片
	站内_PC_淘宝首页_焦点图右侧banner二	170x200	图片
	站内_PC_淘宝首页_3屏小图2	190x90	图片
	站内_PC_淘宝首页_3屏小图	190x90	图片
	站内_PC_淘宝首页_3屏通栏	728x90	图片
	站内_PC_淘宝首页_2屏右侧大图	300x250	图片
	站内_PC_淘宝首页_通栏1	880x70	图片
	站内_PC_淘金币首页_通栏轮播、2	990x95	图片
	站内_PC_阿里旺旺_弹窗焦点图2、3	168x175	图片
无线资源位	站内_无线_app_天猫首页_焦点图2	640x210	图片
	站内_无线_触摸版_爱淘宝_焦点图2	640x200	图片
	站内_无线_app_淘宝首页_焦点图2、3	640x200	图片

图 17-4　钻石展位重点资源位

3. 钻展的展现逻辑是什么

按照出价高低顺序展现（非盲目出价前提下价高者得之）。系统将各时间段的出价，按照竞价高低进行排名，出价高者优先展现，出价最高的预算消耗完后，轮到下一位，以此类推，直到该小时流量全部消耗，排在后面的无法展现。

你能获得的总流量=总预算／CPM（千次展现价格）×1000，例如总预算 800 元，每千次展示出价 7 元，获得的总流量（PV）是 114285.7。在同样的预算下，千次展现单价越高，获得的流量反而越少，因此建议在保证出价能展现的基础上，合理竞价。

4. 钻展的扣费原理

钻石展位支持按展现收费（CPM）和按点击收费（CPC）两种模式：

第一种，按展现收费（CPM），好处是精准化圈定目标消费人群，按每千次展现收费，点击不收费；按竞价高低进行排名，价高者优先展现。比如你出价 6 元，那么你的广告被人看 1000 次收取 6 元。钻展系统会自动统计展现次数，并在钻展后台报表中给予反馈，不满 1000 次的展现系统自动折算收费；实际扣费=按照下一名 CPM 结算价格+0.1。

第二种，按点击收费（CPC），好处是成本可控，展现免费，点击收费；点击付费投放模式下将"点击出价 CPC"折算成"CPM"。折算后的 CPM 出价与其他商家进行竞争，价格高的优先展示。竞价成功后，按照下一名 CPM 结算价格+0.1 元作为实际扣费的 CPM 价格。公式：CPM（千次展现价格）=CPC(点击出价)×CTR(系统预估值)×1000(推算出 CPC=CPM/1000/CTR)。CPC 是商家自己在后台的设置出价；CTR 是一个系统预估值，受多种因素影响，主要影响因素是资源位、定向、创意；这三个因素钻展系统会参考商家历史投放数据；若是新商家从未投放过钻展，系统则会参考此类目同一级别相关店铺的数据得出。

第二种方式计算相对复杂一些，举个例子：商家 A 设置的"点击出价"是 0.6 元，系统预估值是 8%；那么参与竞价的千次展现价格 CPM=CPC×CTR×1000=0.6×8%×1000=48 元。

也就是说用点击付费模式设置的出价是 0.6 元，而实际是以 CPM=48 元参与竞价，最后根据 CPM 出价高低进行展现排序。假设下一名的结算价格为 29.9 元，商家 A 投放后实际扣费的 CPM 价格为 29.9+0.1=30 元；而不是 48 元。

5. 开通钻展推广需满足哪些条件

为了规范钻石展位广告服务的使用，参加钻石展位的用户必须遵守《钻石展位广告服务使用规范》，若店铺未达到钻展报名条件，无法申请使用。淘宝网卖家、天猫卖家使用钻展的基础要求如图 17-5 所示。

此外，还须确保所提供的行业资质、广告信息资质等相关资质文件（包括涉及第三方的相关资质如商标注册证、商标授权书等）真实、合法、有效。

开通钻石展位步骤：启动浏览器，打开淘宝网（www.taobao.com）首页，用卖家账号登录并进入卖家中心，单击左侧"营销中心 – 我要推广"，找到钻石展位图标并单击"立即登顶"按钮进入钻展首页，单击"加入我们"按钮开通。

提醒：钻石展位广告服务使用规范详见附录 D。

钻石展位常见使用问题答疑详见附录 D。

除非您与阿里妈妈另有书面约定，如您要成为广告服务用户，需符合相应的条件，包括但不限于：

用户类型	主体资质		
淘宝网卖家	1）店铺主营类目在支持投放的主营类目范围内；		
	2）商家店铺信用等级一钻及以上；		
	3）店铺每项DSR在4.4及以上（特殊类目无DSR要求或者可相应放宽，由阿里妈妈根据特殊类目的具体情况另行确定）；		
	4）店铺如因违反《淘宝规则》中相关规定而被处罚扣分的，还需符合以下条件：		

违规类型	当前累计扣分分值	距离最近一次处罚扣分的时间
出售假冒商品	6分及以上	满365天
严重违规行为（出售假冒商品除外）	大于等于6分，小于12分	满30天
	12分	满90天
	大于12分，小于48分	满365天
虚假交易（严重违规虚假交易除外）	大于等于48分	满365天

5）未因违规被终止过钻石展位服务；

6）在使用阿里妈妈其他营销产品或淘宝服务时未因违规而被暂停或终止服务（阿里妈妈其他营销产品包括淘宝直通车、天猫直通车和淘宝客等业务，下同）。

天猫卖家和飞猪商家

1）店铺主营类目在支持投放的主营类目范围内；

2）店铺每项DSR在4.4及以上（特殊类目无DSR要求或者可相应放宽，由阿里妈妈根据特殊类目的具体情况另行确定）；

3）店铺如因违反《天猫规则》、《飞猪规则》中相关规定而被处罚扣分的，还需符合以下条件：

违规类型	当前累计扣分分值	距离最近一次处罚扣分的时间
出售假冒商品	6分及以上	满365天
严重违规行为（出售假冒商品除外）	大于等于6分，小于12分	满30天
	12分	满90天
	大于12分，小于48分	满365天
虚假交易（严重违规虚假交易除外）	大于等于48分	满90天

4）未因违规被终止过钻石展位服务；

5）在使用阿里妈妈其他营销产品或天猫服务时未因违规被暂停或终止服务。

图 17-5 使用钻展服务，商家店铺需满足的基础要求

17.3 淘宝客推广引流

1. 淘宝客推广是什么

淘宝客推广是阿里妈妈淘宝联盟中按成交计费的推广模式，没有交易完成或交易产生退款都不扣费。在这个模式中涉及4类角色：阿里妈妈淘宝联盟平台、卖家、帮卖家推广商品获取佣金的人也称为淘宝客、买家，它们之间的关系如图17-6所示。

例如：卖家张三在阿里妈妈淘宝联盟开通了淘宝客推广，为 CPS 计划管理中的"通用计划"设置10%的佣金，并添加了售价为168元的推广宝贝A；淘宝客李四来到阿里妈妈淘宝联盟获取了卖家张三宝贝A的推广链接放在他的微博里，买家老王在淘宝客李四的微博看到宝贝A，觉得不错，实际付款168元成功购买；淘宝联盟平台从卖家张三的支付宝中自动划扣实际成交价168元的10%即16.8元，支付给淘宝客李四。至此，整个交易闭环中四个角色的分工完成。

从这个例子可以看出，阿里妈妈淘宝联盟平台是中间方，通过技术来保障卖家与淘宝客之间的利益关系，并且为卖家推广商品、提升销量拓展了更多的流量渠道。

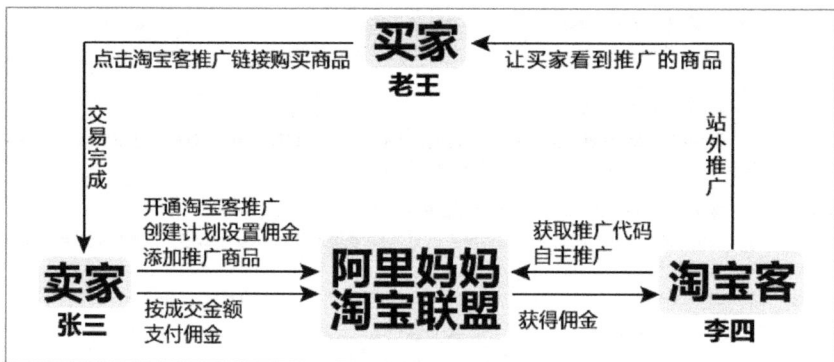

图 17-6 淘宝客推广涉及四类角色的关系图

2. 卖家如何开通淘宝客推广

开通淘宝客推广步骤：第一步，启动浏览器，打开淘宝网（www.taobao.com）首页，用卖家账号登录并进入卖家中心，单击左侧"营销中心 – 我要推广"，找到淘宝客图标并单击"开始拓展"按钮；或者在浏览器地址栏直接输入淘宝客推广网址 ad.alimama.com 并打开。

第二步，账户信息补全，阅读《阿里妈妈服务协议》《淘宝客推广软件产品使用许可协议》，单击"同意协议并注册"按钮。

第三步，开通"支付宝账户付款"服务，输入支付宝帐户、支付密码、校验码，单击"同意协议并提交"按钮，完成开通。

> 提醒：淘宝客推广卖家准入条件及软件产品服务使用规范详见附录 D。
>
> 淘宝客推广特殊类目准入明细详见附录 D。
>
> 淘宝客推广不得推广类目明细详见附录 D。

3. 淘宝客推广流程与注意事项

成功开通淘宝客推广后，卖家后台首页如图 17-7 所示。"推广管理–CPS 计划管理–推广计划"列表中有四个计划，分别是通用计划、活动计划、如意投计划、定向计划，以"通用计划"为例，推广流程如下：

第一步，将鼠标光标移至"通用计划"上方并单击，弹出"类目佣金设置"对话框，根据页面提示设置佣金比例并单击"确定"按钮。

第二步，单击"新增主推商品"按钮，弹出"选择主推商品"对话框，单击选择要推广的主推商品，设置宝贝推广佣金比例，单击"完成添加"按钮。至此，推广设置完成，淘宝联盟会自动展示你的推广计划。其他三个计划设置步骤类似。

在一个推广计划里，可以设置主推商品佣金与类目佣金一致，也可以单独设置主推商品佣金高于类目佣金。例如：通用计划类目佣金设置为 10%，添加主推商品时，每一个主推商品佣金都是 10%或者单独设置在 10%~50%之间。

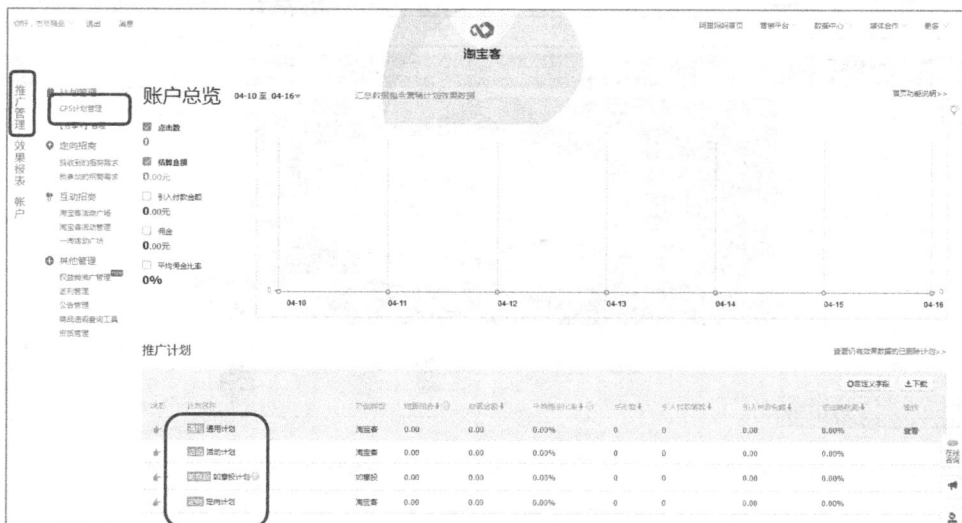

图 17-7　淘宝客推广卖家后台首页

注意事项：

a. 如果修改佣金比例、重新设置主推宝贝，第二天才能生效。

b. 卖家加入淘宝客后默认全店参加推广，买家通过淘宝联盟的推广链接进入卖家店铺，15 天之内购买该店铺任何一款商品，交易成功都可获得佣金，如果单品佣金高于默认类目佣金，按单品佣金结算。

c. 目前通用计划下商品最高设置 50%以下的佣金比例，如果需要设置更高的佣金比例，请新建定向推广计划，定向计划最高可以设置 70%的佣金比例。

17.4 卖家服务市场第三方营销工具引流

服务市场（fuwu.taobao.com）是阿里巴巴旗下商家服务平台，其中的工具、服务涵盖店铺装修、店铺管理/营销推广、大数据应用、企业服务、客服外包/代运营/商业咨询等方面，卖家们可以在这里发布需求、订购服务、使用服务，如图 17-8 所示。

服务市场里有很多适用于电脑端、无线端的引流工具或服务，卖家们可以通过页面左上角的"服务类目"检索，也可以在顶部搜索框中搜索"引流"相关关键词；有免费的，也有付费的，按需选用。

图 17-8 服务市场挑选引流工具或服务

第 18 章

淘宝网站外引流技法

18.1 社交网站 SNS 互动引流玩法

SNS，全称 Social Networking Serivces，即社会性网络服务，专旨帮助人们建立社会性网络的互联网应用服务。目前国内多数 SNS 网站用 Social NetworkSite（社交网站）来表述更加贴切。

SNS 更强调人与人之间的互动，熟人与熟人之间、陌生人与陌生人之间可以因为相同话题、爱好、学习经历、旅游地点、行为习惯等聚集在一起，与网店传统的网页图文推广方式相比，不仅多了人情味儿还拉近了买家与卖家之间的距离，更多了一分信任。

1. SNS 互动引流玩法的核心要素

提及 SNS，很多人第一反应的是微信、微博，当然这仅是很小一部分，因为微信、微博用户群庞大，在网民中的普识度更高，对于网店运营者来说，还需对它有更深入的认识。笔者认为 SNS 互动引流玩法至少应该包含三方面的核心要素：

第一方面，平台。对于绝大多数中小卖家、中小电商企业来说，没有资金、技术去研发创建平台，借力使力是不错的选择。目前国内外有非常多知名平台，可以借助他们的影响力圈定一批属于自己的用户群。

这些平台分为综合社区类（如百度贴吧、天涯社区、猫扑大杂烩、豆瓣、淘宝论坛、强国论坛、中华网论坛等）、社交网站类（如人人网、开心网、新浪微博、腾讯微博、QQ 空间、知乎、Facebook、Twitter、堆糖网、果壳网等）、社交应用类（如微信、陌陌、派派、探探、芥末校园等）、推荐引擎类（如今日头条）、博客类（如新浪博客、网易博客、搜狐博客、腾讯博客、凤凰博客、教育人博客、和讯博客等）、地方社区论坛类（如 19 楼、望京网论坛、麻辣社区、东湖社区等）。

不同平台有不同的定位，用户群也不同，区分、筛选，找出适合自己的平台。

第二方面，用户。 淘宝网有不同的行业类目，卖家的店铺也应该有清晰的定位，你卖的商品不可能所有人都喜欢，也不可能适合所有人，精确的定位能帮助我们找到最合适的目标消费群，无需多费口舌，卖给对的人。

比如你想把梳子卖给和尚，而和尚没有头发不需要梳子，你就得找其他理由让他买，这个"找其他理由"的过程卖家是非常痛苦的，费时费力结果不一定好；如果你的梳子直接卖给长头发的女生，甚至再精确一些，卖给长卷发的女生，此时只需把用这个梳子梳卷发的好处罗列出来，长卷发的女生很容易就买了。

所以，你找出来的 SNS 平台的用户属性应该与你商品的用户属性基本一致。

第三方面，内容。 现在是内容为王的时代！优质的、符合平台定位的内容大家都喜欢，好的内容会被各大知名平台争相转发，自动传播。

做 SNS 运营，应该思考如何与用户建立关系？如何长久维持已建立的关系？你所产生的内容应该是为这些关系服务的。大家可以拿出手机，打开"手机淘宝"，看看淘宝头条的内容运营，找找感觉。

2. SNS 互动引流玩法的具体执行步骤

第一步： 分析你自己店铺的定位，分析目标人群画像如年龄、爱好、职业、地区分布、购买力、购买客单价、购买行为（如下单支付时段、购买价格偏好、购买频次、购买品牌偏好等）。

第二步： 筛选 SNS 平台并用表格罗列出来。筛选因素包含平台定位、允许发布的内容形式（如文章、图片、视频、问答）、平台上已经在做且做得好的是什么内容、注册平台账号需要哪些材料、平台禁忌有哪些等。

第三步： 思考并制定运营计划。以微信为例：是注册个人微信号还是注册微信公众号？微信号的定位是什么？由谁来管理微信号？如果是个人微信号，朋友圈要不要每天发？发的内容是什么？通过哪些方式添加微信好友？如果是微信公众号，公众号的消息谁来写？什么时间推送消息？怎么推广公众号？怎么添加粉丝？微信号的内容如何与淘宝店铺的商品关联起来？如何引导粉丝购买商品？等等。

第四步： 到筛选出的平台注册账号，把你的计划强有力地执行。有时候，方法不在多，而在精、专、细、深！执行力决定成败。就像前文说过的，有卖家专攻淘宝官方活动运营，一样可以月入百万元！

任何一种推广方法都不可能一蹴而就，一定是通过长期坚持去做、通过不断试错不断优化、不断积累而爆发的。因为只有你去做了，才会知道这个方法是否适合你的产品！

18.2　返利网站引流玩法

返利网站的盈利模式有 CPS（按成交付费）、广告费、站内竞价等；CPS 模式即网站帮商家推广商品获得佣金，网站再从佣金中抽出一部分，返给买家；广告费和站内竞价主要是商家出钱购买网站曝光率、点击率高的位置展示店铺或商品。

做得好的返利网站流量非常大，卖家与他们合作也能为店铺带来比较多的流量和成交，像百度 VIP（vip.baidu.com）、一淘网（www.etao.com）等。

卖家用这种方法引流，只要找出一批大流量、正规的返利网站，然后加入推广就行。寻找的方法也很简单，打开百度首页（www.baidu.com）搜"返利网"等关键词。

如果侧重 CPS 模式，卖家只需开通淘宝客推广，把淘宝客链接地址给网站即可。

18.3　导购类网站引流玩法

随着中国互联网的成熟发展，涌现了一批知名的电商购物平台，如淘宝、天猫、京东、苏宁易购、1 号店、聚美优品、唯品会、当当、亚马逊等，在这些平台里有数以亿计的商品，商家会觉得竞争太大，自己质优价廉的宝贝难被买家发现，买家又觉得东西太多，选择困难。

基于这样的实际情况和痛点，一批懂网站建设的人（俗称站长）专门搭建了这样一些导购网站：让通过精挑细选或质优价廉的一类商品展示出来，买家在这里能高效购买。例如当前做的比较好的什么值得买（www.smzdm.com）、折 800（zhi.zhe800.com）、卷皮（www.juanpi.com）、米折（www.mizhe.com）等。

当然除了上述几个还有非常多，打开百度首页（www.baidu.com）搜"导购网站"等关键词可以查询到。

有些网站是注册账号报名，有些是直接联系网站站长，卖家希望利用这种方式引流，也是先找出一批网站，然后依次联系站长详谈推广事宜。

18.4　团购类网站引流玩法

团购（Group purchase）即团体购物，是继 B2B、B2C、C2C 后的又一 B2T（Business To Team）电子商务模式。

团购网站借助互联网的力量聚集流量、人气，让商家愿意给出低于零售价格的团购折扣和单独购买时得不到的优质服务，把实惠让利给消费者。例如阿里巴巴集团旗下团购网站聚划算、正品女性团购网站聚美优品、百度糯米、美团等。

　　这类玩法更适合具备一定规模、供应链完善、库存有优势的商家。比如聚划算单品团，做得好两三天能卖几万件，如图18-1所示。对于淘宝、天猫卖家来说，最优质的团购平台就是聚划算（ju.taobao.com），在浏览器打开其首页用卖家账号登录，单击网页右上角的"商户中心"报名。

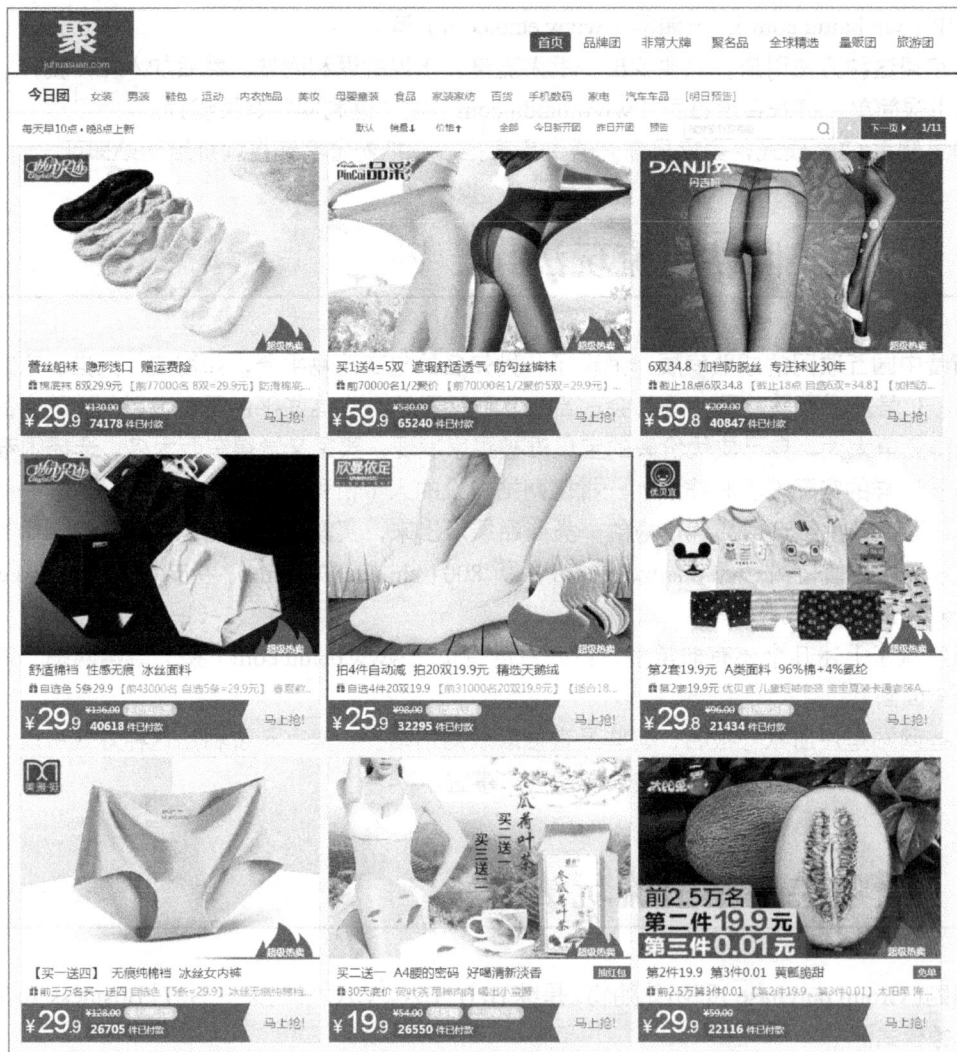

图18-1　聚划算部分单品团销量

18.5　广告联盟引流玩法

广告联盟通常是指网络广告联盟，通过集合中小网络媒体资源（又称联盟会员）组成联盟平台，帮助广告主实现广告投放，并进行投放效果数据监测统计，广告主则按照网络广告的实际效果（如销售额、引导数、点击数和展示次数等）向联盟会员支付广告费用。

网络广告联盟包含三类角色：广告联盟平台（召集者/网站平台搭建者）、联盟会员（中小网站、个人网站、WAP 站点等）、广告主（个人用户、品牌商家、企业等）。

广告联盟平台广义上分为三类，一类是靠庞大的中小网站来展示广告，其自己本身没有广告发布站，如百度联盟（union.baidu.com）、谷歌联盟（adwords.google.com）、搜狗联盟（union.sogou.com）等；另一类是大型门户站的广告联盟，其广告都在自己站点上发布，如腾讯社交广告（e.qq.com）等；还有一类既能通过站外媒体资源投放广告，也能在自己旗下平台发布广告，比如阿里妈妈淘宝联盟（pub.alimama.com）。

举个例子：小明是专注 3~7 岁童装销售的卖家，希望通过淘宝网站外引流，之前与几个大的导购网、返利网有合作，效果还算过得去，今年想再上一个台阶，拓展更多的引流渠道，因此，他收集整理了 1000 多个全国各地与 3~7 岁童装目标消费群契合的网站，但问题来了，靠自己或者团队的十几号人，想把这 1000 多个网站都联系一遍并长期跟踪投放效果，实在太不现实。

此时，小明想到利用广告联盟，他同期选用了广告联盟平台——阿里妈妈淘宝联盟、腾讯社交广告和百度联盟，与之前设想的自己去联系 1000 多个网站相比，现在每天只需花一两个小时优化推广计划、监测投放效果，而广告覆盖范围已远超 5000 个网站，让他的童装销售效果轻松再上一个台阶。

这就是联盟技术的力量！找对方法，事半功倍！

18.6　视频引流玩法

将各种视频短片以各种形式放到互联网上，达到一定宣传目的的营销手段称为视频营销。

视频推广的渠道也非常多，笔者归纳了五类：第一类，视频网站，如优酷、土豆、爱奇艺、腾讯视频、搜狐视频、酷 6 网、56 网、百度视频等。

第二类，大型新闻门户网站，如新浪新闻、腾讯新闻、百度新闻、搜狐新闻、澎湃新闻、环球网等。

第三类，直播网站，如六间房、斗鱼、YY 等。

第四类，社交应用，如微信、今日头条等。

第五类，网络电台，如喜马拉雅 FM、荔枝 FM、蜻蜓 FM 等。

视频制作方法。

方法一：自己拍摄，用手机、平板电脑、摄像机、DV 等。

方法二：视频剪辑。将自己拍摄的或者网络下载的视频，利用软件二次编辑效果更好，常用软件如爱剪辑、视频编辑专家、格式工厂等，在百度搜索后直接下载使用。

方法三：找专门的团队帮助拍摄。

视频推广注意事项

制作的视频到权重高、知名度高的网站发布效果更好。

严格按照不同网站的要求编辑、制作和发布。

视频内容不违规、不违法。

5

章 나 菜

第五篇

淘宝店铺运营实战

当您的店铺运营一段时间后，或许会遇到瓶颈期，比如卖得多却不赚钱、流量很高但转化率极低、客单价不高、发货成本居高不下、通过很多途径引来的流量与店内商品的目标消费群体不匹配、缺少留客技巧、不知道如何分析店铺找准问题所在，等等。

本篇第 19 章至 20 章，六点木木老师教会您打造一个赚钱的淘宝店铺，学会店铺诊断并重新审视自己做到精准店铺定位，学会高手运营总监不外传的定价策略、活动策划与执行策略、关联营销策略、蓄客策略、网店运营规划方案制定等秘笈！

在最新店铺运营工作中，动销率是考核店铺整体综合水平的重要指标，我们会告诉您爆款的全新释义，单品爆款和全店爆款的运作技巧，请关上门窗悄悄地自学！

第 19 章

如何打造一个赚钱的网店

网店要赚钱需符合哪些条件?

基础条件:注册淘宝店铺→解决货源(品牌定位、店铺定位、产品定位;品质有保证、质优价廉最好)→上架商品(定价,扣除自己所有的成本后有得赚;宝贝"包装",提升流量和转化率)→装修店铺(按营销级别装修)→推广销售(多渠道引流,越多越好)→客服接待(售前、售中、售后接待能力)→售后发货(发货速度、包装、快递)。

深入条件:懂店铺整体运营→商品大卖的时候,有资金支持→会定价、会设置促销、会引流、会转化。

上述每个环节落到实处,细节做到位,制定自己的店铺发展计划,打造一个赚钱的网店就不难。

19.1 网店不赚钱的几种可能性

可能性一:店主自身问题,没条件或不努力。

店主选了不合适自己的网店形式或者货源、资金上条件欠佳。比如平时很忙的上班族,选择卖要自己打包发货的商品,特别是只有晚上才上线,没多少时间去接待买家、联系快递打包发货等,自然是没有办法做好网店的。

店主太懒,不去落地执行。这个没办法,哪怕告诉你那是个金块,你懒得去捡,没用。

解决办法:

a. 如果兼职开店,可考虑分销代销;

b. 资金上不充裕,前期可以少量进货,不囤货;

c.　分析自己不足，找对方向，勤学习，增强执行力。

可能性二：网店流量太小。

流量小是最主要原因。对一个网店来说，不宣传，必然没生意。特别是在当今大环境下，卖家多商品多，要主动推广引流量才行。坐等顾客上门的时代已经过去了。推广引流量不是一朝一夕的事，要制度化、流程化，持之以恒才行。

解决办法：

a.　多途径获取流量：淘宝站内资源、淘宝站外资源、各种活动报名；

b.　推广后多分析总结；

c.　执行力是关键。

可能性三：销售转化率太低。

做了推广，浏览的人多，却没人下单。买家从进入你的店铺，到咨询，到购买，有着一个系统化的流程。如宝贝价格、宝贝主图、宝贝卖点、宝贝文案详情描述、店内活动、店内关联入口引导、整店装修、宝贝质量、售后包装发货流程预演、各种承诺保障等。

解决办法：

a.　宝贝详情优化：定价、主图、卖点、文案、质量保障承诺、包装发货流程预演。

b.　店铺装修优化：店内关联入口引导、活动呈现、整店装修。

c.　店内活动策划：找理由做活动、报名活动等。

可能性四：产品利润太薄。

一是定位中低端市场；二是定价低、利润低，就算是一天卖上几十上百单，刨去运营成本，可能还赔钱。非常多卖家是从卖身边产品开始的，如杯子、袜子、小玩具等。背后的道理是：卖利润 5 元的产品和卖利润是 500 元的产品，花费的精力是差不多的，但是利润却相差 100 倍。同样卖 10 单，利润差距很大。

解决办法：

a.　尽量找利润相对高点的商品；

b.　学会科学定价，不打价格战。

可能性五：不会定价，不会设置促销。利润还可以，商品也不错，不会科学定价，不会设置折扣。

解决办法：

a.　学会科学定价、合理规划促销设置价格；

b.　学会对商品进行价值包装。

可能性六：不坚持。

绝大部分卖家在开店前一月很新鲜，随后发现遇到问题越来越多，逐渐倦怠，再往后，看到就怕，看到就讨厌，任其自生自灭半死不活。

解决办法：

a. 坚持。找对方向，按照自己的计划，一步一步去做，坚持到最后，只要用心去做了，一定会有回报；

b. 培养自己不断解决问题的能力。

19.2 必须学会的店铺诊断技法

店铺诊断，跟看病是一样的道理，找出店铺有哪些问题，再根据问题对症下药。

推广前店铺诊断最关键的目的是将后续引进流量最大化利用，避免浪费。主要诊断两方面内容：宝贝详情页和整店。

1. 宝贝详情页诊断

多数引流方法都以单个宝贝为单位，比如直通车、淘宝客、各类活动报名、聚划算等，买家了解我们的第一窗口就是宝贝详情页，通过宝贝详情页再继续了解店内其他商品、整个店铺，其访问路径如图 19-1 所示。以首页、分类页、活动页等为主的推广也是一样的道理，通过店内关联，辐射整店宝贝。最终目的让买家多看、多选、多买。在淘宝卖家中心发布宝贝后，生成的宝贝详情页整体布局如图 19-2 所示。

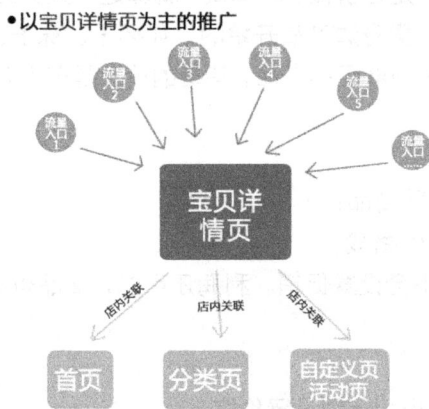

图 19-1 以宝贝详情页为推广主体的访问路径

在整个宝贝详情页中需诊断以下内容：宝贝主图、宝贝标题、宝贝卖点、宝贝价格、促销手段、分享/收藏/加入购物车、销量/评价、消保承诺、宝贝详情描述、店内关联入口。

● 宝贝主图诊断

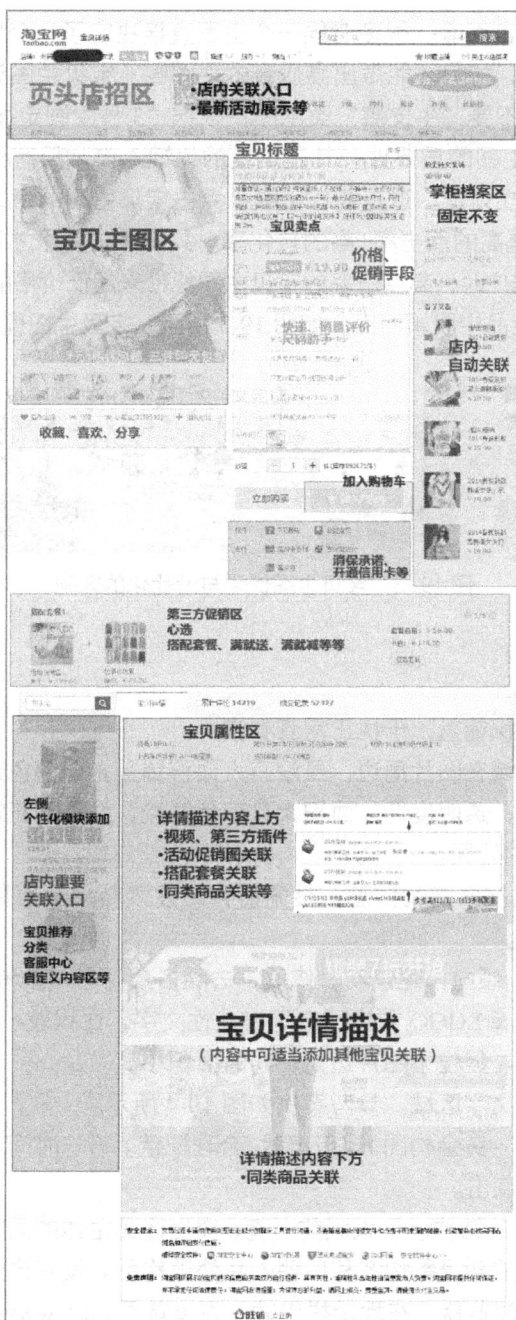

图 19-2　宝贝详情页整体布局

宝贝主图的重要性不言而喻，很多时候一个主图直接决定了一个爆款的崛起，好的主图意味着高点击率和高转化率，如何才能做出高质量的主图呢？宝贝主图诊断应该从以下三方面着手：明白主图的重要性；不要"牛皮癣"类主图；根据"3秒主图定律"设计制作宝贝主图。

（1）先要明白宝贝主图的重要性：其是流量的关键入口，只有买家触发点击，打开宝贝详情页面查看，才算是成功引流。这是制作出吸引点击宝贝主图的意义。

a. 最直接的方法就是高的点击率+高的转化率。只有点击看了才谈得上购买；

b. 做直通车、钻展推广时，高点击率的宝贝主图能带来超低价格的直通车、钻展广告投入；

c. 能从同质、同类竞品中脱颖而出。如图19-3所示，宝贝主图优化与没优化的区别。

图19-3　宝贝主图优化与没优化的区别

（2）不要"牛皮癣"。

a. 主图牛皮癣的定义：

多个文字区域，大面积铺盖，干扰正常查看宝贝。

为吸引眼球，文字区域在图片周边，虽没有大面积铺盖，但颜色过于醒目且面积过大。

文字区域在图片中央，透明度低、面积大且颜色鲜艳，妨碍到正常宝贝的观看。

b. 主图"牛皮癣"的处罚。

为了更好地提升买家搜索购物体验，搜索将会对搜索结果页质量较差的主图进行流量限制。也就是降权、屏蔽等。

c. 主图有"牛皮癣"倾向，建议及时修改，去除多余信息，参考下述做法。

图片包含文字，为品牌 LOGO 或店铺名等描述性文字，面积较小，不太明显。

图片包含描述性文字，但位于图片边角，同时面积小。

图片上无肉眼可见的文字区域。参考案例如图19-4所示。

（3）"3秒主图定律"=黄金构图+规范剪裁+合理配色。第一时间从众多竞争对手中脱颖而出，抓住买家眼球，吸引点击。

a. 黄金构图：好的图片结构能使人眼前一亮，突出商品主体的同时让人有想进一步了解商品详情的冲动。构图分为前期摄影构图和后期图片处理构图。没有这方面基础的可以找一些速成技巧，具体方法：启动浏览器，在地址栏中输入百度首页网址 www.baidu.com 并打开，在搜索框中输入关键词，比如"构图"、"摄影构图技巧"、"人物摄影构图技巧"、"单反构图技巧"、

"拍照构图技巧"、"人像构图技巧"、"PS 构图技巧"、"平面设计构图技巧"、"设计构图学"、"构图与用光"等，在搜索结果中按需筛选查看即可。

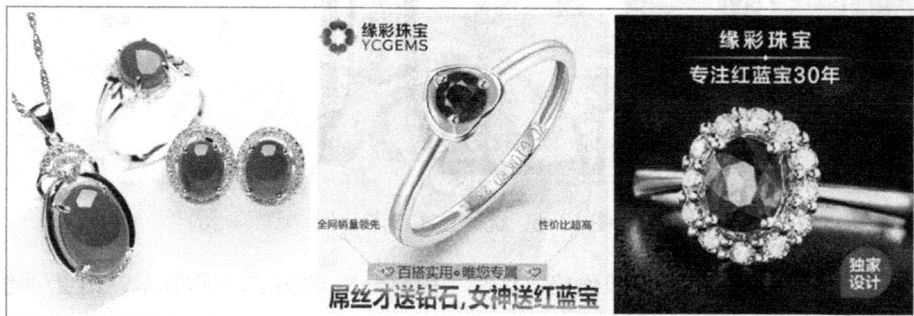

图 19-4　优质主图制作方向的案例参考

b. 规范剪裁：淘宝宝贝主图默认为正方形，最小宽高 $410 \times 410px$，$700 \times 700px$ 以上图片显示放大镜功能。因为宝贝详情页不定期更新、升级、调整，建议将主图做成 $800 \times 800px$，这样只要淘宝官方没有大动作的改版，不会出现不兼容情况，能省时省力很多。如图 19-5 所示，主图是宽高不等的长方形，不能填满主图格子，不建议使用。

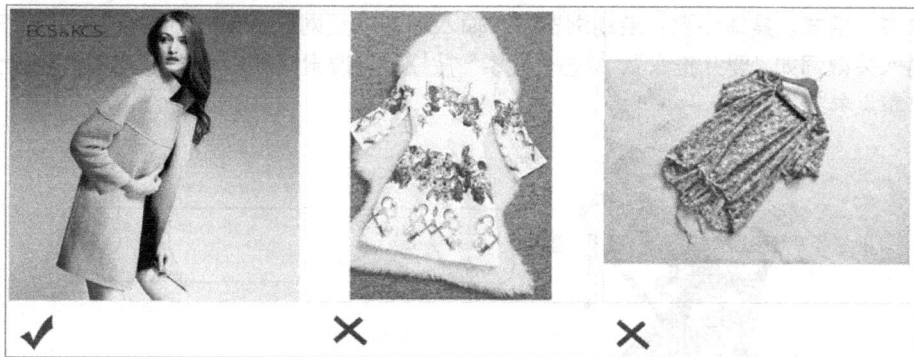

图 19-5　淘宝商品主图默认为正方形，不建议使用宽高不等的长方形

c. 合理配色：很少人会拒绝美丽的事物，相反他会更想据为已有，合理、协调的色彩搭配能激发买家的美好想象，刺激点击，促成交易。实物类商品主图最终出片一般是先拍摄后处理，前期拍摄时请注意道具点缀、注重商品主体与背景/场景等的色彩搭配，后期处理时，请注意文案色彩与商品主体的搭配。淘宝很多活动报名都要求主图为纯图不加任何文字，拍片时请注重卖点提炼。如图 19-6 所示是优秀主图的参考示例。

图 19-6　优秀主图参考示例

- 宝贝标题、宝贝卖点、宝贝价格、促销手段、分享/收藏/加入购物车、销量/评价、消保承诺等诊断

宝贝标题：30个汉字/60个字符，具体优化技巧：请参照本书第4章中的"SEO之宝贝标题优化技巧"。

宝贝卖点：是在宝贝详情页第一屏关键位置展示的宝贝介绍文字描述信息，如图19-7所示，最多可输入150个汉字，在卖家中心发布宝贝时填写。宝贝卖点不是每一个类目下的商品都有，不同类型商品具体填写的内容也不同，如果你卖的商品在发布编辑页有，建议认真填写，能在第一时间吸引买家眼球，继续深入了解你的宝贝。没经验不知道怎么写，可以借鉴参考同类商品卖家的书写格式。具体步骤：启动浏览器，输入淘宝首页网址 www.taobao.com 并打开，在搜索框中输入关键词如"婴儿推车"，单击"搜索"按钮，在搜索结果中单击打开多个宝贝介绍页，找到宝贝卖点参考。

图 19-7　宝贝卖点在宝贝详情页中的展示位置

　　宝贝价格：是指宝贝的销售价格，不能太低也不能太高，还得考虑店内各种活动折扣让利，具体设置优化技巧详情请参照本书下文"20.1 店内商品定价策略，学会科学定价"。

　　促销手段：是电脑端和无线端所有促销方式的总称，用什么促销工具，以什么形式做促销活动，与自己店铺运营策略有关，可以一次用一种，也可以一次用多种，关键在于了解清楚每种促销工具可以用来做什么，能达到什么目的和效果，只需核算好成本，与预期偏离不大即可。

　　电脑端常用的促销工具：运费模板中创建包邮、购物车营销、评论有礼、淘金币营销、心选（淘宝官方免费搭配套餐工具）、客户运营平台中智能营销、商家营销中心创建满就送/满减优惠/限时打折/搭配套餐/店铺优惠券/商品优惠券/包邮券等、卖家服务市场 fuwu.taobao.com 中订购第三方付费促销工具比如短信营销等。

　　无线端常用的促销工具：无线运营中心创建上新宝贝活动/聚划算活动/热门促销活动、无线运营中心利用淘宝官方插件抽奖/买家秀/投票/免费试用等，或者订购插件市场第三方插件创建活动、卖家中心手机淘宝店铺中创建无线搭配套餐/无线会员专享活动/店铺宝箱等。

　　上述这些工具中，有些适合做新买家积累、有些适合做老买家维护、有些适合做短期促销、有些适合做长期促销、有些适合做定向营销，具体用哪种大家筛选确定。所有这些工具的入口在卖家中心和无线运营中心（wuxian.taobao.com）中都能找到。

　　分享/收藏/加入购物车：这几个参数衡量宝贝受欢迎程度，新发布的商品数据肯定不理想，一定要有意识地去积累这些数据，主动分享/收藏/加购物车的买家都是潜在消费群，通过一段时间的积累就可以有针对性地做定向营销，效果也比较好。积累数据的具体做法：一是在全店装修的时候在多个地方放置入口；二是推广时在能引导收藏/加购物车的地方都设置入口。意思就是让买家能随时很轻松方便地收藏你的店铺或者商品。

　　销量/评价：是买家最终决定购买商品的重要参考依据。新发布的商品这两个数据肯定不理想，前期可以用促销、活动冲销量，用评论有礼、买家秀等工具积累优质带字评价。有一定基础数据后，商品要越卖越好，一定得注重商品质量，各个环节的服务要跟上，比如客服接待、售后问题处理等，把握黄金时间节点处理中差评，对最终依旧有的中差评做好评价解释工作。做运营、做掌柜一定要有一个思想主线：从一开始就着手细节，注重店铺整体服务水平的维护，尽量少做亡羊补牢的事情，届时又要花费更多时间、人力和物力。

　　消保承诺：消保全称淘宝消费者保障服务，它不仅是淘宝站内搜索排序的重要影响因素之一，更是买家安心网购的"良药"。消保类目必须冻结消保金，非消保类目建议也冻结消保金，这样提升竞争力的同时也能增加很多曝光机会。除消保外，还有一些比如先用后付、15 天退货承诺、破损补寄、免费换新、卖家运费险等增值保障服务，符合条件的能加入尽量加入，给买家更多更好的"定心丸"，更有助于成交。当然，前提是你对自己的商品质量有信心。金额比较高的商品，建议开通信用卡支付功能。

- 宝贝详情描述诊断

宝贝详情描述是指发布或者编辑宝贝时如图 19-8 所示的"宝贝描述"。当多数买家只看不买、详情页停留时间太短、商品收藏数量/加入购物车人数总是不能提升、跳失率高等都指向同一个地方：宝贝描述有问题，要么没有竞争力，要么卖点不能清晰呈现，要么宝贝描述逻辑不合理，要么不能打消买家购买疑虑。宝贝描述分为电脑端和无线端，具体优化技巧和方法在本书第 4 章有深入讲解，如果忘了再回去多看几遍。

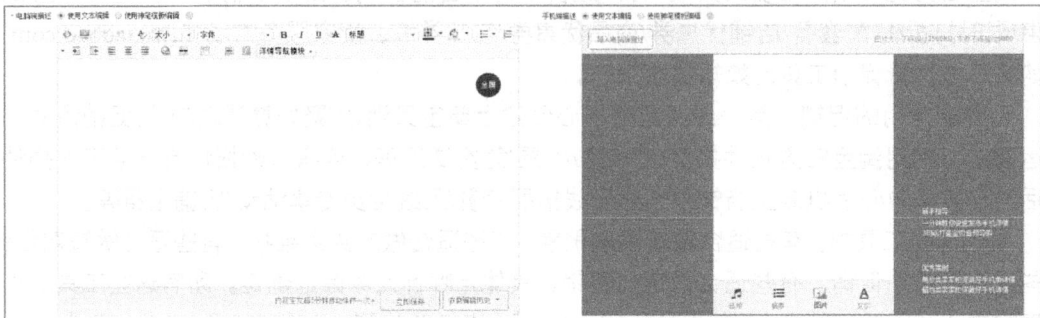

图 19-8 电脑端和无线端宝贝描述编辑界面

- 店内关联入口诊断

当你在生意参谋或其他数据分析软件中发现主推引流商品详情页访客数和浏览量很高，但从这些页面进到店内其他页面的访问深度很低，商品关联销售订单少，其他辐射商品访问少，销售少，此时你得知道，问题出在主推引流商品的店内关联入口设置不到位。

从图 19-2 宝贝详情页整体布局中可以看出，一个完整的宝贝详情页可以个性设置、增加店内关联的位置有以下几处：

a. 页头区域店招导航（全店通用）：重要，具体设置方法参考本书第三篇淘宝店铺装修实战。

b. 第三方插件促销区：可以设置心选、搭配套餐、满就送、满就减等。

c. 左侧模块：装修后台宝贝详情页模板左侧 190 区域支持的模块都可以按需添加，最常用的是宝贝推荐、宝贝分类、自定义内容区、客服中心等。

d. 宝贝详情描述正文上方：可以添加视频、显示第三方插件内容、店内活动的促销图、搭配套餐推荐、同类商品关联等。

e. 描述内容中也可适当添加：很多时候宝贝介绍页比较长，有些宝贝适合搭配卖，在描述的详情内容中可以适当添加其他宝贝的入口。

f. 宝贝详情描述正文下方：装修后台宝贝详情页模板右侧下方可增加"旺铺关联推荐"和"自定义内容区"模块，可按需增加相关宝贝关联、活动入口等。

g. 页尾区域（全店通用）：可将一些重要说明、重要活动入口、收藏店铺入口等增加到这个位置。

在所有这些能增加关联推荐的位置中，具体关联哪些宝贝？哪些是重要入口？怎样关联才能提升客单价、提升访问深度呢？详见下文"20.3 提升客单价必备店内关联营销策略"。

2. 整店诊断

本书第三篇淘宝店铺装修实战中，对淘宝旺铺各个页面做了详细分析讲解，整店诊断主要包括首页装修布局、分类页装修布局、其他自定义页面活动页面装修布局三大类。

诊断找问题时要参考以下数据指标：生意参谋经营分析中的装修分析，通过各页面的"点击分布"和"页面数据"找出买家在店内浏览时的喜好和关注热点，重新装修调整展示入口。

在生意参谋自助取数中重点关注以下指标：访客数、跳失率、访问深度、人均停留时长、店铺首页浏览量/访客数、商品详情页访客数/浏览量、客单价、支付买家数、人均支付商品件数、支付商品数、老访客数、老访客数占比、老买家数、商品收藏人数、加购人数、加购商品件数。

通过这些数据指标找出店铺装修存在的问题，结合本书第三篇淘宝店铺装修实战讲解的具体装修方法随时对店铺进行调整。所有店铺都不可能一次性装修到位，只要坚持"展示商品、销售商品"的初衷，站在买家角度看问题，结合数据多做调整，一定可以越做越好，装修出高点击、高关注、高转化的商品展示页面。

19.3　淘宝掌柜/店长必须具备的六大能力

淘宝掌柜、淘宝店长，这两个词不同的人有不同的理解，放在不同规模的店铺或公司中要做的事情也不同。不管你当前是在哪种规模的店铺中，以下六大能力都不可或缺。

一、资源管控能力，包含供应链、资金链、采购、风险控制四方面。网店销售的商品主要分为两大类：第一类，看得见摸得着的商品；第二类，根据买家需求提供的服务。服务类商品相对简单易操作，而实物类商品回归到本质，源头的货源供应链、资金链、采购和风险控制是决定店铺生死的核心问题。作为淘宝掌柜，多数时候属于最高决策者，资源管控是必备能力之一。

二、市场分析能力。不管卖什么，整店营收是最终指标，竞争无处不在，提升营收除了全面了解自己，还应该时刻分析行业动态、分析消费群体，所谓知己知彼才能百战不殆。分析方向如图 19-9 所示。

三、员工管理与培训能力。团队明确分工、各司其职，效率高且不易出错。掌柜要做的就是带领并管理一支能"打仗"的队伍。网店团队配置架构中多数标配为运营专员、美工专员、客服专员、仓库专员，掌柜应该结合自身店铺实际制订各岗位工作职责，根据店铺发展阶段实时培训。

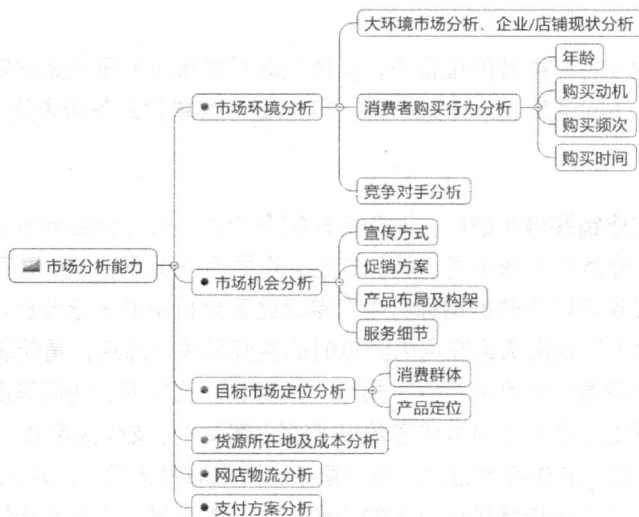

图 19-9　市场分析能力

　　四、店铺管理能力。店铺管理按运作流程大致分为三个阶段：售前、售中、售后；作为掌柜不用事必躬亲，但对每个环节应该做哪些事情一定要有统筹意识，并且能正确分配正确岗位的员工做对应的工作，如图 19-10 所示。

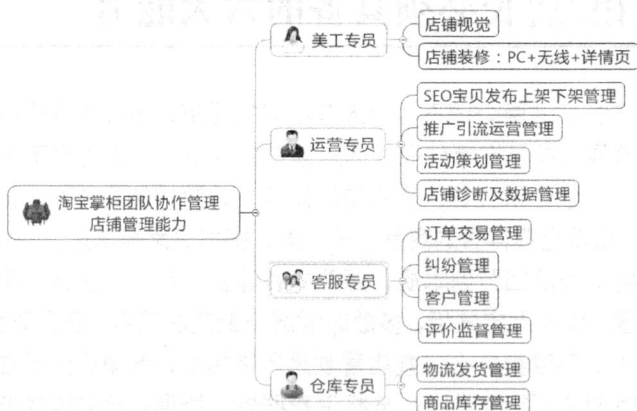

图 19-10　店铺管理能力

　　五、统计与库管能力。一般配备完整的企业都有财务和库管专员，如果你所在的店铺中没有这样的人，作为掌柜要学会使用简单的表格统计店铺每天的收入和支出，记账方法可以不按专业要求，但一定要自己能看懂，明白是赚了还是赔了，有多少库存积压，了解库存余量，确定哪些商品已经缺货，以便将该商品及时下架；定期盘点库存，推出相应的促销活动来清仓，核算有多少资金可以周转和进货，以及还有多少利润可以留下来用于店铺再发展。统计明细如图 19-11 所示。

六、学习和创新能力。别以为开网店是一个没有技术含量的活，其实这里需要学习的东西太多了。淘宝的游戏规则，几乎每年都在变，稍微怠慢，就可能在下一轮中被淘汰出局。未来，玩转网店的门槛将更高，需要更强的综合能力和经济能力，当然尤其需要很好的学习能力、悟性和创新能力。

成为一名优秀的淘宝掌柜，应该站在更高点，多维度提升自己能力。

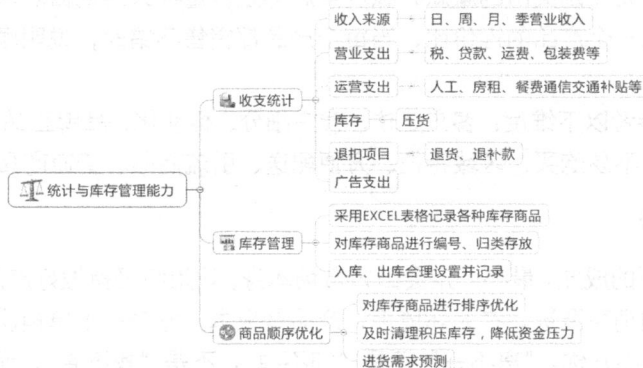

图 19-11　统计与库存管理能力

19.4　重新审视自己，精准店铺定位

在营销界有个被广泛使用的"四四二法则"，由直销大师艾德·梅尔（Ed Mayer）提出：成功 40%取决于定位+40%取决于产品和定价+20%取决于营销。

40%定位

定位和产品本身同样重要，为什么？我们经常逛淘宝会发现，卖同样产品的卖家，有的评价产品好，有的评价产品不好，究其根本是因为不同店铺的顾客生态圈不一样。有的时候，不是产品不好，而是没把它卖给对的人。定位就是要把对的产品卖给对的人，让对的人爱上你的产品。

来比较一下这几句话：

我在网上卖衣服！

我在网上卖女装！

我在网上卖孕妇装！

我在网上卖高端孕妇装！

我在网上卖时尚款的高端职业孕妇装！

对比发现这几句话面向的客户范围越来越小，但客户的共同需求越来越集中，同时竞争对手也越来越少，这种被称作精细化定位法。此外还有档次定位法、USP（Unique Selling Proposition）定位法、形（式）状（态）定位法、消费者定位法、类别定位法、感情定位法、比附定位法、情景定位法、文化定位法、附加定位法。不管用哪种方式，检验自己的店铺是否定位成功，答案就是无特别突出的爆款，纵观全店都是销量喜人的局面。单品爆款，往往是因为顾客短期内偏好某一个产品的性价比，当每个产品都销售不错时，说明顾客真正的爱上了这家店铺，这个品牌。

选品定位时可参考以下维度：客户定位、客户细分、标准化、品牌正品、价格、易于体验、使用频率、回购率、不易购买、区域特征、方便配送、引流商品、普通商品、利润商品。

40%产品和定价

随着淘宝各方面的成熟，最终一定会回归市场本身，让始终坚持做好产品的卖家越来越好，让投机取巧钻空子的销声匿迹。在大环境下，产品是根本，好产品不单指质量，它有一个衡量标准，就是让用户离不开你。"离不开"不是"卸不掉"，不是"找不着"，而是产生一种"没你不行，不会轻易被替代"的依赖感，就是所谓的"用户粘性"。而带来这种依赖感的，是好的用户体验。用户像鱼，好的产品像水。要养鱼，先养水，而这个水是海水还是淡水，还得看鱼的需要。从用户需求出发，把需求点做到极致，给其超出预期的体验，用户想到的，你帮他做到，甚至，用户没有想到的，你也帮他想到了，按这个思路走下去，总有一天，用户会离不开你的产品。

定价通常是影响交易成败的重要因素，其目标是促进销售，获取利润。既要考虑成本的补偿，又要考虑消费者对价格的接受能力。对产品定价，没有统一标准，千人千面，只要你能让买家觉得物超所值，那就是成功的。从数据测试来看，价格和转化率往往不是简单的正比关系。常见的六种定价策略有折扣定价、心理定价、差别定价、地区定价、组合定价、新产品定价。只要在利润和买家接受度上找到平衡点就是成功的。

20%营销

淘宝运营万变不离其宗，几乎所有招数都是基于产品和市场的，没有一本放之四海而皆准的通用运营手册，因为不同行业、不同产品、不同定位里面的细节都会有很大的不同。其核心是不断寻找新客户，找之前，先得知道你最有效的新客户入口在哪里？站内搜索，直通车，淘宝客，论坛，老买家回购，站内活动还是站外其他？一开始自己也不知道哪个最合适最有效，建议所有常规入口都做，然后主要精力放在最适合自己的流量获取途径上。

第 20 章

网店要赚钱必须学会五大运营策略

20.1 店内商品定价策略 学会科学定价

多数自己进货的新开店卖家都会遇到这样的困境：进货少，进价高，进货成本高，导致销售价格偏高，无法与大卖家竞争，大卖家们销量大，拿货多，甚至不经批发环节直接找工厂打样生产，价格、利润的控制都有优势。卖家越来越多，竞争越来越大，很多新卖家缺乏定位和定价思考，一味走低价，打价格战，有时候好货贱卖，买家还不买账，亏本费力不讨好。

多数新卖家对商品价格也存在误区：新开店，店铺信誉级别低，认为只能打价格战，亏本赚人气才有出路，殊不知你的低价一旦在买家心里留下印象，再转高价就很难卖得动了；新卖家也会认为"我的价格低，自然有人买"，可惜在淘宝的大生态中没有最低，只有更低。做为新开店小卖家的你，资金实力、运营能力都欠佳，如何能在与大卖家的低价格竞争中取胜呢？

照这么说，新卖家、小卖家只有死路一条了吗？

不！我们要走出误区，学会科学定价，掌握店内商品的定价策略，打一场不是低价的价值战。

1. 市场定位与定价结构

本书 19.4 节中讲过"四四二法则"，即成功=40%定位+40%产品和定价+20%营销。市场定位简单讲就是：你在这个市场上提供什么产品来满足哪部分消费群体什么样的需求。书面点的说法：定位就是为品牌、产品或店铺制定出区别于竞争对手的、新的竞争性卖点来。新的卖点不仅要准确切中对手对立面，又要准确切中顾客心理。定位方法很多，不管用哪种，关键目的是避开同质化竞争，开拓更有价值的市场，获得巨大的成长空间和利润空间。如果你不去思考定位，随波逐流，一定不会有很大的进步和提升空间。

举个简单例子：一家名为"伊顿纪德国际校服"的店铺定位就做得很好：专注6至18周岁青少年英伦风格的国际校服。这类商品属于童装，而童装在淘宝网属于热销类目，竞争非常大，这家店定位校服，竞争对手一下子就少了很多，再进一步定位英伦风格的国际校服，竞争对手再次缩减，虽然看上去买家群体也缩减很多，但细分和特色为该店赢得很多更精准的目标群体，运营得当，很容易在这个细分市场中成为佼佼者，让想买这类校服的买家第一个就想到他们。

有一些没思考过店铺定位的卖家，店内商品非常凌乱，既卖鞋子又卖女装甚至还在卖内衣和厨房用品，可能思考的出发点是觉得货品多、买家挑选空间大有助于成交，而实际上买家会觉得你这里是杂货铺，既没有大量的货品，也不能在某一个细分品类比别家多、比别家全、比别家好，难成气候，不敢轻易相信你商品的品质与服务。并且在淘宝规则中，店内销售多类目商品，类目信用占比分开算，不利于整店综合排名。反之，主营类目占比越大，对店铺的综合排名更有帮助。

所以，希望对自己店铺定位不够清晰、没考虑过这个问题的卖家们能重新思考下这个问题。定位越清晰、越精准，在今后开店过程中会事半功倍，更加得心应手。

2. 消费者对价格的理解习惯

市场定位搞清楚了，再来看定价。到底网店商品如何定价才是科学合理的呢？要解决这个问题，得先搞清楚消费者对价格的理解习惯。

理解习惯一：姐要的不是便宜，是占便宜。比如价值800元的东西，你想的是亏本赚人气直接一口价100元贱卖，可买家不会觉得标价100元而东西能值800元，反倒会觉得只值70元的样子，买家不会想花100元买她认为只值70元的东西，这时她不会觉得占到了便宜相反是吃亏了。这种定价就是失败的。

卖家应对技巧：就让你占便宜。比如价值800元的东西，按市场规律涨价20%，定一口价960元，再限时打个六折为578元，给买家营造一种紧迫感，抓紧买抓紧抢，过时不候，错过再也买不到了，这时买家会觉得占到了大便宜，原价将近1000元现在才500多元还要抢，赶紧乐滋滋地买回去。这样一来你不但没亏本反而是盈利的。

理解习惯二：便宜没好货。市场上大多数都是便宜没好货，这不是个人总结的，而是买家经过很多次的尝试发现，在大多数情况下便宜就是没好货，但也有少数情况，能买到好货，可这个概率很低，作为买家来讲他承担的风险很大，除非他本就是奔着便宜货来的，否则不会轻易购买。

卖家应对技巧：好货不贱卖。一分钱一分货，作为卖家不要委屈我们的产品，让定价对得起质量，让买家也觉得买得值。

理解习惯三：买涨不买跌。前阵子在网上看到一则新闻，说广州一楼盘开盘才两个多月就暴跌20%，已经成交购房的业主大闹开发商，强烈要求退还差价，结果开发商给的态度是购房有风险，你不能只想着涨不想着跌，要是涨了 20%呢？由此可见，在买家心里更愿意、更容易接受有涨价空间或者有涨价趋势的商品。

卖家应对技巧：有涨价趋势抓紧买。比如在发布新品时，可以搞预售，告知卖出多少件后涨价多少；再比如旺季的时候，商品大卖供不应求，可以找个库存紧张或者原材料涨价之类的理由暗示买家抓紧抢，马上要涨价了，这样买家不但会觉得这件东西物超所值，还会心里暗喜能成功抢购到。

理解习惯四：高价代表尊贵。价格高的东西质量一定不会差，这是普遍认识；再一个，高价代表一定的身份地位，买家选高端高价商品实则买的就是这份优越感。

卖家应对技巧：不自贬身价，不乱定高价。不要毫无理由地降价，你觉得花那么多钱拿货，卖现在这个价已经不赚钱甚至亏本了，可买家不理解，甚至还会怀疑商品质量，猜疑货品来源渠道是否正规，不敢轻易购买；高端商品就要有高端的价格，让买家心甘情愿买这份尊崇感、优越感，但也不要无端定个天价，想着宰几个暴发户，现在的网络很透明，价格也很透明，损人不利己，不划算。

3.　搭建价格体系

每一个商品都有生命周期，不可能永远卖下去，搭建店内商品价格体系时，可以采用"二八原则"，即利润款+热销款占 80%左右，新品形象款+促销款+秒杀/拍卖/活动款占 20%左右。也就是说在你店内商品团队中，随着商品生命周期更替，随时有新品形象款、利润款、热销款、促销款、秒杀/拍卖/活动款。

建议：新品形象款数量占比 10%左右，定价 100%。主要目的：高质高价，树立品牌形象、店铺形象，让买家知道店铺定位在什么水平；留足促销空间，便于后期清仓；提供比价参照，便于买家清晰筛选、对比；满足求新需求，很多买家喜欢一家店会经常回来逛逛，如果长时间没新品，关注度会日渐淡薄，忠诚度下降。

利润款数量占比 70%左右，定价 90%左右。主要目的：高质中价，适度促销，是店铺利润主力；提供小幅优惠，满足实惠需求；客服推荐首选，关联销售搭配推荐首选。

热销款数量占比 10%左右，定价 80%左右。主要目的：高质中价，高度促销，是店铺引流主力；多渠道多途径多方式推热引流，保本为主。

促销款数量占比 7%左右，定价 50%左右。主要目的：高质低价，让利促销，回馈买家；做店内会员、老买家定向促销，留住买家的心。

秒杀/拍卖/活动款数量占比 3%左右，定价 20%左右。主要目的：高质低价，亏本促销；吸引新买家，做买家积累沉淀，比如收藏、关注、加入购物车等。

4.　店内商品定价技巧

● 商品定价优选法

优选法，是以数学原理为指导，用尽可能少的试验次数，尽快找到生产和科学实验中最优方案的一种科学试验的方法。其单因素分析法中的 0.618 法（又称黄金分割法）常用来为商品定价。

先通过调研来获得同类商品的市场最低价 Pmin 和市场最高价 Pmax。再利用公式"Pmin + 0.618（Pmax–Pmin）= P 售"计算出最优售价。

例如：通过市场调研得出一件商品市场最高价为 128 元，最低价为 30 元，通过公式得出的最优售价为 90.564 元。

$$P 售=30+0.618（128-30）=90.564（元）$$

- 网店商品"369 定价规律"

比如，一个钱包标价 99.9 元，而不是 100 元，对于消费者的实际支出没有区别，为什么不是 100 元而是 99.9 元呢，这就是实际价位和心理价位的区别了，实际价位并不是最重要的，更重要的是心理价位，是消费者对价格的心理感知。

这里单谈价格，比较靠谱的价格策略是 369 价格规律，如下：

- 当价格在 0~3 时，取 3。如价格是 1.2 元，建议定为 1.3 元。
- 当价格在 3~6 时，取 6。如价格是 34.5 元，建议定为 36.6 元。
- 当价格在 6~9 时，取 9。如价格是 68.5 元，建议定为 69.9 元。

按"369"定价后，下单时买家实际支出几乎一样，可心理价位会觉得占了便宜，比如 99.9 元跟 100 元只差 1 毛钱，买家心里上会觉得只用 90 元多买到 100 元多的东西。对卖家而言也可以将利润最大化。

网店商品定价三大方法

方法一：价格从顾客中来。

最低价+（最高价–最低价）×0.618 =价格。

方法二：价格从成本中来。

成本价 + 溢价 + 平台成本 + 售后成本 = 价格。

方法三：从同行中来。

1．淘宝站内通过关键词找到款式相同、价格区间相似的宝贝；

2．在"所有宝贝"页面里选择"人气"的排序方法，参考排名前 10 的宝贝价格；

3．将排名前 10 的宝贝价格全部加起来，算出他们的算数平均值。

- 常用定价技巧

定价技巧 1：心理定价。比如 1988、999、158、68、19.98、39.8 等，主要目的是让买家从心理上感觉便宜、数字吉利、精确；整数定价，如 100 元 4 件、20 元 3 斤，主要目的是引导多买，也能避免找零困扰。

定价技巧 2：分割定价。价值比较高的商品可以用这种方法，比如黄金按克标价，能让买家感觉便宜，买得起。数量分割定价，量需求不大的商品，比如榨菜是很少按箱定价的，按袋定价；再比如很多垃圾袋默认规格是一捆 5 卷，可以拆开来一卷定价，既能在同行中有价格优势也能促成更多量购买；主要目的是引导买家少量多次购买。

定价技巧 3：折扣定价。形式多样，如积分折扣、会员折扣、数量折扣、活动折扣等，主要目的是增加买家紧迫感，暗示过了这村没这店，激励购买、引导多买、刺激购买。比如天猫常用的，买商品返积分，下次购买可用积分抵钱。淘宝常用购物送淘金币、集分宝，下次购买抵钱。店铺内部常用会员打折，按会员级别实行不同折扣等。数量折扣用得比较多的是满就减，满件优惠，比如单笔订单满 2 件，立减 38 元；卖小玩意儿、低单价商品的可以结合淘宝评价规则，设置单笔订单满 6 件，包邮送礼物之类的。

定价技巧 4：差别定价。为满足不同用途，可用产品差别定价，比如手机、电脑等可设置不同套餐，包含物品不同，价格不同；为区分不同距离，可用地域差别定价，比如运费问题，用运费模板设置全国不同地区收取不同运费；有些商品具有明显季节性，可用时间差别定价，鼓励闲时购买或者反季节购买。

定价技巧 5：组合定价。可以是互补组合或者搭配套餐促销组合。比如一些必须搭配的，买打印机可换购或优惠购墨盒；非必须的，买奶粉优惠购尿不湿。

定价技巧 6：降价加打折。比如 100 元直接 6 折，损失 40 元；改为 100 元先降价 10 元，再 8 折，只损失 28 元，而买家感受到的是双重优惠。实现方法很多了，使用不同促销工具组合就行，核算好成本利润即可。

5. 特殊活动时该如何定价

特殊活动主要是指以下几类：

一类：淘宝每年都有的几次大活动，如 616/618 年中大促、淘宝 99 大促、双 11、双 12、腊八年货大促等。

二类：淘宝推出的不同类目季节性大促，如女装大促、家电节等。

三类：卖家自己的周年大促、会员节大促等。

这些特殊活动做促销，最重要的就是保护商品价格，不要对大促后的买家造成伤害。成功报名淘宝官方大促活动，淘宝会考虑这层，直接显示商品原价而非拍下价格，比如双 11 时，商品原价 688 元，活动期间买家支付 328 元购买，成交记录中显示拍下价格为 688 元，活动结束后再涨价，如 388 元，新来的买家也会觉得很划算；如果不能参加官方活动，自己用促销工具打折，就要考虑这个问题，不然后面新买家看到你现在价格比之前高，容易讨价还价或者跳失。

20.2　店内活动策划与执行

促销（promotion）就是营销者向消费者传递有关本企业及产品的各种信息，说服或吸引消费者购买其产品，以达到扩大销售量的目的。可简单理解为给买家好处，刺激买家购买欲望，让买家有购买冲动。

1. 店内促销活动原则

明确促销目的：网店做促销的目的一般有提升品牌知名度、增加销量、增加买家数、清库存。根据店铺具体问题，促销目的还可细分为提升转化率、提升客单价、提升流量、提升回头率。你打算做促销了，一定先确定初衷，再执行。

需要有促销的理由：难道自己做促销让利优惠，还要给买家一个理由？要说明这个原因，我们先看以下两个问题。

问题一：天上掉下的馅饼你敢吃吗？

无缘无故的好事降临到你头上，你会轻易相信吗？现在的骗子无孔不入，大家警惕性都很高，若把促销优惠做成天上掉馅饼那样的好事，非失败不可。所以要做好促销，先得给买家一个降价的理由，找个恰当的主题，否则买家是不会轻易相信并参与的。

问题二：天上掉下来的馅饼好不好吃呢？

如果不管顾客的需求与否，而把自己的商品强加于人，自然会引起反感。再者，物以稀为贵，东西来得太容易、太多，人们就失去兴趣，得到也毫不珍惜。所以，促销要给买家参与的理由，有一定的条件，并且要付出一定的牺牲或者代价才能得到，轻易得到的东西人们往往不会珍惜，这样才能充分地激发起买家参与的积极性。促销才能达到好的效果。

逢年过节、开张周年庆、淘宝大促等都是促销的理由，没理由，也要善于创造理由，只要合情合理，容易激发参与感就行。比如以下几个案例：

为了纪念国际无烟日，凡在店内购烟超过 50 元的顾客，将免费获赠进口原装精美打火机一支。

为了纪念麻将发明 X 周年，凡在本麻将社消费超过 2000 元的顾客，将免费获赠香水麻将一副。

为了纪念祖冲之诞辰 X 周年，凡来本体育用品店购买圆形体育用品的顾客，均将享受 8.5 折优惠。

为了纪念"掩耳盗铃"故事流传 X 周年，凡来本店购买助听器的顾客，均将享受 7.5 折优惠。

- 需要有时效性

设定时效，是为了让买家相信：你的促销理由是真的，你的这次促销是真的，买到的商品是物有所值或者物超所值的！有些卖家喜欢把促销理由设置为"仅此一天"、"最后一天"、"最后 1 小时"、"最后 100 件"之类，过了这个时限再来看，还是这样，买家会认为你的商品只值折后价，商品价格虚标，不会愿意再买第二次。

- 需要有额外价值

比如顾客花 100 块钱买你家商品的时候，你能让他感觉到他得到的是超出 100 元价值的商品，这样才会让顾客有购买的冲动。

- 尽量让参与的人沉淀下来

使其沉淀的方式很多，比如收藏店铺/商品有礼、购物送淘金币、签到送淘金币、免费领红包、加购物车送优惠券、关注送优惠券、加旺旺群、加店铺帮派、加 QQ 群等。主要目的：一是让已经购买过的下次再购买；二是为二次销售或者老客户维护积累买家数据；三是让这些目标消费群体能聚集在我们身边，任何时候能轻松联系到并定向营销。

2. 促销活动执行流程

执行流程：活动选款→设置折扣→制作模块→活动展示（店铺内装修展示）→活动推广→效果分析。

活动选款：做促销活动的商品数量并非越多越好，太多买家会觉得你在骗人，商品价值不足；也不要选自我感觉良好的商品，这样过于盲目；可以走差异化路线，避免同行间价格战，同时也要考虑处理后续跟风新品的应对策略；通过数据理性分析，看市场取向，根据消费群体喜好选款；不能只看眼下，从长远整店全局考虑促销品布局。

通过数据指标选款时，重点参考以下几个数据：UV 访客数、PV 访问页面数、成交量、成交转化率、客单价、关联销售量、收藏数、页面停留时间；营销事件前后，重要指标走势对比。

3. 促销活动类型

- 买就送——送的东西要适当。太好的增加成本，太差的买家嫌弃。常用做法：送跟主商品互补的东西，如：买化妆品送化妆包，买沙发送专用清洁剂或者沙发套等，买皮衣送专用皮衣护理液；将本身配套的副品作为赠品，如：买假发送假发支架、假发专用清洗液、发网等，买手机送贴膜、防尘塞、耳机等。
- 包邮——限区包邮、单品或全店满件包邮、单品或者全店满金额包邮。限区包邮：可通过设置运费模板实现；满件包邮特别是全店任选 6 件不同商品包邮，能以 6 倍速提升店铺信誉。
- 打折——顾客最喜欢但又难让顾客相信商品价值，所以短期用。打折的时候最好不要赤裸裸地直接大幅度打折；多重折扣反而能造成捡大便宜印象，促成购买。比如原价 98 元，五一 6 折狂欢 58.8 元，同时无条件领取 5 元红包，淘金币抵钱 2%且全国包邮，最终买家只需 42.04 元可买到。这样买家感受到的是多重优惠且商品可能真的进价很贵。
- 拍卖——价格不固定的商品可以用，借此让买家定价。
- 团购——比如聚划算。

- 换购——买满多少加多少得到另外一个东西。
- 试用——适合食品、化妆品、香水等类目。常用做法：小样低价促销，鼓励买家先体验再购买。付邮试用、免费试用等。
- 积分——针对老顾客二次营销。鼓励多买。常用天猫积分、淘金币、集分宝。

不同类型的促销实则跟店内商品定价息息相关，做促销既要大卖还要实现盈利，因此用不同的促销类型，一定先核算成本，合理科学定价。

4. 促销方案

做促销方案的目的是让整个促销环节可控，没大动作促销时，方案可有可无；反之，促销方案尽量详细，一般应该包含以下要点。

- 选款评估、消费群分析：不是随便哪个商品都适合做促销，促销时结合促销目的、市场竞争形式、消费者喜好综合选款；通过数据分析软件比如生意参谋，分析此次促销目标消费群体中男性多还是女性多，年龄区间，他们的购买力如何，偏好什么区间价位，这些人在最近一段时间内购买的客单价是多少，从而合理高效设定促销价格、促销偏向等。
- 促销目的：关乎前期准备和活动结束后效果评估，不管是为提升转化率、提升客单价、提升流量、提升回头率，还是为提升品牌知名度、增加客户数、清库存，在你的促销方案中一定要非常明确，目的性强、针对性强，执行起来更有的放矢。
- 促销理由：关乎促销成败，合情合理才能激发买家参与感。淘宝曾经有个掌柜，库存堆积如山，但时间上很尴尬，既没临近法定节假日、又不是季节交替，店内也没周年庆会员节之类，他给自己创造一个促销理由：说"每天日夜打理网店没时间顾家，老板娘跑了，现在挥泪清仓大甩卖，只为赶紧找回心爱的老婆"。这个理由不但道出网店卖家现状且顺利博得买家同情，促销非常成功。库存清完，接着上新款，为积累销量，这个聪明的掌柜又想到一个促销理由："感谢广大买家朋友帮忙，顺利从丈母娘家接回老婆，感恩回馈，新品 7 折好礼不断"。第二阶段面向之前参加过清仓活动的买家和很多新买家，该掌柜细心地在第二次促销时还原第一次清仓情景，一是让先前买家知道结果，二是让新买家知道事情原委，与民同庆，进一步验证促销理由的真实性，再一次获得成功。可见，设置促销理由时，除了走常规路线也要善于创新。
- 促销前的准备：准备工作做足，在促销过程中不至于手忙脚乱。包含备货库存、客服人员、宝贝详情页设计、店铺装修、活动单品重点推荐途径、是否有赠品、促销商品预包装、物流沟通等。
- 促销工具选用：前文"19.2 必须学会的店铺诊断技法"中总结了电脑端和无线端常用的促销工具，做促销时具体用哪些工具，根据促销目的和促销理由确定。
- 促销中的引导：主要指活动进行中让尽量多的访客都知道当下有活动。根据流量来源大致判断哪些买家知道哪些不知道、客服接待时在旺旺对话或快捷回复中设置促销品介绍和入口引导、在店内页面多处呈现活动信息。

- 后期发货的安排：大促最需要关注发货时效，主要是人员、仓储、硬件配备如电脑、打印机等。
- 应急事件的处理方案：万无一失是最理想状态，但往往不能一步到位，事先应该对可能出现的状况进行预判，发生问题时及时处理。比如流量不足时，你得知道通过哪些途径能提升流量；销售过多库存不足时，聪明卖家的做法是将宝贝下架且在该促销宝贝详情页中新增下架原因并增加其他促销品入口或关联宝贝入口，将流量有效利用；合作的快递公司不能正常顺利发货时，应事先谈好其他快递公司；客服人手不足时，得知道从什么途径能马上增加或借调。
- 促销信息告知：不同渠道，如用所有的推广手段告知；不同形式，如图片、文字、客服旺旺自动回复、短信等；掌握时间节点多次告知，如开始前、促销中、即将结束时。

5. 促销效果评估

对促销效果评估可以帮助总结经验，找出做得好和做得不好的点，便于下次完善改进。主要从这几个方向着手：流量、直接销量（开始打算卖多少，实际卖了多少）、知名度增长、客户数增长、客单价、买家反馈各类问题、买家数据积累等。

促销是对顾客购买行为的短程激励行为，有时效性，短期进行而非长期。不同阶段变换花样，保持顾客的新鲜感，要让买家觉得促销所给出的优惠是不容易得到的。不同类型的商品要选择不同促销方法，注意形式、力度。

20.3　提升客单价必备店内关联营销策略

通过前面章节的讲解，大家知道了店内关联营销对提升访问深度、客单价的重要性，可实际操作中容易走进误区，也有各类疑问，如关联宝贝是越多越好吗？关联推荐会引起降权吗？创建制作关联简单吗？怎么关联才能达到最佳效果呢？

1. 正确的关联形式和选款方法

不管卖什么商品，应该找对关联形式和选款方法，推荐以下几种：

关联形式 1：同类推荐。

a. 功能相同；案例：无袖羊毛背心—无袖羊毛背心；纯棉长袖衬衫—纯棉长袖衬衫；

b. 属性相同或相近；案例：红色米奇拎包—红色拎包；1.2 米咖啡色办公桌—1.2 米褐色

办公桌；

c. 价格相当；案例：39元的打底裤—20～50元之间的打底裤；128元的洁面乳—100～150元之间的洁面乳；380元的羽绒服—300～500元之间的羽绒服。

关联形式2：搭配套餐。

a. 功能互补；案例：毛衣—围巾—帽子；文胸—文胸洗护袋—收纳盒；手机—充电宝—保护壳/套；

b. 价格刺激；案例：搭配购买，8折；任选2件，减8元；购买套餐，包邮送礼。

关联形式3：好评推荐/热销推荐，有助于买家消除疑虑、转移注意力、取长补短。

a. 功能相同或者互补；

b. 有销量支撑；案例：销量低的宝贝—销量高的宝贝；

c. 有好评支撑；案例：评价少的宝贝—评价多的宝贝；评分低的宝贝—评分高的宝贝。

关联形式4：情感嫁接。

a. 情感联系；案例：大家电—送父母取暖器、净水器；母婴—多功能上衣—宝宝纸尿裤；首饰—送老婆—送母亲；

b. 行业特性；案例：有主有次；

c. 价格水平；案例：价格较高的宝贝—价格偏低的宝贝。

2. 哪些位置可以做关联

店内可做关联的主要位置前文已经讲过，包含首页、宝贝详情页、分类页、自定义页面、活动页等，当引流推广以单品为主时，在宝贝详情页中关联引导入口更为重要，可以回到"19.2 必须学会的店铺诊断技法"温故几遍。

这里再说明一下不同位置建议做什么样的关联形式。

- 店招导航（页头重要）：考虑全店布局，根据自己店铺各时期促销活动安排，不定期更换。
- 第三方插件区：推荐"关联形式2：搭配套餐"。
- 左侧导航：推荐"关联形式3：好评推荐/热销推荐"。
- 宝贝详情页正文上方：推荐"关联形式1：同类推荐"。
- 描述内容中适当添加：根据当前宝贝特点，关联互补类效果最好。比如上衣关联裙子或者裤子。
- 宝贝详情页正文下方：推荐"关联形式4：情感嫁接"。

3. 选择适当的关联宝贝数量

淘宝官方比较注重用户体验，因此对宝贝详情页过于累赘、与当前宝贝介绍无关信息太多的商品会进行降权处理。

降权条件：在宝贝描述上方，宝贝描述下方不影响；推荐宝贝过多，数量太多或者占用页面高度太大。

宝贝详情页内建议关联的宝贝数量：

- 搭配套餐形式：2~4 个，3 个最佳。
- 其他关联形式：6~12 个，8、9 个最好。
- 放在宝贝描述下方的：20 个以内。

4. 如何展示关联宝贝效果最好

要让关联效果最佳，建议遵循"针对性展示、精准关联"原则。也就是说对不同商品做不同的关联展示模板。

最佳的效果展示：以宝贝单品为单位制作关联模板。比如当前主宝贝为 A 时，专门针对 A 制作关联模板展示；当前主宝贝为 B 时，专门针对 B 制作关联模板展示，以此类推。

一般的效果展示：以类目/属性为单位制作关联模板。比如类目 A 中包含商品 a、b、c、d、e，制作一个类目 A 通用关联模板，展示到商品 a、b、c、d、e 所有详情页中。

无效展示：全店所有商品无区分，只做一个关联模板。这种做法没考虑个体差异，推荐商品可能都与关注每个单品的买家需求有出入，最终效果不理想。

关联营销的流程：分析每一个单品卖点 → 找准该宝贝适合的关联推荐形式（同类推荐、搭配套餐、好评推荐、热销推荐、情感嫁接）→ 制作关联模板 → 添加到宝贝详情页面并发布。

20.4　推广中、推广后一定要做的店铺诊断

推广前店铺诊断，主要是对各细节问题预判，尽量准备充分以便流量更好转化。推广中、推广后店铺诊断主要是对店铺各类数据、买家反馈、商品销量等方面进行分析，找出问题，进而对正在进行的推广或促销完善改进，为下一次推广提取经验。

1. 店铺诊断的思路

不同推广目的、促销目的，最终实现的效果会不同，需重点诊断分析的数据维度也不同。以诊断销售额为例，销售额高低关键有两个影响因素：流量大小和购买人数多少，诊断思路就应围绕流量和购买人数展开。

2. 具体诊断方法：一个公式、一个模型、一个报表

推荐使用"一个公式+一个模型+一个报表"的诊断方法，能快速找准店铺问题所在，并高

效制定问题处理方案。

- 一个公式是指：销售额=访客数×成交转化率×客单价。

"访客数"隐含四个数据指标：访客数（全店各页面的访问人数）、浏览量（店铺各页面被查看的次数）、访问深度（用户在一次访问内访问店铺内页面的次数）、平均访问深度（所有用户每次访问时访问深度的平均值）。提升这些参数值具体方法：通过各种推广引流手段提升访客数；增加店内宝贝数量（不定期上新，不要一次性全部上完）、店内商品分类清晰明确、店铺装修布局合理、引导入口清晰可辨易于操作、商品迎合当季市场等有助于浏览量增高；营销推广做得好，能持续带来用户访问；店铺装修、各类主题活动、新品、热销推荐等图文设置有吸引力，能有效增加页面浏览数。

"成交转化率"指成交用户数占访客数的百分比，即成交用户数/访客数。提高成交转化率可从以下维度入手：优化宝贝详情，使图文细节更有吸引力；从宝贝价格、运费、促销力度等方面增加自己商品在同行中的竞争力；平时店铺运营中从细节上注重提升全店服务水平，比如客服接待注重技巧、提升好评率、让买家将店铺 DSR 评分都打满分等。

"客单价"是指评价每位用户的成交金额，即等于支付宝成交金额/成交用户数。搭配销售、回头客运营效果好；每个用户购买的宝贝数量越多；价格较高的宝贝销量好都能提升客单价。

延伸对公式的理解：销售额=让更多人购买×每人买更多。

- 店铺诊断模型如图 20-1 所示，每周做一次模型分析，掌握店铺走向，关注细节，使店铺走向良性循环。

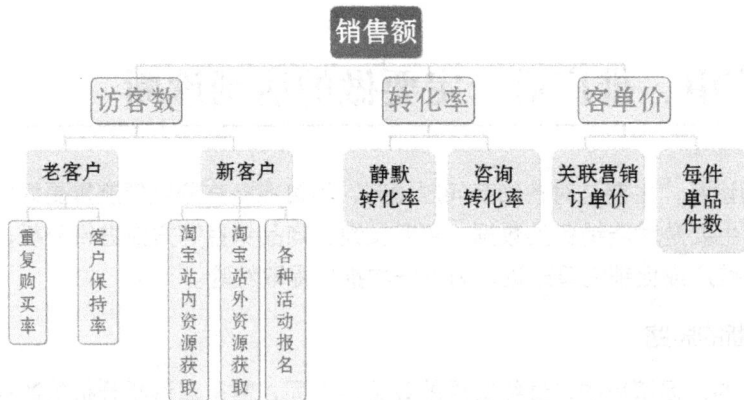

图 20-1　店铺诊断模型

具体做法：分析一段时间内数据环比增减，找出问题所在。分析数据指标参考如图 20-2 所示，一段时间可以是半个月、一个月、一季度等。

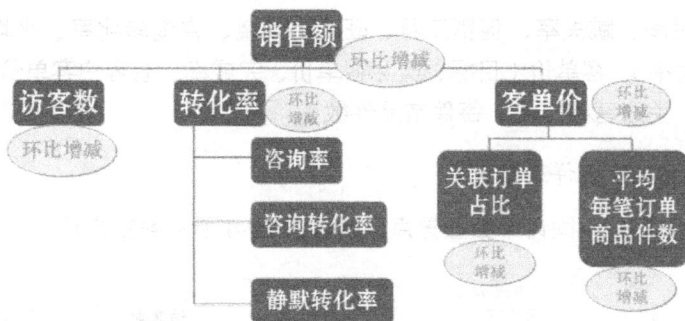

图 20-2　店铺诊断环比分析的数据指标

　　案例：某店通过两个月的数据环比分析发现，访客数 UV、客单价都是良性增长，但转化率却降低了 **20%**，如图 20-3 所示，进一步分析发现咨询转化率、支付率较上一周期有所下降。咨询转化率低，可大致判断客服接待能力有待提高，要么换了新人，要么客服对工作有所懈怠；支付率低，说明买家拍下订单后未付款的多。

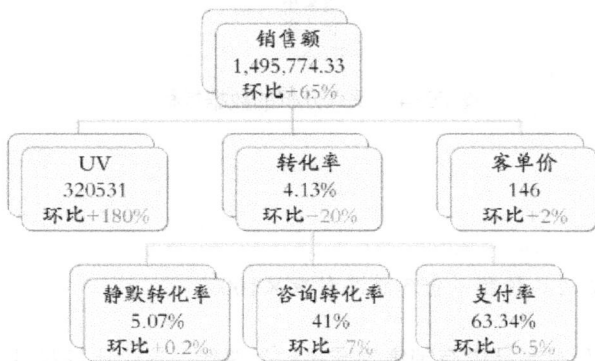

图 20-3　某店两个月的数据环比分析

　　解决方案：重点提升客服接待能力，制定客服培训方案，集中突击培训。买家拍下不付款，多分析不付款原因，对症下药，合情合理委婉地进行订单催付。

- 一个报表：店铺运营日报表。报表的主要目的是制定阶段计划并监督工作完成情况，报表中应包含以下参数：销售额（目标、实际销售额、完成率）、全店访客数 UV（目标、实际访客数、完成率、浏览量 PV、浏览回头率、老客户数、新客户数、淘宝搜索流量、直通车、淘宝客、淘宝类目主题市场流量、淘宝站内其他、淘宝活动报名、淘宝站外、搜索引擎、垂直网站、论坛帮派、微淘收藏、QQ、微博等 SNS 推广、视频推广、软文推广……）、全店转化率（目标、实际转化率、完成率、静默转化率、页面访问深度、页面停留时间、跳失率、促销工具、旺旺咨询量、咨询转化率、平均响应时间、DSR 评分、支付率）、客单价（目标、实际客单价、完成率、老客户客单价、新客户客单价、营销工具、关联营销订单、每件商品件数）。

> **提醒：店铺运营日报表详见附录 E。**

推荐不同店铺阶段、不同订单数量重点分析如图 20-4 所示数据指标。

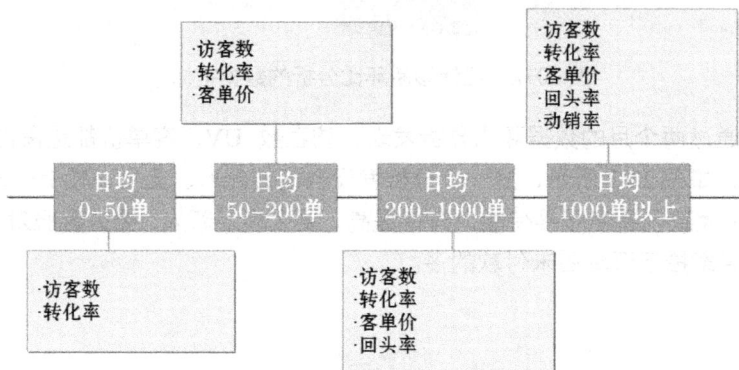

图 20-4　重点分析的数据指标

小贴士

商品动销率=动销品种数÷仓库总品种数×100%

动销品种数：店内所有商品中有销售的商品种类总数。这个比率是评价店内各种类商品销售情况的指标。要了解某一单品的动销情况，一般用以下计算公式：商品动销率 = 商品累计销售数量 ÷商品库存数量。

20.5　店外引流策划

1. 以提升店铺信誉为主线引流：主要目的是快速提升店铺信誉，盈利为辅

以"店铺零信誉至一钻的一月打造计划"为例，讲解实战执行步骤。

第一步，熟知淘宝店铺信誉体系："好评"加 1 分、"中评"不加分、"差评"扣 1 分。同

一买家一个月内买不同商品不管多少好评只加最多 6 分；14 天内同一商品不管买多少只加 1 分。

第二步，制定流量获取计划：一钻 251 个好评，按一单一个好评计算，需要 251 单。

按淘宝市场平均转化率 1% 算，100 个 UV 成交 1 个，成交 251 个需要 251×100=25100 个 UV。

一月实现上钻，5 天店内准备，25 天引流转化售后等，每天需引流量：25100/25=1004 个。

第三步，制定推广执行计划：新店用什么推广方法好、转化高？

a. 淘宝站内官方免费资源：搜索优化、论坛、类目主题市场活动报名、微淘发帖、开直通车、淘宝客；

b. 站外资源或者第三方活动报名：垂直网站发文发帖、活动报名、QQ 空间日志相册、微博、微信等。

提升转化必备条件：

a. 优化宝贝主图、价格、促销、详情描述、店内关联；

b. 客服接待、店铺装修。

用 10～20 种获取流量途径，每天每种流量途径进店 UV 50～100 个，提升转化靠店铺内功。

关键点：都是有效流量、真实访客、目标消费群体。每天做好推广效果监测，效果好的方法，投入多精力，不好的暂时搁置，及时分析数据改进店铺存在问题。

重点注意事项：

a. 报名活动需要排期，提前整理好各种活动报名条件，安排排期，计划好活动报名与店铺备货、客服接待、售后打包发货等事宜；

b. 一般一款商品不能同时进行多项活动，挑选多款商品报名不同活动，扩大覆盖面。

第四步，制定促销活动计划：快速提升信誉，核心点是提高合单率、引导多买。单个买家购买件数越多，整体需要的买家数就越少。众多促销工具当中推荐使用搭配套餐、满就送、满就减、限时打折。

5 倍速度提升店铺信誉的搭配套餐设计案例：为主商品设置一个 4～5 个宝贝的搭配套餐，如图 20-5 所示。关键点：a. 搭配商品价格低但价值大；b. 功能互补型；c. 详情描述中重点突出引导买家拍下套餐描述。

总结：推广前做好内功，按照优化规则发布商品，按照活动策划装修店铺；推广中制定流量获取计划、推广执行计划、店内促销活动策划、客服接待准备；推广销售后及时发货、售后解疑答惑、收集整理买家数据、维护店铺动态评分、好评率。

以提升信誉为主，可以把思路放在打造店内多款商品的基础销量上，为后续多款商品上更优更大的推广活动做准备。在付款后的 10 天内特别是付款后 3～5 天内多做功课，激励买家快速回评打分。比如：订购短信关怀软件、加微信返红包等。

细节执行到位，一个健康发展的店铺已初见雏形。一切一切的前提是商品质量过关。案例中的数据都是估算的，只要细节执行到位，效果就会出乎你的预料。

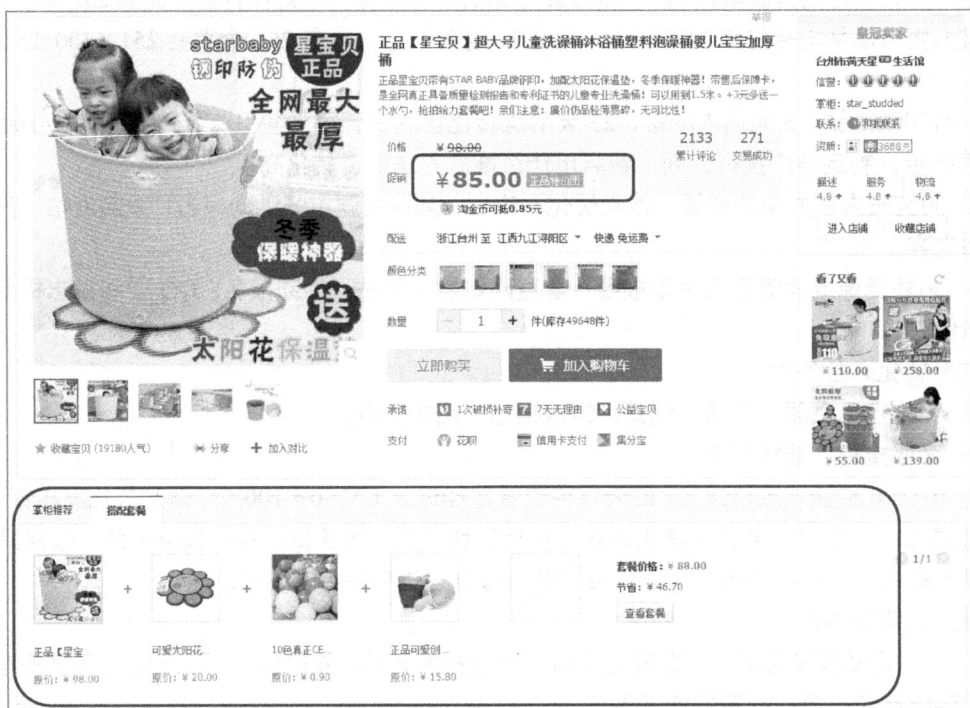

图20-5　5倍速度提升店铺信誉的搭配套餐设计案例

2. 以打造爆款为主线引流：主要目的是快速提升商品销量，盈利为主

核心点：集中流量注入单品，短期大量提升单品销量；通过单品销量，提升店铺信誉；通过单品关联，拉升整店其他商品销量；再从关联商品中孕育下一个爆款。

第一步，制定流量获取计划；第二步，制定推广执行计划；第三步，制定促销活动计划。具体细节运作流程与"以提升店铺信誉为主线引流"类似，举一反三即可。

不管选哪种方式，希望大家根据自己商品特点，合理规划，灵活变通。

第 21 章

拉伸动销率实现全店爆款

站在消费者角度看，爆款就是那些供不应求、销售量很高、人气很高的商品。而站在淘宝卖家、网店运营者角度看，爆款却是一次次精心策划活动的战利品。爆款可以获得好的自然搜索排名，能为店铺带来大量优质、高转化的精准用户群流量；爆款能够热卖，能提升店铺销售额；爆款可以带动店内其他商品销售。爆款确实诱人，是所有淘宝卖家都想要的，可大多数店铺的现状要么是几天都没生意，要么是一天卖几件，一个月卖几十件，那些月销几千件、上万件甚至几十万件的店铺是如何做到的呢？

一个爆款的诞生，不是偶然的，一定是经过系统全面的准备、科学的规划，再加上强有力的执行成就的。

21.1 爆款的全新释义

淘宝有超过 800 万卖家，极少数卖家会真正停下来，静心思考自己的店铺将如何发展，往往随波逐流。店铺要做大做强，必须先搞清楚目标和策略。做爆款也一样，只为爆款而做爆款，不考虑全店布局和长久发展，最终一定摆脱不了"昙花一现"的命运。

爆款的战略意义在于合理规划、制定目标。

如果你店铺有一两个爆款，月销 10 万元，再多几个爆款引爆全店，那你店铺可能达到月销 100 万元；再进一步，每月都能持续不断地推出新爆款，做得比较好的话，那你的店就会是月销 1000 万元的超级大店。敢想才敢于规划，落地执行就能出成果。在店铺运营过程中，爆款本身就是一种战略，很多超级大店也是这样成长起来的。中小卖家成长的捷径就是持续不断地做爆款，爆款的数量越多，爆款销售的笔数越多，整店规模就越大，最终就能成为别人羡慕的超级大店。

下面看一些经营得好的淘宝大店数据，随意在淘宝站内搜索了几个类目，这里分别提取这些店铺的三个数据：月销量超过 1000 笔商品数、店铺月销量、店铺日流量。从下面表格中数据可看出这四家店的爆款数量很多、月销量很大，整店日流量也非常大，他们都是典型的从单品爆款到全店爆款再到超级大店的成功案例。

店铺名称	主营类目	月销量超过 **1000** 笔商品数	店铺月销量	店铺日流量
毛菇小象	女装	22	10735	66785
平价饰品第一店	饰品	184	382645	1005629
莎琪儿内衣店	内衣，文胸	32	65961	584062
还不晚平价家居第 1 店	创意家居	127	296004	1218867

数据来源：淘宝店铺搜索

看数据很美好，我们自己有没有机会做到像案例店铺一样的规模呢？

借用李宁的品牌口号：一切皆有可能。电子商务的魅力在于每天都能让我们看到新的神话诞生。对大多数中小卖家来说，第一步就是成功做好第一个爆款。

成功的爆款除了可以提升店铺流量，提升整店销量，提升整店转化率，还能提升店铺的回头客比例和忠诚度，这些对中小卖家都特别重要，这也是爆款的战术意义。

我们把商品从拍照编辑发布上架，到开始销售，到热卖，再到售罄下架退市这样一整个时间段叫作爆款的生命周期。按照卖家们的一贯做法，将其分为选品期、孕育期、成长期、成熟期、衰退期、下架退市。

按照商品属性不同，又分为应季爆款生命周期和非应季爆款生命周期。其中，应季爆款商品的生命周期相对较短，大概三个月左右。非应季爆款商品的生命周期比较长，可贯穿全年，直至产品更新换代。只有掌握了爆款的生命周期，才能针对性地、科学有效地制作打造爆款的操作计划表。

对于应季爆款商品和非应季爆款商品的生命周期，我们该如何来具体确定呢？

应季（季节性）爆款商品的生命周期确定原则：在生命周期开始前 1~2 个月左右，开始准备。非应季爆款商品的生命周期可贯穿全年，确定原则：只要准备好就马上去推广。

而事实上很多宝贝在孕育期就夭折了，或者销量一直不温不火，还有的快速进入成熟期但也很快地衰退，不能很好地给店铺带来回报。

那么如何打造完整的爆款？如何让爆款的价值最大化呢？

不管卖什么商品，都需思考 6 个环节：爆什么？→如何爆？→在哪儿爆？→为什么爆？→爆了之后怎么办？→接下来是否还要爆？ 让整个流程形成一套完整的营销闭环，包括活动前的选款测试、备货及上架相关、SKU 方案设计、渠道调研等；包括活动之中明确人员权责、统计数据、优化推广及服务监控；包括活动之后对于售后服务的跟踪、投诉分析、纠纷处理以及后续的延伸服务等。

21.2　单品爆款的运作技巧

理解了爆款的意义，知道了爆款的生命周期，接下来就是制定爆款打造计划和落地执行，有的店铺能持续不断地推出新的爆款，每个月都有新的进步，而有的店铺只是偶尔出现一款爆款，或者说一年到头都没有成功打造出一款爆款，除了方法，更多是执行。打造爆款主要分为以下三个阶段。

第一阶段：推广前准备，如图 21-1 所示，包含选款、备货、编辑上架、渠道调研。

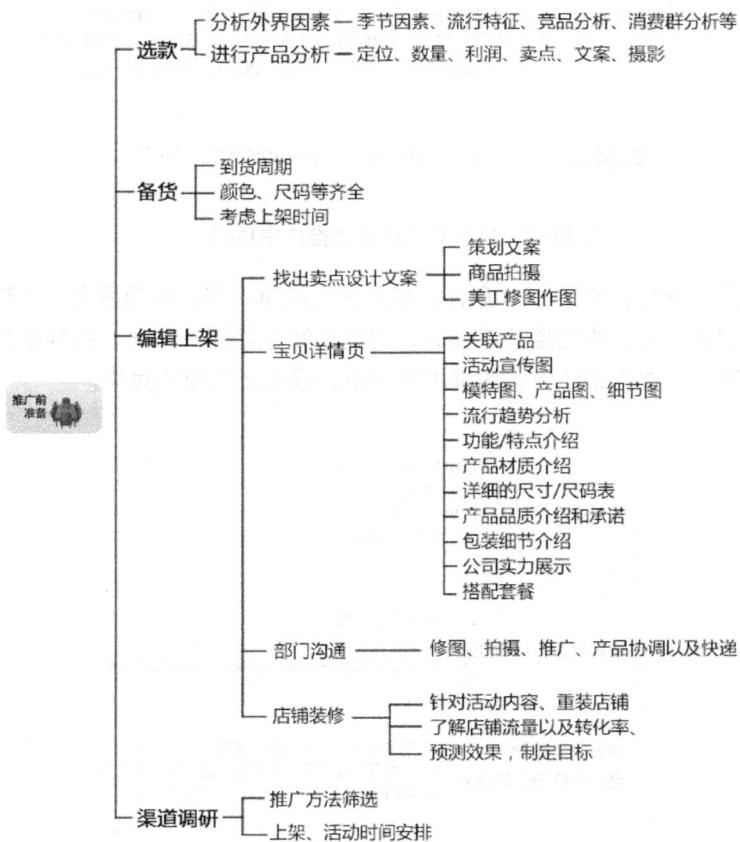

图 21-1　打造爆款步骤之推广前准备

第二阶段：推广中执行，如图 21-2 所示，包含人员分工、各自权利责任，数据统计，优化推广计划，服务监控。一旦开始运作，需各部门配合，各细节落地到专人负责。

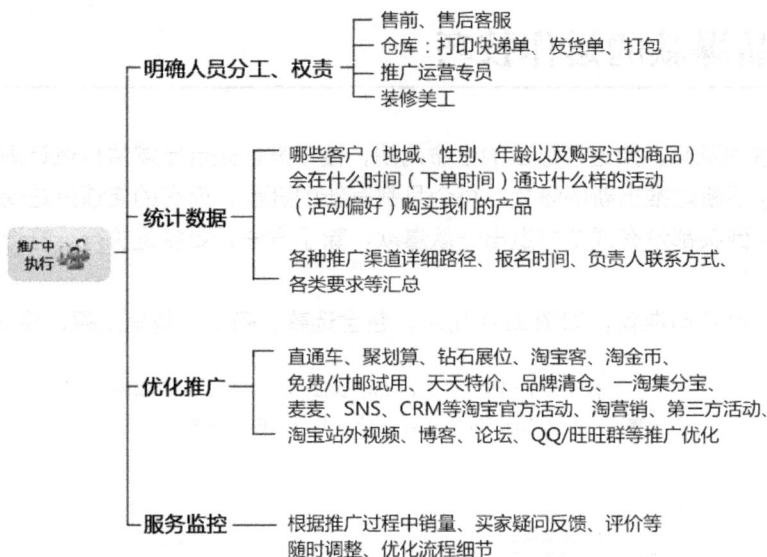

```
                    ┌─ 明确人员分工、权责 ─┬─ 售前、售后客服
                    │                    ├─ 仓库：打印快递单、发货单、打包
                    │                    ├─ 推广运营专员
                    │                    └─ 装修美工
                    │
                    ├─ 统计数据 ─────────┬─ 哪些客户（地域、性别、年龄以及购买过的商品）
                    │                    │  会在什么时间（下单时间）通过什么样的活动
┌─────────┐         │                    │  （活动偏好）购买我们的产品
│ 推广中  │         │                    │
│ 执行    │─────────┤                    ├─ 各种推广渠道详细路径、报名时间、负责人联系方式、
└─────────┘         │                    └─ 各类要求等汇总
                    │
                    ├─ 优化推广 ─────────┬─ 直通车、聚划算、钻石展位、淘宝客、淘金币、
                    │                    │  免费/付邮试用、天天特价、品牌清仓、一淘集分宝、
                    │                    │  麦麦、SNS、CRM等淘宝官方活动、淘营销、第三方活动、
                    │                    └─ 淘宝站外视频、博客、论坛、QQ/旺旺群等推广优化
                    │
                    └─ 服务监控 ─────────┬─ 根据推广过程中销量、买家疑问反馈、评价等
                                         └─ 随时调整、优化流程细节
```

图 21-2 打造爆款步骤之推广中执行

第三阶段：推广后分析，如图 21-3 所示，售后三大关键环节，物流服务、店铺服务、买家资料整理。很多店铺在售前、售后准备不充分，导致后续中差评一大堆，各种投诉维权，店铺动态评分全线飘绿等，一次活动结束，店铺内伤严重，很久都恢复不过来。

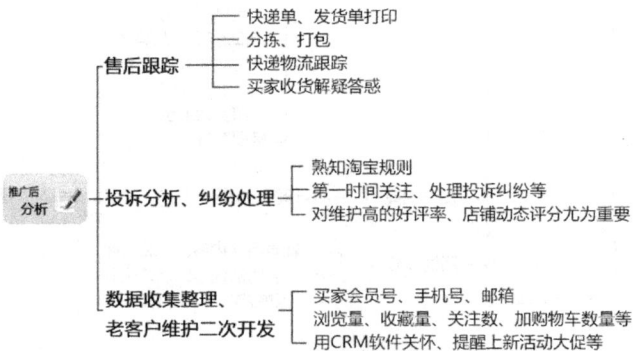

```
                    ┌─ 售后跟踪 ─────────┬─ 快递单、发货单打印
                    │                    ├─ 分拣、打包
                    │                    ├─ 快递物流跟踪
                    │                    └─ 买家收货解疑答惑
┌─────────┐         │
│ 推广后  │         │
│ 分析    │─────────┼─ 投诉分析、纠纷处理 ─┬─ 熟知淘宝规则
└─────────┘         │                    ├─ 第一时间关注、处理投诉纠纷等
                    │                    └─ 对维护高的好评率、店铺动态评分尤为重要
                    │
                    └─ 数据收集整理、      ┬─ 买家会员号、手机号、邮箱
                       老客户维护二次开发  ├─ 浏览量、收藏量、关注、加购物车数量等
                                         └─ 用CRM软件关怀、提醒上新活动大促等
```

图 21-3 打造爆款步骤之推广后分析

打造爆款的一整套流程，考验一个店铺的综合解决问题能力，只有成功做好第一个爆款，你才算真正步入经营店铺的正确轨道，才有机会从小卖家成长为中型卖家，再向超级大卖家迈进。

21.3　全店爆款的运作技巧

只要成功做出一个爆款，你对店铺运营会有全新的认识。全店爆款的运作核心技巧就是不断复制第一个爆款的运作模式！

在整个流程中，好的产品+引流方法是成败的关键，其他很多环节都是为更好引流或者引流后得到更高转化服务的，掌握越多引流资源和手段，就越能够成功注入流量成就爆款。

当前电商环境下，建议同时掌握多种适合自己产品的引流手段，并将其用到极致。比如直通车，按点击付费，是很多实物类卖家推爆款必备工具之一；淘宝客，按成交付费，有些大卖家全店主要流量来自淘宝客推广；天天特价，中小卖家首选必上活动；淘金币，已经创造了单坑单品当天销售上百万件的战绩；微博、视频等自媒体的崛起，也逐渐成为电商卖家流量主要来源之一。

本书第四篇 14 章至 18 章，深入讲解了很多推广引流的方法，技巧和经验就摆在那里，懂运作的，直接拿来为我所用；不知不懂不学的人，只会抱怨。

爆款打造的执行过程中，会遇到非常多细节问题，比如爆款单品详情页优化、店铺装修、店内关联销售等，这些细节在前文各章节中都教了怎么去做。与售后服务、客服、发货相关细节的处理技巧接着往后看。

再回到淘宝开店流程"注册拥有淘宝店铺→解决货源→为商品拍照→发布上架商品→装修店铺→推广销售→售后发货"，我们会发现，整体思路始终没变过，只是具体执行时，将每一个环节展开细分，解决每个环节中的具体问题，当所有问题都被处理掉时，一转身，你离成功不远了。开店就是做细节！

当然，在爆款单品数量和总体成交量倍增时，你可能会面临以下问题：

- 快递爆仓

解决方案：与多家快递公司一起合作，一家快递公司走不动，至少可以考虑其他的渠道。平时还好，重大节日活动时，除了选择快递公司，包装也很重要。比如平时用盒装的，在订单暴增后无法兼顾时效时可考虑用标准袋装，快递公司最大的卡车装载容量肯定是袋子比盒子多，像双 11、双 12 爆仓期间，发袋装更能提升效率。

- 面料（原材料）缺货

有时候爆款的横空出世并没有预见性，突然起来的订单暴增，压力基本上都丢给了面料商和供应商。在短时间内要凑齐大量订单的面料，质量容易出问题。

建议：每当推新品之前都要准备一些备货量。比如服装类，可以提前预定一定量的面料。

● 客服压力

爆款来临，订单在涨，售前、售后的客服人数却没有成正比递增，这样的结果必然导致大量潜在订单流失，客服人数不够，个个疲于应付，肯定会出现张冠李戴的情况，售后纠纷在所难免。

兵多将广，是店铺运营的基础保证。如果订单多，规模不断扩大，就得提前储备人才，或者遇到大促的时候，有其他途径调兵遣将解决燃眉之急，比如客服外包。

● 资金短缺，无法周转

建议：走淘宝贷款流程。淘宝非常重视信用体系，大家一定不要偏听偏信去炒作信用，像这种关键时候，你店铺信用良好，直接可以凭借订单贷款。

总的来说，不管做爆款还是其他促销活动，尽量多维度地对可能出现的问题进行预判，制定应急方案，出现问题时及时解决。

6

第 22 章

第六篇

淘宝店铺客服接待实战

激烈的市场竞争和日新月异的消费需求推动着电商市场不断发展和变化，现在开店已不再是简单的卖商品，更多时候是考验掌柜们资源整合、运营、服务、发货等综合能力。

马云说：成功始于口碑，服务决定未来。当店铺处在不同的发展阶段，对客服人员的需求也不同，但不管处在哪个阶段，客服都将是您赢得买家芳心、使销量大增的必备利器。本篇第 22 章至 24 章，会教您如何打造一支金牌客服团队，教您选人、识人、用人！

网店单打独斗的时代已逝，团队作战不可或缺的重要工具——"子账号"的使用技巧也会为您一一揭秘；本篇将客服高效率工作必备技巧统统告诉您！

第 22 章

教你打造一支金牌客服团队

客服是店铺中最关键的重要角色之一，对小卖家而言，要身兼数职，客服工作也自己包了，对大卖家及团队运作的店铺而言，客服是独立的职位且专人负责，有一定规模的店铺甚至配置了专门的客服部门。客服这个角色在现今电商中，不是可有可无的，而是一定要有且必须精于业务精于销售技巧的角色。据不完全统计，网店的成交订单中，超过七成的询单转化率都是客服的功劳，仅这一项数据就能充分说明，客服不是一项随便的工作，客服接待也不是一个可以放任不管的环节。

22.1 做好客服工作的重要性

我们先来看一下绝大多数买家的网购步骤，如图 22-1 所示，询单环节，客服很关键。

图 22-1 买家网购步骤

再进一步看下客服对店内数据指标的影响，如图 22-2 所示，销售额是所有店铺都追求的指标，越高越好，在影响这个指标的关键因素中，除了流量、店内详情优化、装修优化，就是客服。此外卖家服务态度就是指客服服务态度，直接影响服务环节中的好评率、退款率、动态评分中 Seller 打分，很多时候服务没做好，Detail 跟 Rating 也遭牵连被打低分，对店铺内部，这几组数据都是淘宝多数活动报名直接参考指标，过低，将不能报名活动，也会影响后续买家对商品、店铺的信任，最终导致销售额下降。对店铺外部，这些指标是淘宝搜索优化排序的影响因素，偏低，也直接影响搜索排名。

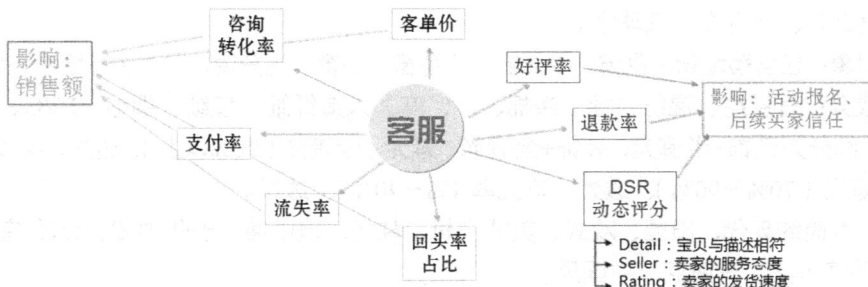

图 22-2　客服对店内数据指标的影响

　　虽说网购卖家与买家之间远隔千里，互不照面，但客服的沟通能拉近彼此距离，让买家印象深刻，对产品有好感，可以说客服是店铺运营环节中最直接的推广人。客服的水平决定了一个店铺的档次与水准，好的客服让买家如沐春风，反之，一般般或者词不达意甚至说话让买家不爽的客服，注定留不住买家的心，有些极端点的买家，认为受气了，会买下商品并且直接给差评、故意打低分，或者投诉。

　　很多店铺在销售过程中存在的问题：

　　好不容易有人问，因客服沟通不当，买家流失？

　　做促销或活动时流量很大，咨询的买家多，但最终询单转化率却很低？

　　客服对买家分析不够、对买家咨询习惯理解不够，顾客流失严重？

　　咨询细节处理不到位，导致 DSR 动态评分低？好评率低？

　　团队、企业流程化自主培训少，客服员工提升慢？

　　……

　　下文将分析销售过程中的客服技巧，让客服成为你店铺的优势和强项。

22.2　打造金牌客服之售前准备

1. 产品知识储备

产品专业知识储备：买家进店可能会问产品规格（重量、大小、等级、容量、纯度、长度、产品配置等）、面料材质（成分、配比、特性、颜色、尺码、厚薄、柔软度、手感等）、产品包装（外包装、是否礼盒、快递包装等）、功效功用（适宜人群、功能效果、使用方法、安装步骤、注意事项等）。不同类型产品涉及专业知识不同，卖家应该根据自身产品特点制定信息覆盖深度。

比如窗帘，专业参数很多。

款式：分为普通打褶、拷扣/穿管帘、穿管帘、窗幔帘、布百页、罗马帘、三角帘、扣波帘、蝴蝶帘、扇百叶、纱百页、汽球帘。

适用对象：包含落地窗、飘窗、平面窗、八角窗、凸窗、拐角窗、弧型窗、窗帘布料、天窗。

原料成分：有涤纶、混纺、棉、涤棉、纱、麻、人造纤维、植绒、绸缎、PVC。

功能：细分为装饰+半遮光、装饰+全遮光、遮光、全遮光（90%以上）、透光、半遮光（40～70%）、高遮光（70%～90%）、透光（遮光率1%～40%）、透景。

风格：有简约现代、田园、欧式、美式乡村、韩式、地中海、现代中式、北欧/宜家、新古典、日式-明清古典、东南亚、中国风。

尺码：有3×2.6米、2×2.6米、5×2.6米、3×1.4米、2×1.4米、5×1.4米、1×1.2米、3×3.2米。

……

你家卖的哪种款式、哪种风格窗帘？成品还是半成品？适合哪种窗户类型？哪些是标配？哪些需另外购买？有几种尺寸？提供定制服务的话，是否需要买家提供测量尺寸？买家自助测量注意事项有哪些？……这些问题是买家关心的、需要清楚明白并解决的，作为客服就更应该搞明白。如图22-3所示为窗帘卖家对某单品专业知识说明要点。

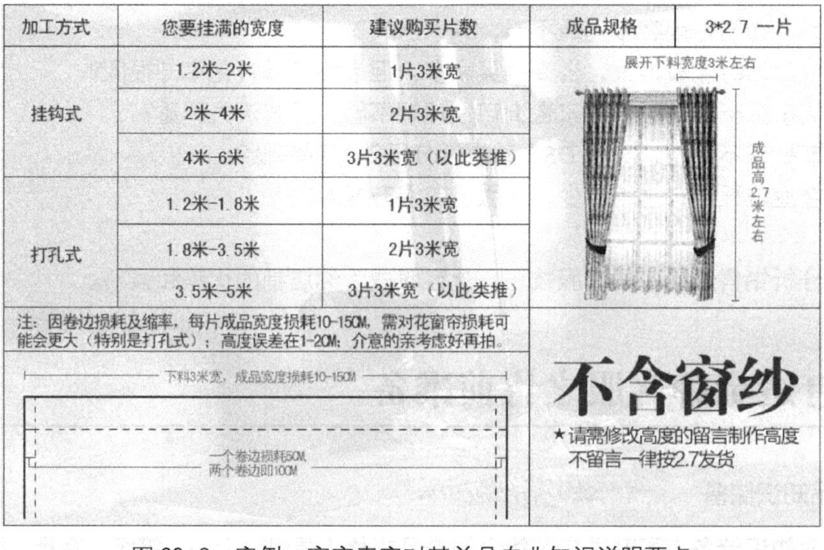

图22-3 案例：窗帘卖家对某单品专业知识说明要点

产品周边知识储备： 周边知识包含店内所有产品、店内与主商品关联销售的产品、竞争对手产品信息等。

以女性化妆品为例，如果你的店铺卖彩妆，客服除了对每一款商品的专业知识非常清楚，还得对女性面部护肤及彩妆化妆步骤非常清楚，你的顾客中肯定有很多是初次接触化妆品或者对化妆步骤一知半解的，客服在导购环节就应该专业清晰地给出建议。

如面部护肤步骤：清晨，洁面→化妆水/柔肤水→眼霜/眼部精华→美容液/精华液；日间，乳液/霜→隔离霜→防晒霜；晚间，重点部位卸妆→洁面→化妆水/柔肤水→眼霜/眼部精华→美容液/精华液→乳液→晚霜。

彩妆化妆步骤：化妆水→眼霜→乳液→隔离→BB 霜→遮瑕（视情况而定）→散粉→眼影→眼线→睫毛膏→阴影&高光&腮红（当然这些也视情况而定）→再扫一遍散粉定妆→唇膏→唇蜜。

化妆品类目多以搭配套餐销售为主，你的客服除了扮演销售员角色，还得兼顾化妆顾问的角色，比如当前活动产品为 BB 霜，店内与 BB 霜搭配销售产品为隔离霜、腮红、眼线笔，客服应该对这几款产品的专业知识、使用方法、注意事项等了解透彻，以便买家有疑问时快速给出解决建议。

网店交易知识储备： 网店交易知识包含三类。

第一类：交易流程。老买家一般不存在对交易流程不熟的问题，新买家遇到问题几率很大，购物流程中一般在"如何挑选、确认订单、如何付款、物流跟踪、收货评价、售后服务"六个环节容易出问题，客服应该对这块知识非常清楚，且要求给到精准的建议。淘宝官方新手教程在淘宝网（www.taobao.com）首页底部，"新手专区"，可以参考。

第二类：消保规则。淘宝网消费者保障服务支持：自买家完成支付宝担保交易付款之日起至交易成功后 15 天内保障买家权益，如有商品质量问题、描述不符或付款后未收到货等，全程支持退货退款，退货运费由卖家承担。若卖家不履行承诺，以卖家保证金给予先行赔付，保障每一个消费者的网购权益。退款维权流程如图 22-4 所示，在客服售前知识储备中，这点是必备的，有淘小二介入处理的退款属于纠纷退款，有纠纷退款率或者较高，会影响搜索排序结果。

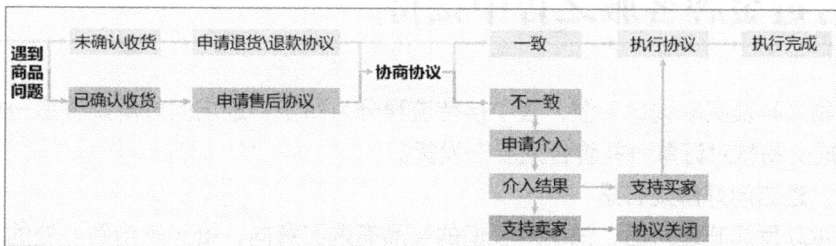

图 22-4 淘宝网消费者保障服务退款维权流程

第三类：淘宝规则。淘宝发展至今天的规模，很多行为已经涉及国家法律法规，作为卖家应该对淘宝规则实时关注，多多了解。作为客服，可不必面面俱到，但涉及交易相关的规则，建议知道为好，入口：在淘宝网规则频道（rule.taobao.com）首页搜索"交易"等关键词查询学习。

总的来说，对产品知识储备应该以产品为中心，学习（产品专业知识、产品周边知识、网店交易知识）→背诵（自己都不熟悉商品，如何打动买家？如何让买家信任购买？）→理解（理解透彻分析透彻，才好灵活运用）→发散（对店内产品精确推荐、精准推荐、关联搭配推荐）。

2. 卖家沟通工具——千牛特殊功能使用

淘宝卖家专用沟通工具——"千牛"，是客服人员必须熟练使用的，其特殊功能如"自动回复"、"快捷短语"、"千牛机器人"、"转发消息给团队成员"等的具体操作方法应该纳入培训范围。

本书第3章已经对千牛的使用技巧做了讲解，如有遗忘建议再看一遍，下文第24章还会深入讲解客服必需熟练掌握千牛的8个技巧，继续往下看。

3. 谨记交易安全

骗人之心不可有，防人之心不可无，防骗防盗工作要做好，预防为主，出现问题知道如何解决，从哪些途径获取帮助。注意安全主要是两类：账号安全和交易安全。

账号安全：开店涉及用户名密码很多，比如最常用的淘宝网会员登录名/密码、支付宝会员名/登录密码/支付密码、网银登录名/密码、邮箱用户名/密码、千牛子账号用户名/密码等，建议将密码设置为安全且容易记忆的，如采用大写英文字母+小写英文字母+数字+特殊符号，当然，有些地方不支持特殊符号或不区分大小写，按实际情况具体处理，原则就是账号安全等级越高越好。

交易安全：不要把银行卡号码、身份证号码、淘宝账号密码、支付宝密码、手机验证码等资料通过 QQ、微信、微博等途径告诉陌生人；不要随意扫描陌生二维码；不要轻易相信中奖信息、不要炒作信用、不轻易打开陌生人发送的不明链接及文件等。

22.3　打造金牌客服之售中接待

根据购物流程及买家询单习惯，售中接待流程分为四步：进店问好解疑答惑→按需导购处理异议→促成交易核对订单→礼貌告别准备发货。

第一步：进店问好解疑答惑

当买家主动发起旺旺对话，说明对我们的商品有购买意向，给买家恰到好处的进店问好，能留下良好的第一印象，也是后续沟通的基础。有时候我们的初衷是好的，却在不经意间将买家拒之门外，比如将旺旺签名设置为"不议价，议价请绕行"，买家打开旺旺对话框，没说话之前就看到了，这样会让买家觉得你缺乏人情味，建议不管是旺旺主号还是子账号的签名中都不要设置类似这些不利于询单转化的话术，尽量设置店内促销活动信息、品牌宣传信息、上新信息等。

当买家问"在吗"、"你好"、"在忙吗"、"想问下"时，客服不要生硬地回复"在""忙""你问"，建议使用"在的呢，有什么可以帮助您的呢？""亲爱哒，有什么可以帮您的吗？""亲，我是 XX 店铺：客服 XX，有什么可以为您效劳的呢？"

淘宝搜索排序规则中有一项是旺旺响应时间，时间越短说明你店铺的服务意识越强，有助搜索排名靠前，建议将旺旺"系统设置-客服设置-自动回复设置"中"当天第一次收到买家消息时自动回复"勾选并填写相关内容，既有助搜索排名，也能在第一时间回复买家，特别是活动期间咨询爆棚无法兼顾的时候。在自动回复中告知关注入口、活动入口，提醒自助购物等也是效果不错的做法，当内容较多时，注意字体大小，尽量不要超屏。

客服也是人，也要吃喝拉撒，也会临时有事不在电脑边，当你忙碌或离开时，建议设置自动回复，告知买家具体原因，尽量自助购物或者设置客服转接等。下面介绍一个忙碌或离开状态自动回复案例。

情景说明：六点木木老师本人的店内（mumu56.taobao.com）都是系统自动发货的开店教学课程，完全自助购物，当离开或忙碌时清楚告知为什么，什么时候回来，怎么做，多数学员不但不会流失，反而更愿意等待或自助选购。

忙碌或离开状态自动回复话术：

亲爱哒，木木老师有事不在电脑边，稍后回来，店内所有课程都有货，自动发货，付款即可学习，建议自助购物。

付款后请从以下入口学习课程："我的淘宝-已买到的宝贝"订单右侧单击"开始上课"。

每套课程都有配套练习素材和软件等，请旺旺对话或订单留言邮箱，稍后木木老师为您发送。有其他疑问，请留言，稍后第一时间回复。祝您学习愉快！

再比如实物类卖家设置的自动回复话术：

亲，欢迎光临，客服缸子暂时离开去倒杯水，请稍候！本店开春大促，全场五折包邮，满199 元送精美礼品，详情地址：http://xxxxx.taobao.com，您可以先挑选看看。

卖不同商品，不同原因，处理方式不同，具体话术也不同，如果你知道这个道理但具体话术还是不知道怎么写，推荐一个非常好用的解决办法：比如你是卖女装的，启动浏览器，打开淘宝网首页（www.taobao.com），在搜索框中输入关键词"女装"，搜索结果中所有女装商品都可以点开，然后发起旺旺对话，看看这些店铺都是如何回复的，把他们的话术拿过来自己修改使用。为提高效率，建议筛选天猫店或者销量很大的店，他们接待买家多，遇到问题多，相对的处理方案更完善。

进店问好阶段，把握几个状态，在线、离开、忙碌，要区别回复；买家通常不喜欢回复太慢、永远是自动回复、傲慢冷漠、不恰当的表情、字体颜色刺眼、喜欢反问，注意避免。

买家购买前对商品的疑惑主要是库存、发什么快递、什么时候发货、产品专业信息相关。

买家问：这款（颜色、尺码）有货吗？

处理方案：如实正面回复。流程：先查库存再根据查询结果回复：有现货，量多，告知可放心购买；有现货，库存紧张，建议尽快购买；预售款，告知预售量和预售发货时间；缺货，建议选购其他同款。不允许没有查询就直接告诉买家有货。

买家问：发什么快递？

处理方案：告知自己店铺内合作快递公司是哪些，主动问清楚买家所在省市镇，帮买家查询是否送达；如果不先查，后期发货了又不能正常派送，退货补发非常烦琐且耽误时间，到时候买家发飙说不定还投诉，无形之中增加了售后服务的人力物力成本。要求客服对店内快递合作情况、快递公司及其派送范围查询方法非常熟悉。

客服回复案例：亲，我们店合作快递有圆通、申通、韵达、汇通，一般随机选择，需要指定快递请在订单留言或者直接在这里告诉我帮您备注。

买家又问：这几家都没发过，不知道能不能到？

客服回复案例：亲，您是在哪个省哪个市呢？帮您查一下。我们合作的快递公司全国省、市、镇范围基本都能派送到，乡村的话只能转邮政 EMS 或邮政小包哦。

买家问：什么时候发货？

处理方案：先查清楚买家咨询的产品是否为预售，是否有特殊发货时间说明，产品关联的运费模板中发货时间，再如实相告。未按约定时间发货，买家是有权发起投诉的。

回复案例：亲，你选购的产品有现货的，当天 17 点前的付款订单，当天能发出；17 点后的订单明天发出哦。

买家问：产品专业信息相关，如产品成分、面料特性、产品细节等。如：面料起球吗？会不会缩水？

处理方案：根据产品详情描述如实告诉买家，切勿夸大其词、告知虚假信息。旺旺聊天记录可作为举证凭证，遇到此类问题请实事求是，此外产品也应如实描述，避免售后纠纷。消费者保障服务中最基本的规则就是卖家履行如实描述义务，未如实描述，也可能被买家投诉。

处理买家疑问常用接待技巧：使用快捷短语提升回复速度、设置自动回复（自动回复之后尽快联系买家）、巧用旺旺表情。这些都是售前知识储备中的重点。

第二步：按需导购处理异议

优秀客服不仅能关注买家显性需求，精准推荐，还能发现买家隐性需求，挖掘更多关联销售的潜在机会。要达到这个境界，除了对售前知识灵活掌握，还得善于沟通，察言观色。有些买家看完宝贝详情介绍后，与客服沟通只是确认一些基本信息比如快递、发货时间等，而有些买家存在选购疑惑，需要客服提供意见。

以服装为例，买家问：这件衣服哪个颜色最好看？或者她适合穿什么颜色？

处理方案：根据顾客喜好适当推荐，给出参考意见，不要帮买家做决策，也不要拒绝推荐让买家自己去选。

衣服颜色推荐处理流程：肤色推荐，偏白、偏黄、偏黑，给出适合的颜色推荐；喜好推荐，询问喜欢什么颜色，引导买家挑选自己喜欢的颜色，没特别喜欢的，可询问家里是否有适合搭配的服装颜色，根据搭配给出颜色选择建议；引导买家让其亲朋好友给出意见。

再比如，你家卖的是 PVC 自粘墙纸。买家问：贴满整个房间，应该拍多少？

处理方案：精准告知墙纸尺寸，教会买家正确测量方法，最后应该怎么下单。专业性的问题一定给出专业解答，不然买回去多了少了，买家都会把账算在卖家头上。如图 22-5 所示是鸿昌贴饰专营店给出的 45cm 宽×10m 长 PVC 自粘墙纸选购建议。

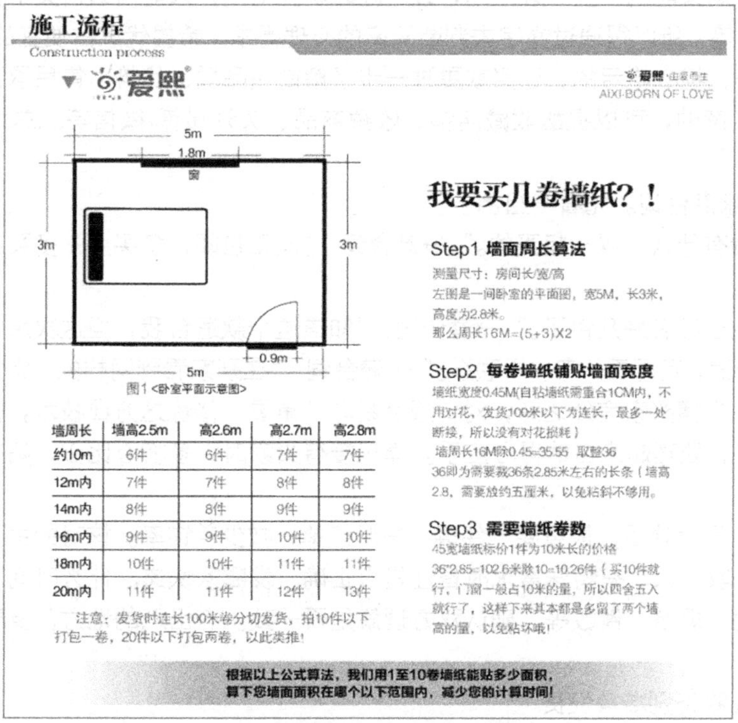

图 22-5　案例：鸿昌贴饰专营店 PVC 墙纸选购建议

买家有疑问时，尽量做到七分听，三分问，搞清楚买家需求，再合理推荐，不要盲目乱推荐。提问时建议多采用封闭式问题，让买家直接给答案，比如："给您发圆通快递好吗？""给您加厚保暖款好吗？""这件 T 恤搭配这种款式的牛仔裤很好看的，您也来一条吧？"反之，开放式问题，容易被动，不利于促进销售，还容易给自己带来新一轮困扰，如："您希望发哪家快递呢？""您还想买些什么？"

当买家讨价还价或有特殊需求时，应及时回应，做好备注，以免遗漏带来后续售后问题。

沟通是一门艺术，客服接待时要掌握技巧、用语规范、态度亲切、解释得体。

第三步：促成交易核对订单

买家既然问了，说明对商品感兴趣，客服要做的就是尽量促成交易。为了顺利做成交易，应该从以下三方面着手。

a．了解买家基本信息。在客服工作台聊天窗口"客户基本信息"中可以快速查看买家的注册时间、购物经历，收到/发出好评率，是否有店铺，在我们店内是否购买过商品等，通过这些信息可大致判断买家以往成交习惯。

b．了解买家心理。希望优惠、想占点便宜、没有太多安全感担心吃亏、想了解更多细节等都是买家下单购买前的一些心理活动，线上旺旺聊天对话，只能用语言文字，无法看到买家表情、肢体语言等，所以得通过文字去判断买家的心理需求。希望优惠占便宜的，店内有活动、促销应如实相告；担心吃亏的，让买家更进一步了解商品品质、优势、售后承诺保障等，打消疑虑；只是想了解的，可以提醒收藏店铺、收藏商品、关注微博/微信等。总之兵来将挡水来土掩。

c．了解买家潜台词。先看一组例子。

"我再看看有什么可以一起买的。"→潜台词："反正包邮，多买点；多买应该可以打折或包邮吧？"

"这个款我已经有好几件了。"→潜台词："知道这个款适合我，但这次想尝试不同风格。"

"好的，谢谢，我再看一下，再联系。"→潜台词："在别家看到同样的，比你家价格便宜。"

很多时候，看懂买家言外之意，对促成交易非常重要，修炼这方面技术，得靠平时积累，经验多，见得多，处理起来自然得心应手。建议接待买家时，多将心比心，站在买家角度考虑问题。

买家拍下商品付款后，最重要一件事：核对订单，减少差错率。核对的主要内容包括：收货地址、电话、收件人、有特殊需求时备注是否正确、发哪家快递、什么时间发出、订单内商品的颜色、尺码、规格、件数等，确认双方理解是否一致。有出入的地方，及时修改，避免带来售后问题。

第四步：礼貌告别准备发货

告别即暗示一件事情结束。已经成交的买家，可提醒其耐心等待快递派送，有什么疑问随时联系；没购买的买家，可告知店内促销信息、上新商品、邀请加入店铺微信群、QQ群、旺旺群、请收藏店铺、送优惠券、加旺旺好友等，给买家留一个下次能轻松找到我们店铺的入口。主动咨询过的，多是潜在买家，多争取，尽量下次成交。只拍下没付款的买家，72小时内可付款，把握时机及时催付。

22.4　打造金牌客服之售后问题处理技巧

售前细节处理不到位，容易产生各类售后问题，问题处理不及时，容易演变为纠纷问题，如后续中差评、纠纷退货退款、动态评分低等头痛问题将接踵而至。解决问题，最关键在于沟通，让买家满意了，既可以避免坏口碑流传，还能提升买家忠诚度，留下好印象。

淘宝订单交易流程中，只要买家没评价打分，就不算交易结束。对于正常交易订单，售后主要是查单插件、评价及评价解释。

当买家要求查询快递情况时，应及时查询后如实相告，不要不查就随便找个理由搪塞，或者说了去查结果但没后话，让买家干等。物流派送有异常的，要及时反应，该怎么处理就怎么处理，不要拖。沟通问题时，注意语气、态度，多站在买家角度思考，热情耐心，有些情况需要买家配合提供证据、资料的，比如拍照，态度诚恳，说明缘由。

淘宝卖家服务市场（fuwu.taobao.com）里有一些短信关怀软件，可在订单不同节点发短信提醒，如催付提醒、发货提醒、发货延迟提醒、到货提醒、签收提醒、确认收货提醒、催评提醒、好评感谢等，建议按需订购使用。

收到中差评时，请在 30 天内与买家友好协商，共同解决遇到的问题和困难，买家有一次机会将中差评改为好评或删除差评。一旦超过 30 天自助修改期，将无法修改。除非恶意评价，否则没有无缘无故的中差评，如果与买家沟通不成，记得利用"评价解释"，解释给后面的买家看，让他们大致知道原因、我们处理问题的态度等。注意：卖家在评价或者评价解释中，不能泄露买家的个人信息（如姓名、收货地址、联系电话等），违反《淘宝规则》泄露他人信息的，淘宝会对会员所泄露的他人隐私资料的信息进行删除，每次扣 6 分。

如果怀疑评价存在恶意情况，可以发起恶意评价的投诉，恶意评价投诉处理范围：

1．不合理要求：需提供双方聊天举证号，证明评价者以中差评要胁为前提，利用中差评谋取额外钱财或其他不当利益的评价。

2．买家胁迫：专业给中差评，且通过中差评获取额外钱财或不当利益给出的评价。

3．同行：与同行交易后给出的中差评。

4．第三方诈骗：第三方诈骗所产生的评价。

5．泄露信息或辱骂：擅自将别人的信息公布在评语或解释中，在评语或解释中出现辱骂或污言秽语，损坏社会文明风貌等行为。

小贴士

恶意评价维权发起条件：必须是双方互评的订单；受理的时间范围为评价产生的 30 天内。

买家暂无法对卖家发起恶意评价的维权，该渠道暂时未对买家开放，给您带来不便，深表歉意！

卖家可登录到"淘宝首页–联系客服–卖家版–不合理评价"人工在线渠道进行发起即可。

恶意评价维权处理时间：您的投诉将由工作人员介入审核，并在1~2个工作日内给予答复；如果您发起申诉，工作人员将在3~5个工作日内进行重新审核并给予答复。

当交易出现纠纷，无非三类：产品纠纷、物流快递纠纷、服务态度纠纷。

买家在交易中可对卖家的承诺没做到、拒绝使用信用卡付款、未按约定时间发货、未按成交价格进行交易、违反支付宝交易流程、恶意骚扰六种行为发起投诉，一旦有投诉、投诉成立、投诉多，卖家承担后果将会是店铺扣分、被屏蔽降权、限制发布宝贝、限制参加淘宝官方营销活动、搜索排名屏蔽降权等。

作为客服除了必须熟知卖家规则，更应该对买家权利义务有所了解，比如淘宝争议处理规则，做到遇事处变不惊，条理清晰，有理有据。

提醒：淘宝争议处理规范（买家版）详见附录F。

产品纠纷多数是关于产品质量、真伪、规格等与买家想象不符的问题，遇到这类问题，应该先分析原因：是不是产品质量不过关？买家对产品有误解？买家使用方式不对？是不是买家对产品期望值过高？产品描述夸大？售前客服夸大信息？

处理时：可让买家提供图片、视频等证明情况属实，予以退换或退款；向买家解释产品使用说明；查询售前客服聊天记录，属于客服失误的，应礼貌诚恳道歉并补寄或退换补偿。发现问题及时处理并做好备案，规范化制定预防措施，比如严格控制产品质量、避免产品描述夸大宣传，禁止客服售前夸大承诺，容易产生误会或分歧的地方要预先强调等。

物流快递纠纷多发生在配送时效、快递费用、派件员服务上。也应该遵循"分析原因→处理问题→制定预防措施"的原则。

快递费用问题是可以精确处理的，比如卖家包邮或者买家承担运费，7+无理由退换承诺的运费承担界定等，是多少就是多少，提前告知，售后有运费疑问直接按事先预定的办。

对快递配送时效，建议事先在宝贝详情介绍中说明，买家事先知道会心里有底，后续即使送达延期也能理解，比如韵达快递全国一线城市1~3天送达，二三线城市3~5天送达，地级市、镇3~7天送达，特殊情况如双11/双12大促订单暴增，特大暴雨、下雪、道路结冰、泥石流等自然灾害顺延。

快递公司属于第三方，不同快递公司全国网点多为加盟模式，不同网点派件员素质高低不同，难免会遇到服务欠佳的时候，当买家反映这类问题，应安抚为主，晓之以理，同时在必要情况下应及时投诉到快递公司上级部门，督促快递公司提升服务水平。

服务态度纠纷通常发生在售中、售后客服，派送快递员身上。对于派送快递员服务态度，只能向其上级部门多反馈，由快递公司、卖家、买家三方共建；客服服务态度则要求卖家增强客服培训意识，对其工作态度、工作方法、工作技巧进行优化提升。

22.5　客服培训的重要性及培训方向

网店客服，在产品销售前后买家接待维护、店铺推广方面均起着极其重要的作用，培养优秀客服员工，有助于塑造店铺形象、提高询单转化率、提高买家回头率、为更多买家提供优质服务。

网店商品销售，买家看到的大多是一张张图片，无法身临其境感触商品，往往会产生距离感和怀疑感。训练有素的客服好比一座座桥梁，为买家深入了解商品、了解卖家的企业文化、服务理念等提供了可能。

很多企业在电子商务浪潮中高速发展，而其瓶颈却是客服等人才无法满足企业发展需要。现今对客服的要求已不再是简单会打字就行，还有更多更高的要求，比如：打字速度快、会盲打、能熟练使用淘宝卖家沟通工具、熟悉淘宝交易流程/淘宝规则、熟练使用电脑、会 Word/Excel 等办公软件、会收发邮件、熟悉上网搜索和找到需要的资料、反应灵敏能同时和多人聊天、懂得图片处理、宝贝页面排版、会装修店铺、懂网店运营，甚至能参与产品的设计。

多数小卖家是一个人在战斗，身兼店铺掌柜、美工、客服、运营等职，不管有多忙，请重视客户服务环节。对于团队和企业，请重视客服培训并纳入日常工作执行到位。

建议客服培训方向：

1. 客服心态、职业价值观培训。
2. 企业文化、品牌价值观培训。
3. 产品专业知识培训。
4. 产品周边知识培训。
5. 淘宝交易流程、消保规则、淘宝规则、卖家工具使用培训。
6. 售前售中售后服务流程培训。

建议制定客服日常工作规范、客服标准用语、售后服务问题如中差评/交易纠纷等应急方案、发货及商品包装规范、电脑使用制度等。

以下为推荐客服话术，建议按此框架根据自己店内商品扩展，不定期修改。

问候语：

开始问候语：

买家："在吗、你好""在忙吗""想问下"等开头语。

客服："在的呢，有什么可以帮助您的呢？""亲，有什么可以帮您的吗？""嗯嗯，请问有什么可以帮您的吗？"

结束问候语：

买家："好的、对的"等肯定语；"谢谢"等感谢语；表示歉意，如"麻烦了"；表示要再看看，考虑下；"再见、先这样吧"等结束语；夸奖卖家，如"你真好"；表示会再光顾，如"还会再来的"；表示没关系，没事了，没问题；祝福卖家，如"祝大卖、生活愉快"。

客服："不客气哦""没事儿的呢""好的，亲~""谢谢亲的鼓励，我们会继续努力的！""嗯嗯，欢迎亲再来哈~"……

导购：

尺码相关：

买家："选多大码""M码能穿吗"等选码问题；"标准码吗，偏大或偏小码？"等确认是否正码。

客服："亲，店内宝贝一般都是正常尺码，如果有个别款偏大或偏小，详情描述中会有注明哦~，建议亲选择的时候参考下宝贝详情里的尺码表进行购买哟~"……

宝贝库存：

买家："有没有货"等库存咨询。

客服："亲，能拍的就是有货的哦~，预定款在宝贝页面会有注明哦。"

售后承诺：

买家：询问如果不合适是否支持退换。

客服："宝贝页面服务栏含15天退换标志的就是支持15天无理由退换货的哦~""支持15天无理由退换货的商品，亲在收到后的15天内（要求商品未下过水、没拆吊牌、没有穿过、无残留气味且不影响二次销售）是可以接受退换货的，非质量问题退换货运费是需自理的哦。"

宝贝品质：

买家：询问是否为正品；询问宝贝质量如何。

客服："我们的衣服都是保证品质的，亲可以放心购买哟！""我们的宝贝都是大厂直供，通过国家XXX检验合格的，亲可以放心购买哟！"

上货时间：

买家：询问何时有货、会不会补货、会不会追加库存。

客服："亲爱的，这个不确定呢，建议亲喜欢的话可以先收藏哦，也可以看下其他现有的款式有没有喜欢的哦~""亲，到货时间不确定哦，现在正好有同款（宝贝链接）做活动，满百包邮，亲可以挑选看看。"

活动优惠：

可享受优惠：

买家：询问是否可以优惠点；买家表示商品价格贵；询问邮费可不可以便宜点。

客服："亲爱滴，实在很抱歉呢，要是能少的话，我肯定会给亲爱滴少的啦，但是店铺活动和衣服价格都是公司定下的呢，偶小小客服，木有办法自己操作的呢，还请亲爱滴谅解下啦。"

"亲，您可能觉得我们价格有点贵，主要是因为我们宝贝的性价比高，不然也不会有那么多老客户每次上新就来购买了，大多数的顾客选择我们的品牌都是冲着商品的品质来的呢。"

"亲爱的，快递公司暂时给我们的价钱是这么多，没法少呢，而且各地快递收费标准是不一样的，请您谅解哦。"

包邮条件：

买家：询问能不能包邮或询问包邮条件。

客服："亲，有达到活动要求或者有标明包邮的款式在包邮范围内都可以包邮的哦。"

关于赠品：

买家：询问有没有礼品送，送什么礼品，礼品的样式。

客服：没礼品可以说，"亲亲，我们更注重衣服的质量呐~您满意才是我们的追求~如果亲亲真的很喜欢小礼品的话，我登记一下，礼物会是仓库随机发的，不一定可以送出哦，希望您能理解下呐~"

有礼品，是什么就说什么。

关于优惠券使用：

买家：询问优惠券怎么用。

客服："只要您的订单金额满足优惠券的使用条件，选择您想拍下的宝贝，加入到购物车，然后单击结算，优惠券会自动使用的呢~"

关于店铺活动：

买家：询问店铺有什么活动；询问有没有优惠券领，怎么领优惠券。

客服："亲，可以关注下我们店铺首页，有活动的话会有详细说明哦。""亲，店铺首页或宝贝详情页里可以领取优惠券哦，若没有开放，代表暂时没有领券活动哦。"

发货查件：

发货时间、提醒催促发货：

买家：询问拍下后什么时候发货？问当天、明天或指定日期能不能发货。"发货了没，为什么还没发"等催促发货的语句；已付款，提醒卖家尽快发货，记得发货。

客服："亲，每个订单都将根据付款时间来安排发货，您拍下付款后我们会尽快为您安排，麻烦您耐心等待一下哈/:^_^，如订单中包含预定款，发货时间以预定时间为准哦。"

发货快递：

买家：询问是否可以指定某个快递发货；询问卖家使用的快递。

客服："亲，仓库会根据亲的地址选择最合适的快递的哦，如果快递不到会自动转发 EMS

的哦。"

　　"亲，默认发汇通、圆通哦，可以在这两家之间选择，不在派送范围的，转发邮政小包哦~，不支持指定其他快递哦。亲的地址是哪里呢，帮您查一下。"

　　快递时间：

　　买家：询问几天能收到货，或某个时间点前能不能收到。

　　客服："亲，发货后一般同城交易隔天可以收到，省外一二线城市 2~5 天左右，地级市、乡镇一般 3~7 天哦。"

　　注意质检：

　　买家：要求发货前仔细检查，保证质量。

　　客服："亲，我们发货前都会对订单产品的数量和质量做相应的检验哦，合格的商品才能出库发货的哦，亲放心哟。"

　　物流查件：

　　买家：要求查件，查看物流跟踪记录。

　　客服："亲，稍等，我帮您查一下。"查完后及时告知结果；也可以教会买家查询入口："您也可以进入'我的淘宝—已买到的宝贝'，在商品订单右侧单击'查询物流'查件哦。"

　　售后：

　　退换货需求：

　　买家：提出退货退款的需求。

　　客服："亲，我把您的问题转接给售后专员处理，请稍等哈。"

　　买家：反馈宝贝尺寸不合身。

　　客服："亲，我把您的问题转接给售后专员处理，请稍等哈。"

　　买家：询问退货地址。

　　客服："亲，我们的退货地址是：×××，收件人：×××，电话：×××，退货快递：×××，【拒收到付、平邮件，谢谢】您退货时请附上纸条，写下旺旺 ID 和退换内容，方便售后跟进处理。请保证商品吊牌完好，未经水洗，不影响二次销售。麻烦亲了。"

　　买家：询问退换货流程。

　　客服："亲，我把您的问题转接给售后专员处理，请稍等哈。"

　　退款进度：

　　买家：反馈退货已经发出。

　　客服："好的亲，仓库收到后会尽快给您处理的。"

第 23 章

团队运作的店铺必备 "子账号" 使用详解

23.1　什么是子账号

子账号是淘宝网及天猫提供给卖家的一体化员工账号服务。掌柜使用主账号创建员工子账号并授权后，子账号可以登录旺旺接待顾客咨询，或登录卖家中心帮助管理店铺。并且主账号可对子账号的业务操作进行监控和管理。

主账号就是淘宝卖家账号，如杰灵精品、梦幻衣柜女装。

子账号能解决卖家店铺账号安全问题：比如主账号权利太大，店铺机密信息易泄露（支付宝信息、店铺基本信息和数据）；主账号操作不可控，高危操作易进行（删除宝贝、修改宝贝价格等）；主账号操作不可查，责任无法对应操作人（主账号所做操作无法对应到员工）。还可以帮助卖家高效管理员工：清晰的组织结构；更详细的员工权限分工；提高员工管理效率。

子账号开通步骤：启动浏览器打开淘宝网首页，用卖家账号登录卖家中心，单击左侧 "店铺管理-子账号管理" 或者在浏览器地址栏直接输入子账号首页网址 zizhanghao.taobao.com 并打开，如图 23-1 所示，单击 "免费领取" 按钮。

不同信誉级别的淘宝卖家、天猫商家、品牌商/供应商、摄影市场服务商，子账号有不同的免费赠送名额和可购买名额，以子账号首页显示数量为准。

子账号设置步骤：设置部门结构 → 添加员工 → 修改岗位权限 → 设置旺旺分流。

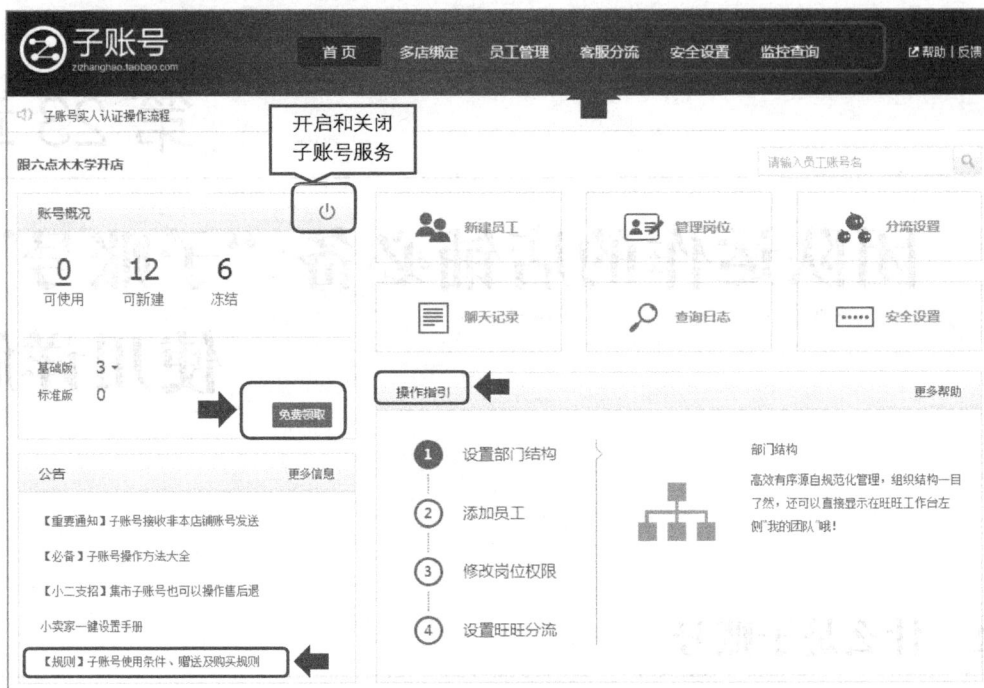

图 23-1　子账号管理首页

23.2　跨店管理之"多店绑定"操作详解

有些企业或者个人同时开了多家店铺，每家店铺都是独立的管理后台，在店铺运营过程中，生意参谋数据几乎是每天都要看的，子账号中的"多店绑定"功能，可以实现主店绑定多家分店，解决跨店铺的管理问题，最多可绑定 1000 家分店。

目前该功能只适用于生意参谋跨店管理。

例如，小红有三家店 A，B，C，将 A 作为主店，B，C 作为分店，多店绑定具体设置步骤如下：

第一步，启动浏览器打开生意参谋首页 sycm.taobao.com，用 A 店卖家账号登录，单击右上角"个人中心"，将基本信息"企业名称"修改为 A 店的店铺名称。

第二步，启动浏览器打开子账号首页 zizhanghao.taobao.com，用 A 店卖家账号登录，单击"多店绑定"按钮，如图 23-2 所示，继续单击"添加绑定"按钮，分两次添加 B 店和 C 店的"首页链接"、"主账号名称"或"店铺名称"完成授权申请。

第三步，被绑定的分店 B 和 C 会收到旺旺消息提醒，分别用 B 店和 C 店卖家主账号登录子账号首页 zizhanghao.taobao.com，依次单击"多店绑定 – 被动绑定 – 同意"，完成设置。

主动绑定是指：作为主店去绑定其他分店；被动绑定是指：被其他店铺绑定为分店。

第四步，回到 A 店生意参谋个人中心，可以看到主动绑定的店铺列表。系统自动完成多店数据回滚，第二天上午 9 点左右可以看到 B 店和 C 店的经营概况、类目分析、品牌分析、产品分析、属性分析、售后分析、物流分析等数据。

图 23-2　子账号多店绑定

23.3　子账号使用详解之"员工管理"

官方默认的岗位有客服主管、客服、运营、美工、财务、线下导购员、其他，卖家还可以自定义岗位，依次单击"员工管理 – 岗位管理 – 新建自定义岗位"，根据页面提示完成添加即可。

比如小华店铺有 1 名客服主管、3 名售前客服、1 名售后客服、1 名运营总监、1 名美工、2 名库管，他需增加 9 个子账号。以新建售前客服子账号为例，设置步骤如下：

第一步，依次单击"员工管理 - 部门结构 - 新建员工"，子账号信息填写界面如图 23-3所示，加*的是必填项，其余选填，全部填写完后单击"确认创建"按钮。

第二步，将认证二维码发送给对应员工完成子账号认证，然后回到"员工管理 - 部门结构"界面，将鼠标光标移至刚创建的子账号名称上方，单击"修改权限"超链接，设置客服权限。

第三步，员工用子账号登录使用。例如主账号是杰灵精品，添加的售前客服子账号名是"杰灵精品:木木"，密码为"12345678"，登录千牛或者卖家中心的账户名是"杰灵精品:木木"，而不是"木木"。

图 23-3 子账号管理–员工管理–新建售前客服子账号

23.4 子账号使用详解之"客服分流"

当一个店铺有多个账号时，会存在"买家消息发给谁看"的问题，这就是客服分流。买家发送的消息分流规则如图 23-4 所示。

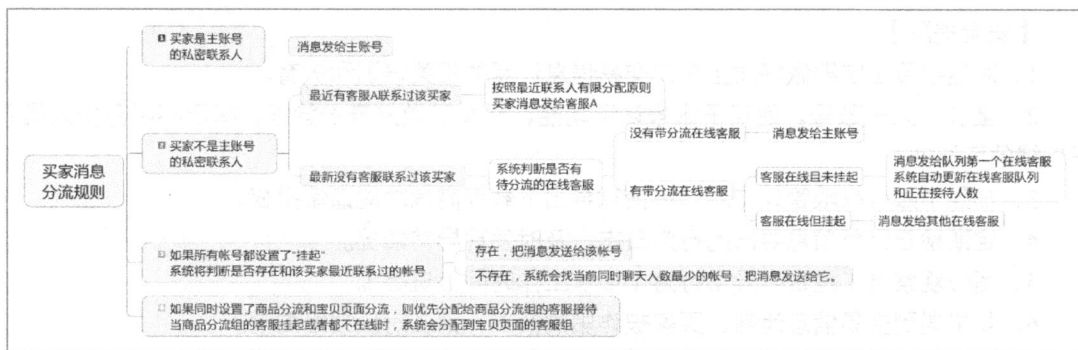

图 23-4　买家消息分流规则

开启客服分流入口：子账号（zizhanghao.taobao.com）– 客服分流 – 设置 – 立即开启。

温馨提醒：

当账号登录状态为"隐身"时，消息也会被分流到。除主账号私密联系人外，发给主账号的消息都参与分流。

23.5　账号安全无小事，卖家必知子账号安全设置

【案例】小伙"卧底"天猫店当客服 5 天卖出 1 万多条顾客信息（摘自钱江晚报）

原文链接：http://qjwb.zjol.com.cn/html/2015-04/16/content_3018063.htm。

李先生在某天猫店买了一件 65 元的衬衫，下单付款后等待卖家发货，不料却等来了冒充商家客服的诈骗电话。由于对方熟知交易细节，李先生放松了警惕，点击对方发来的钓鱼链接并填写自己的银行卡号、身份证等个人信息，导致账户金额被盗 50668 元！随后，李先生立即联系这家天猫店，客服人员说，衬衫会正常发货，李先生这才反应过来自己是被骗了！

这家天猫服饰店陆续接到成百上千起顾客投诉，都说有人利用"退款"向他们骗钱！这让店铺负责人金先生非常苦恼，多方调查后发现竟然是刚入职的客服贺某，利用公司电脑登录第三方管理系统后台导出买家信息进行非法出售。

贺某是个 90 后，前段时间找工作，一心想找一家大网店做客服。看起来，这个小伙子还蛮有目标，可是谁也没有想到，醉翁之意不在酒，他只是想在网店做"卧底"。所谓的"卧底"，就是每天盗取客户的交易信息，短短 5 天，贺某非法出售 12000 多条顾客信息给诈骗团伙，牟取暴利！

子账号安全设置入口：子账号（zizhanghao.taobao.com）– 安全设置。

【安全提醒】

1．对店铺员工定期做好防止客户交易信息泄露的相关培训和教育。

2．坚决一人一账号，使用子账号认证功能，对员工做好身份管理，降低不明身份人员入职店铺的可能性。

3．加强子账号权限管理，对订单信息导出下载等高危功能谨慎授权。

4．定期检查订单信息导出的行为日志，及时发现异常情况。

5．留心观察员工是否有异常行为（如非工作时间上班等）。

6．如果遇到交易信息泄露、买家被诈骗的情况，请及时反馈给淘宝。

23.6　子账号操作日志、聊天记录、服务评价监控查询

当员工越来越多，每天哪些人在后台操作了什么、客服工作时间有没有跟买家闲扯，买家对客服评价如何，都可以用主号查看。

入口：子账号（zizhanghao.taobao.com）–监控查询；如图 23-5 所示。

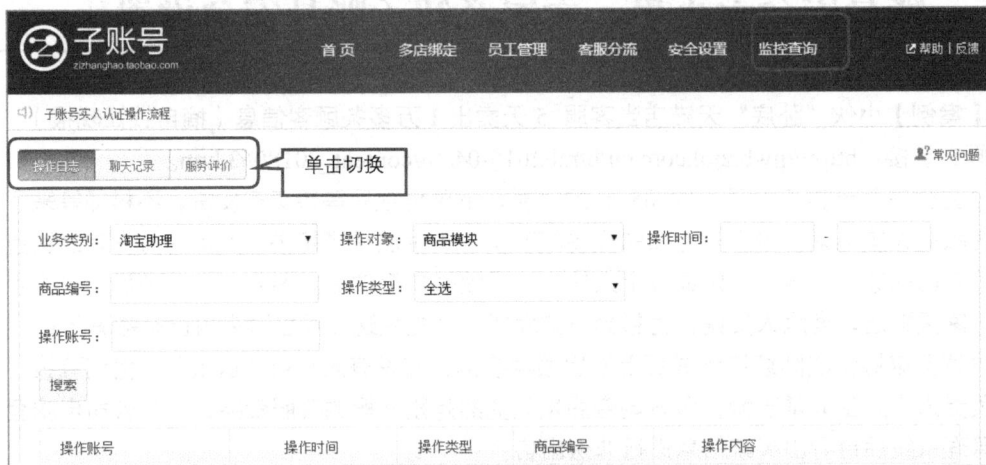

图 23-5　子账号监控查询

第 24 章

客服必须熟练掌握千牛的 8 个技巧

本书第 3 章对千牛电脑版和无线版的使用做了详细介绍，本章我们将围绕客服日常工作中常遇到的与千牛使用相关的问题来讲解处理技巧。

24.1　买家信息查询技巧

俗语说"知己知彼，百战不殆"，当买家发起旺旺对话时，快速获取买家信息，有助于我们在接待过程中灵活解决买家疑虑。

快速查看买家信息入口：千牛客服工作台对话窗口右侧"客户–基本信息"，如图 24-1 所示。当买家信誉为 0、注册时间与上次登录时间较接近、未实名认证时，这个买家极有可能是淘宝网新用户，对购物流程不熟，客服接待时应该更耐心；如果发出好评率比较低，说明这个买家比较难伺候，容易给中差评或者动态打分低，也应该耐心接待。

当然也不排除资深买家刚注册新号购物，除了查看基本信息，通过与之对话也能大致判断买家的状态，接待时随机应变。

图 24-1　从千牛客服工作台查看买家信息

24.2　快速获取商品信息的技巧

多数买家发起旺旺对话时已经看中宝贝，购买前有疑问急待客服解决。在千牛客服工作台右侧的"商品"标签下可找到蛛丝马迹，如图 24-2 所示。

单击"足迹"，会显示买家看过的宝贝列表，如果列表中有具体宝贝，我们应该大致预判一下买家可能会咨询哪些问题；如果没有具体宝贝，则根据具体问题回复。

"推荐"、"热销"、"橱窗"三个标签下显示我们店内的宝贝，当买家咨询某个宝贝的具体参数比如有没有货，我们应该先单击"SKU"，快速查询后再回复。如果店内宝贝太多，列表中没有，也可以单击"搜索"，输入商品 ID/关键词/链接，快速查询后再准确回复具体问题。

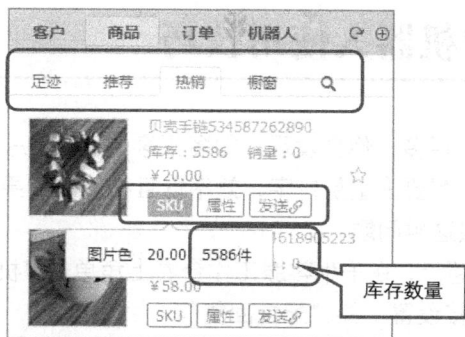

图 24-2　从千牛客服工作台快速获取商品信息

24.3　快速查单技巧

　　网购买家千人千面，骗人之心不可有，防人之心不可无。正常买家遇到订单相关问题，我们正常接待，快速单击客服工作台右上角"订单"查看，如图 24-3 所示，也可以单击左下角"工作台"图标打开千牛工作台，从常用网址中单击"卖家中心–已卖出宝贝"查询订单详情。

　　如果你遇到买家发送的消息与图 24-3 类似，一定记住不要轻易单击对方发来的链接，应该先查询这个买家有没有拍下商品创建订单，再回复处理。

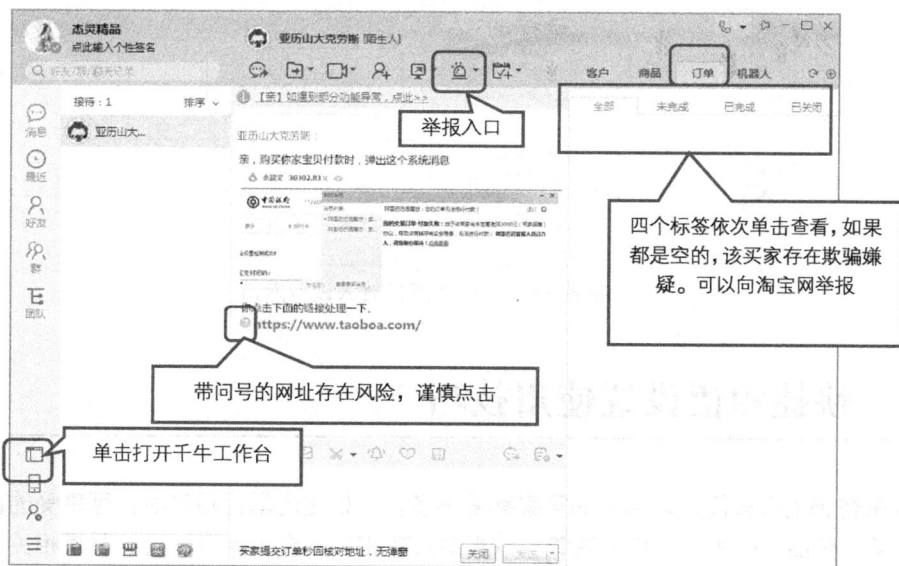

图 24-3　快速查询买家订单情况

24.4 千牛智能机器人使用技巧

　　随着接待买家数量的增多，你会发现，很多买家的问题几乎一样或者比较接近，如果多个买家问同一个问题，我们都要去重复打字，效率低且枯燥，如果开启千牛机器人半自动回复或全自动回复，能高效解决这类问题。

　　开启入口如图24-4所示，在千牛客服工作台右上角单击"机器人"，选中"半自动"或"全自动"，开启后单击"转接设置"并"配置回复"。

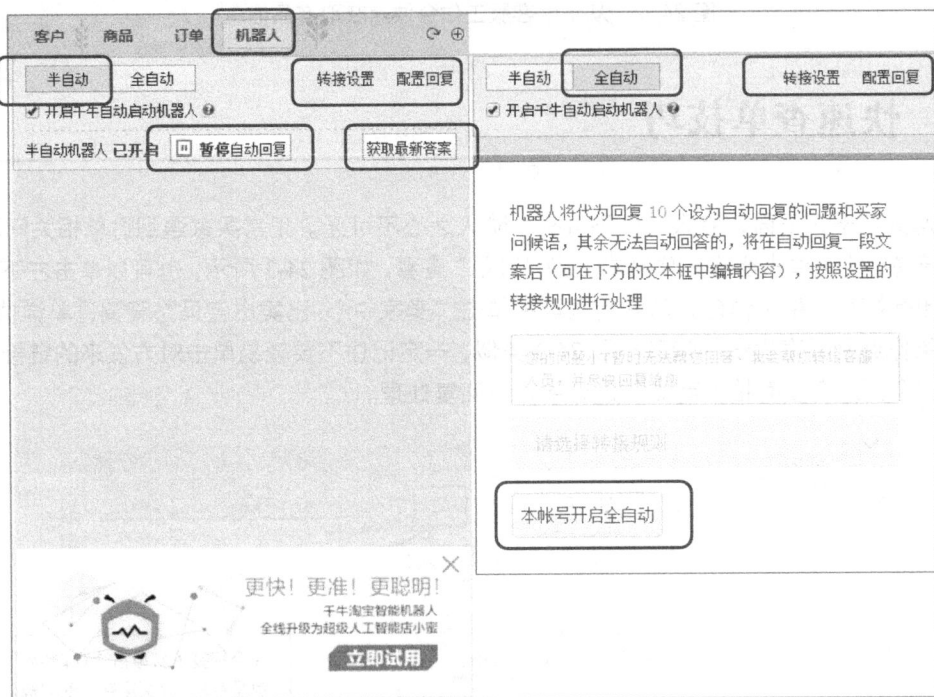

图 24-4　千牛智能机器人设置入口

24.5 快捷短语设置使用技巧

　　买家咨询的很多问题，回复的答案都差不多，比如店内举行活动时：可享受的优惠、包邮条件、关于赠品、优惠券使用方法等；购买前尺码相关、宝贝库存、宝贝质量相关；购买后的发货时间、发货快递；售后退换货流程等，都可以提前创建编辑成快捷短语，买家问到对应问题时从快捷短语列表中找到对应答案，单击一下，再单击"发送"即可，非常方便。

　　设置入口如图 24-5 所示，在客服工作台聊天窗口单击"快捷短语"图标，窗口右侧显示设置入口和已经添加的列表。当主号开启子账号功能，有"个人"和"团队"两个标签；没开通子账号时只有"个人"标签。

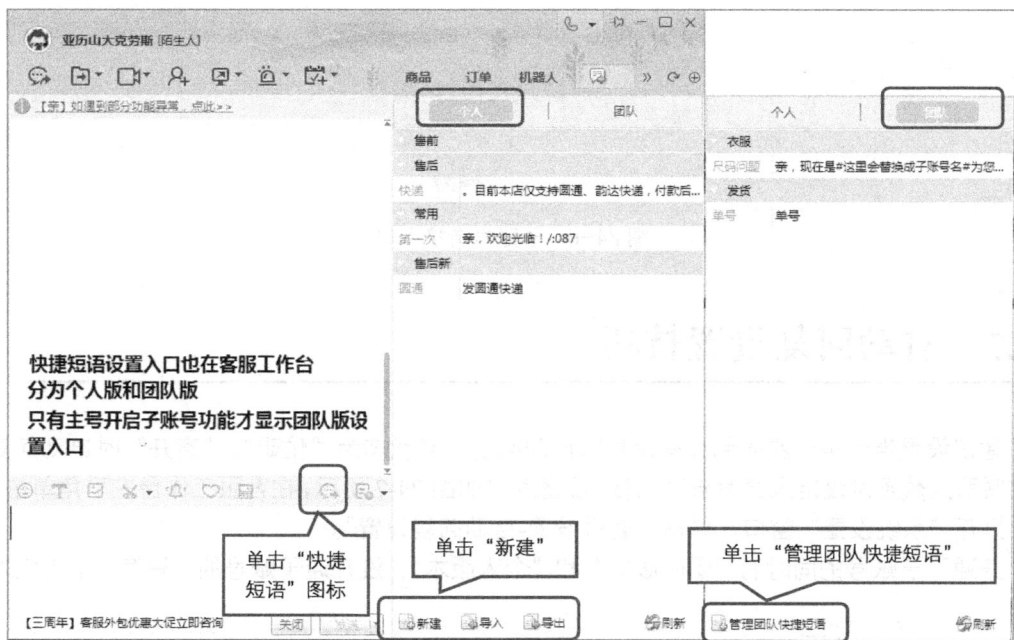

图 24-5　快捷短语设置入口

24.6　团队接待的转接技巧

　　前文第 23 章介绍了子账号的客服分流规则，有时我们在后台的分流设置并不能百分百解决买家分流问题。

　　比如买家咨询售后问题，恰巧这个时间点售后客服都没上线，买家被分到了主号或者不负责解决售后问题的客服号，此时需手动将买家转接到其他同事的子号上。

　　转接步骤如图 24-6 所示，单击聊天窗口中的"转接消息给团队成员"图标，在下拉弹窗菜单栏中选择"转发到人"或"转发到组"。

　　注意：此功能仅支持开通子账号的店铺，没开通子账号的没有该转接入口。

图 24-6　子账号转接入口

24.7　自动回复设置技巧

建议设置当天第一次收到买家消息时自动回复，当状态为"忙碌"、"离开"时自动回复，当前联系人数超过设定人数时自动回复，设置入口如图 24-7 所示，在客服工作台左下角单击"更多"打开"系统设置"窗口，单击"客服设置-自动回复设置"。

开通了子账号的同时有"团队版本"和"个人版本"；没开通子账号的，只有"个人版本"。

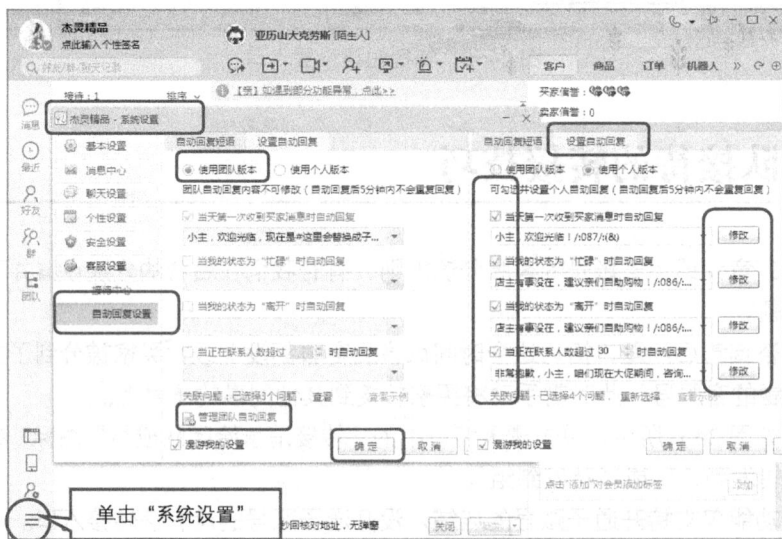

图 24-7　自动回复设置入口

24.8　千牛客服工作台任务中心使用技巧

有些问题可能无法即时处理，或者需要多部门沟通协调后处理，千牛客服工作台有一个"创建任务"功能，可以实现指定时间提醒客服处理指定问题。

如图 24-8 所示，在客服工作台聊天窗口单击"新建任务"图标，弹出"添加任务"窗口，依次设置"任务类型"、"任务内容"、"处理人"、"提醒时间"，单击"保存"按钮。

图 24-8　千牛任务中心使用技巧

7

第七篇
发货能力及售后
服务维护实战

　　淘宝开店最重要的是诚信体系，一个店铺的综合运营能力、服务能力、发货能力完全可以从店内动态评分、好评率、销量、退款退货率等维度体现出来，这也是网店与实体店最大的区别，所以作为掌柜的您，更应该学会并熟记各种售后服务维护手段，帮您打造一个良性健康发展的店铺。

　　本篇第 25 章至 28 章将教会您如何提升发货能力，如何快速解决店内退款、退货、维权等纠纷订单，如何进行老客户二次开发节约推广成本，如何快速回款解决资金问题，如何快速回评短时间内快速提升店铺信誉等级。

第 25 章

售后发货能力实战

马云说：成功始于口碑，服务决定未来。做企业不是打仗，不要持有"跟谁比、超越谁"的想法，做好客户服务才是做企业的关键，更是企业生存的真谛。

较早以前，电商拼的是流量，现在拼的是服务，拼的是细节，拼的是执行力。当下销售能力、服务能力、发货能力真心一个不能少。

25.1 卖家发货问题分析

售后最容易导致中差评、低评分、投诉的环节包括：发错宝贝、颜色不对、数量不对、发货不及时、包装不好、快递态度差、超卖等。订单量少，各种问题都不明显，一旦订单量大增，各种问题都冒出来了。

你是否遇到过这些问题呢？

千奇百怪的买家需求：几个人合在一起买，却要发到不同的收货地址；不同订单又要合在一个地方收货；买了一个，不合适又想换货；一天不同时段拍了多单，得合到一块儿发货；动不动就用差评要挟……

发货流程不清晰，拣货时手忙脚乱，货品订单对应不上。

库存不准，导致超卖或者有货无法卖。

发货顺序混乱，早就买了的买家，迟迟没发货。

发货错误率高，快递单与包裹无法对应。

发货能力不足会严重拖店铺后腿 → 买家满意度下降 → 中差评增加 → 退款率上升 → 售后服务成本增加 → 销量不断减少……最终店铺维持不下去，惨被淘汰。

25.2 如何提高发货能力

关于店铺的发货速度，很多人都觉得是快递的问题，店铺自身原因是不存在的，如果你也这样想，那就错了！要提升发货能力，除了选择高效率的快递公司派送，店铺自身能力提升也很重要。

首先，货源是否充足：这是一个非常关键的问题，你店铺销售额很不错，出货很快，但货卖完了，你有没有随时补货的途径和能力，如果一批货卖完，下一批到货时间不确定，发货速度自然就低了。

其次，当天的货是否能当天发走：做实物类的卖家都知道，与快递公司合作，量不大、不够整车时，快递公司是不会随叫随到来取件的，一般都是下午3点到6点取货，将所有收来的件统一装车，如果你的货当天发不走，就得等到第二天下午。快递没取件就在卖家中心点发货，网上会查不到快递跟踪信息，之前客服也没有事先告知买家，等买家查件时，售后问题就来了，会觉得你不诚实，进一步还可能影响心情并降低对你的信任，所以，能在当天把货发走，也是提升发货能力的关键！

最后，货源充足，也能保证当天出货，店内订单标准化处理、减少差错、提升效率就是重中之重。

淘宝建议的中小卖家标准发货流程：订单确认 → 发货单打印 → 拣货 → 打印快递单 → 二次分拣（配货）→ 验货 → 打包 → 称重发货。

实际执行时，你的店铺走标准化流程了吗？我们来看看大卖家的经验。

当发货流程不清时，成功经验：走标准发货流程（打印发货单→打印快递单→配单→验货发货），拒绝随意。

当拣货时手忙脚乱，货品订单对应不上时，成功经验：条码管理、多台打印机同时批量打印（根据不同快递公司、不同发货单、不同发货地区等用不同打印机）。

当发货错误率高，快递单与包裹无法对应，成功经验：自动配单、人工验货。

当库存不准，导致超卖或有货无法卖时，成功经验：库存灵活（本地库存与网店库存分离管理）、自动扣减（销售时自动扣减、缺货时系统自动提示）、定时盘点（分类编号、条码盘点）、减少错漏。

当担心超卖被买家投诉时，成功经验：库存报警（设置库存报警数量→系统销售同步→自动报警→盘点入库），随时关注。

当发货顺序混乱，早买的买家迟迟没发货时，成功经验：流水线处理，先进先出。

在这些成功经验中，提到很多概念，比如"批量打印"、"自动配单"、"自动扣减"、"自动报警"、"流水线处理"等，它们具体是如何实现的呢？请继续往下看。

25.3   买家千奇百怪的发货需求的处理技巧

当遇到买家千奇百怪的发货需求时，成功经验为：积极沟通、随时备注、订单挂起、稍后处理。比如：

几个人合在一起买，却要发往不同的收货地址，成功经验为：多个地址，分拆订单（涉及邮费问题时，售中客服接待时应该提前备注，增加邮费）。

不同订单又要合在一个地方发货，成功经验为：相同地址，合并订单，用一个快递单号。

买了一个，不合适又想换货，成功经验：先查询库存，再换货。

……

当订单不多时，这些人工都可以做到，但遇到订单暴涨，如双 11/双 12 这样的活动，一天几千上万个订单时，如何快速处理又不出错呢？

看到这儿，相信聪明的卖家已经想到了，科技信息时代，这些都可以用电脑软件实现。那么问题来了，去哪里找这些软件，用什么软件来实现呢？

网店事情已经够多了，我们不希望找来的软件还需另外花时间和精力去培训学习，不希望被要求安装这个安装那个，不希望软件成本很高。希望软件有先进设计理念，最好根据网店量身定制，希望简单方便、易操作、成本低。

本书很多地方都提到了淘宝卖家服务市场（fuwu.taobao.com），没错，处理卖家发货问题的软件也能在这里找到。启动浏览器，输入 fuwu.taobao.com 并打开，在分类中找到订单管理，含进销存、订单分析、订单处理等，需要哪类就选购哪类。

建议选择使用人数多、有淘拍档打标且入驻天猫聚石塔的软件。有些好的软件同时有多种功能，不明白的可以咨询软件开发商。

25.4   巧选物流服务，提升买家满意度和店铺竞争力

快递公司、物流公司比较多，多数卖家通过就近原则选用快递物流公司，或者看谁家运费报价低就选择谁，这在一定程度上使售后发货成为软肋。通过数据调研，日均买家对配送快递不满占到交易量的 40% 左右，如果我们能选择使用更高效的配送服务，对提升买家满意度和店铺竞争力都有优势。

首先，建议开通电子面单服务，选用支持电子面单发货的快递公司。

其次，建议开通时效性更高的物流服务。比如橙诺达、货到付款、指定快递、生鲜配送。开通入口如图 25-1 所示，卖家中心 – 物流管理 – 物流服务。

最后，在能力范围内开通尽量多的放心淘服务，比如 7+退换承诺、破损补寄、免费卖家运费险、免费送装、免费换新、上门安装等。开通入口：卖家中心 – 客户服务 – 消费者保障服务 – 加入服务 – 放心淘服务。

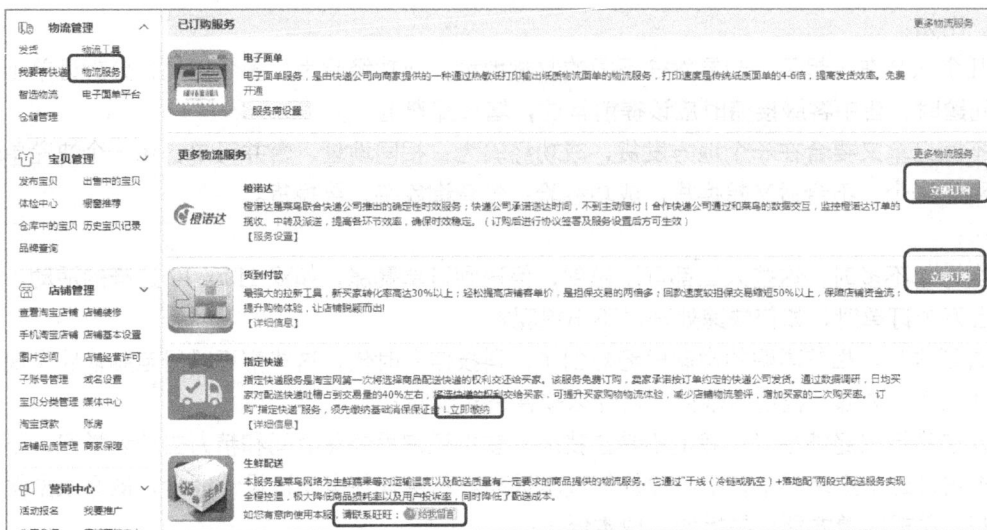

图 25-1　巧选物流服务

第 26 章

店内订单售后处理技巧

26.1 买家退货/换货/退款类问题处理技巧

问：买家已经付款但未发货，申请退款怎么办？

答：从买家拍下付款到交易完成，买家都可以申请退款。如果订单状态为"等待卖家发货"，建议先旺旺联系买家，问清楚退款的原因，协商一致，卖家发货，退款申请自动关闭；买家坚持退款，卖家同意退款申请即可。

问：商品已经发货出库在运送途中，买家申请退款怎么办？

答：货品在运送途中，卖家处理不当，可能导致钱货两空。建议一方面用旺旺联系买家，问清楚退款原因，另一方面电话联系快递公司能否召回，如果快递无法召回，买家坚持退款，建议与买家沟通，收到货后依旧不满意，再申请"已收到货退款"。

问：买家收到货物后申请退款怎么办？

答：如果商品支持 7+退换服务，买家收到货后申请无理由退货，卖家同意即可。不过，还是建议与买家沟通退款原因，能协商处理不退款不退货最好。

问：买家收到货后，大小、尺码、颜色等不合适，想换货怎么办？

答：订单中是没有单独换货申请入口的。换货流程：卖家旺旺对话告知买家换货收件地址、联系人、联系电话，单独用一张小纸条写上买家付款的会员 ID、订单号、换货原因、换货要求等内容，用快递发给卖家；卖家收到后，根据换货要求重新给买家寄送；买家收到后继续完成交易。

建议卖家一定要保管好换货凭证+快递单号，避免不诚信买家要赖，导致钱货两空。

提醒： 淘宝网不同类目退款原因汇总详见附录 G。

提醒： 7 天无理由退货里的"商品完好"指什么详见附录 G。

26.2　快递货物破损/少件/空包类问题处理技巧

问：买家说没收到货物，我要提供什么凭证？

答：通过物流跟踪记录核实货物是否被买家本人签收，提供签收底单即发货快递单第一联（由快递公司提供），需注意"收件人签名"栏的签字与"收件人姓名"要相同。如果您通过物流跟踪记录核实买家非本人签收，建议提供授权第三方签收物流红章证明，凭证样式如图 26-1 所示。

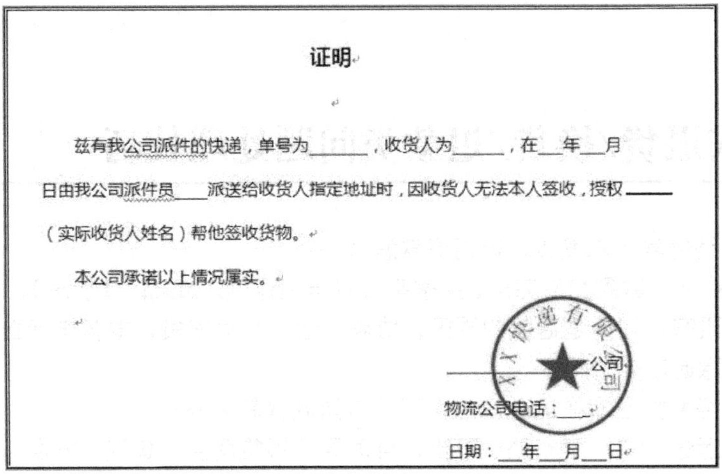

图 26-1　第三方签收物流红章证明格式

问：买家表示收到货物破损/少件/空包裹，怎么办？

答：卖家可以做以下操作：联系买家提供实物照片确认商品情况；向物流公司核实是谁签收；如果不是买家本人签收，且没有买家的授权，建议卖家直接操作退款并联系物流公司协商索赔，避免与买家之间的误会；凭证要求：买家本人签收底单或合法授权签收证明（格式同图 26-1 ）。

温馨提醒：如果收货人无正当理由拒绝签收商品，运费由买家承担；收货人若因商品问题或者是卖家承诺未履行等原因，拒绝签收商品导致商品退回的，交易做退款处理，运费由卖家承担。

问：买家无理由拒收，卖家需要提供什么凭证？

答：卖家需提供物流公司红章证明，证明内容需满足以下要求：包含参考凭证里的全部内容；右下角要填写完整的派件物流公司名称，并加盖圆形的红色公章（财务章、业务章等无效）；凭证示例如图 26-2 所示。

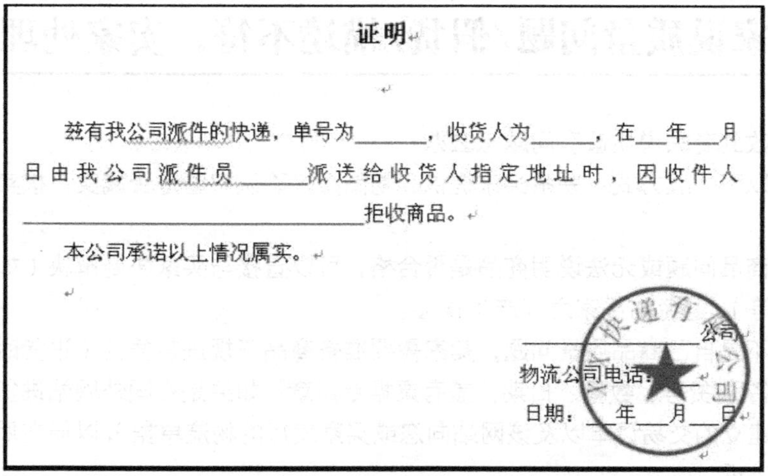

证明

　　兹有我公司派件的快递，单号为_____，收货人为_____，在__年__月__日由我公司派件员_____派送给收货人指定地址时，因收件人_____拒收商品。

　　本公司承诺以上情况属实。

_____公司

物流公司电话：

日期：__年__月__日

图 26-2　买家无理由拒签，卖家需提供物流公司红章证明格式

问：收到买家退货破损、已使用、少件，影响 2 次销售怎么办？

答：卖家第一时间联系买家协商如何解决问题并保留好相关凭证；若双方协商一致，请卖家保留好相关旺旺聊天记录，并上传到退款页面，和买家按照协商结果处理即可。若双方无法协商，卖家可以操作拒绝退款，并要求淘宝客服介入处理；同时，卖家需提供物流书面红章证明和商品实物图片，证明签收时商品的情况。红章凭证样式如图 26-3 所示。若卖家无法提供有效的物流红章证明证明商品签收时的情况，淘宝将无法支持您的交易诉求。

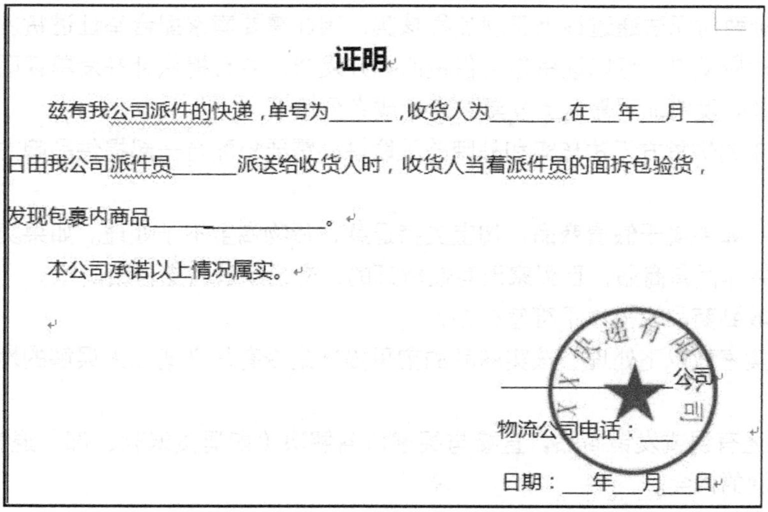

证明

　　兹有我公司派件的快递，单号为_____，收货人为_____，在__年__月__日由我公司派件员_____派送给收货人时，收货人当着派件员的面拆包验货，发现包裹内商品_____。

　　本公司承诺以上情况属实。

_____公司

物流公司电话：__

日期：__年__月__日

图 26-3　收到商品有问题的物流红章证明格式

26.3　买家说质量问题/假货/描述不符，卖家处理技巧

问：买家收到商品说质量有问题怎么办？

答：参考以下处理方式：联系买家提供实物图片等确认问题是否属实；核实进货时的商品是否合格。

如果确认商品问题或无法说明商品是否合格，可以直接与买家协商解决（如退货退款、部分退款、换货等），避免与买家之间产生误会。

如果确认不是自己商品质量问题，卖家需要准备商品正规进货凭证（进货时取得的原始票据；要有商品名称/货号、数量、日期；盖有票据专用章；如果是在国外网站进货或代购的，需提供在该网站建立的交易订单以及该网站向您或买家发货的物流单据），以便在后续小二介入处理的时候进行申诉。

如果商品确实存在质量问题，淘宝支持退货退款，来回运费由卖家承担。如果商品没有质量问题，淘宝将会把退款支付给卖家。

提醒：商品质量问题的争议处理（卖家版）详见附录G。

问：买家收到商品说是假货怎么办？

答：参考以下处理方式：核实进货时的供应商是否具备相应正规凭证。如果无法提供相应凭证，建议直接联系买家协商退货退款，避免与买家之间的误会。

凭证要求：需要正规有效的进货发票，因国税发票可以通过国家税务网站查询核实，辨别真伪，其他凭证暂时无法通过线上正规流程核实，因此需要卖家配合举证进货发票凭证。若您进货时未开具对应发票，可以联系您的供货商补开发票，并且提供补开发票证明（需要对应实际进货时间，补开发票证明需盖上发票专用章或者公章）。

若是发票中的供货方无法核实和品牌的关联性，需要您配合一起提供品牌方授权给销货方的授权凭证。

温馨提醒：如果属于假冒商品，淘宝支持退款，货物淘宝不予处理。如果卖家能提供有效凭证证明商品并非假冒商品，且买家无有效举证的，交易款项将支付给卖家。

问：买家收到商品说描述不符怎么办？

答：建议卖家做以下处理：核实商品的宝贝描述是否有歧义或让人误解的地方；核实是否发错商品。

如果是描述有误或发错商品，直接与买家协商解决（如退货退款、部分退款、换货等），避免与买家之间的误会。

凭证要求：如问题通过肉眼无法做出判断的（如：材质不符），可以提供厂家的经销凭证、产品合格证、商业发票、检测凭证。

如果买家收到的商品跟卖家的描述不一致，淘宝将支持退货退款，来回运费由卖家承担。

26.4　买家投诉/可疑交易/恶意评价类问题处理技巧

问：缺货并马上通知买家退款，还投诉未按时发货怎么办？

答：如卖家确实有违规，请主动赔付商品实际成交金额（不含运费）的 5%给买家，最高不超过 30 元，最低不少于 5 元，特定类目商品最低不少于 1 元（除特殊情形外），处理中主动赔付给买家，投诉不扣分。未主动赔付，待客服介入后，投诉成立扣 3 分，且会转移对应保证金。

温馨提醒：投诉处理中卖家可以直接点击"同意赔付"操作后完结投诉。

如无该按钮，卖家可以通过支付宝打款赔付，流程为：在已卖出的宝贝中找到该笔订单，单击"详情"，找到买家支付宝账号，单击"付款给买家"。然后把打款截图或交易号上传到投诉页面即可。投诉类型是"未按约定时间发货"主动赔付次数达第 3 次及 3 次的倍数，主动赔付也会扣 3 分。

问：买家拍下我的商品恶意投诉我怎么办？

答：收到买家恶意投诉，可以在投诉页面提供相关凭证证实确实是对方恶意所为，处理部门会根据实际情况核实处理。

如果卖家的商品（包含不仅限于：低价包邮商品/货到付款/赠品）在短时间内被大量拍下且买家以此来要胁、敲诈等影响交易的非正常出价行为，此类情况可能属于可疑交易，卖家可以通过"可疑交易绿色通道"提交来进行投诉。

处理时间：3 个工作日内核实。如最终判定属于可疑交易的，卖家可以在投诉页面申诉，未按约定时间发货的投诉问题，不扣分。

如果商品存在以下情况建议及时调整，避免买家投诉：

赠品作为促销商品，发布时应选择"其他-赠品"类目；邮费应选择"其他-邮费"类目，避免产生不必要的纠纷。

不能以单件商品的形式，去设置购买多件才可以享受的价格，同时请设置合理的邮费，避免产生纠纷。比如：商品单价设置为 0.1 元，但在描述中写明购满 30 件才享受这个价格，不足则需按原价（10 元）购买。

因卖家自身没有规范商品信息而导致的损失，风险由卖家来承担。

问：担心中差评/纠纷拒绝发货，被投诉未按时发货怎么办？

答：如果买家发起投诉的类型为未按约定时间发货，通过订单详情判定卖家实际有违规，请主动赔付商品实际成交金额（不含运费）的 5%给买家，最高不超过 30 元，最低不少于 5 元，特定类目商品最低不少于 1 元（除特殊情形外）。若卖家处理中主动赔付给买家，投诉成立不扣分；若未主动赔付，待客服介入后，投诉成立扣 3 分，且会转移对应保证金。

问：被买家敲诈勒索怎么办？

答：建议保存好敲诈相关的凭证及时在【规蜜 https://guimi.taobao.com/complaint.htm】发起投诉，选择"敲诈勒索"类型。

凭证可提交如：阿里旺旺聊天截图，旺旺转 QQ 存在敲诈的聊天记录，阿里旺旺举证号，QQ 聊天记录截图，QQ 基本信息资料页截图。

若存在电话联系，可联系安存语录全国统一热线 95105856 开通免费录音功能，录音可作为参考凭证核实。

若双方有短信联系，请提供手机短信截图和官网短信收发记录截图进行反馈。

26.5 举报/侵权类问题处理技巧

问：我被投诉知识产权侵权，该怎么办？

答：如果收到知识产权投诉，请在收到投诉通知的 3 个工作日内，在申诉页面"卖家中心-举报管理-我收到的知识产权投诉"查看具体详情；若核实的确存在侵权行为，建议删除店铺相关商品避免被再次投诉；

如果卖家对侵权处罚有异议，也可以申诉；申诉路径："卖家中心-举报管理-我收到的知识产权"进行申诉，投诉方会在 3 个工作日内对申诉进行响应，若投诉方未撤销该投诉，淘宝将会在 3-5 个工作日内根据投诉方的投诉和您的申诉凭证判定处理结果。

问：我被举报发布违规商品，该怎么办？

答：请不要着急，如果收到相关商品问题（禁售品、假货等）的举报，无须申诉，淘宝会帮助您核实处理。

建议先自查商品，提醒遵守《淘宝规则》，若有不符合规则的商品，及时整改或删除。若商品符合规则，相关部门会根据实际情况在 5 个工作日内帮助核实确认。

问：为什么我的商品被近似商标处罚了？

答：淘宝网核实您的商品品牌存在近似商标侵权行为，故被执行删除处理，该处罚不支持申诉，请立即停止发布该品牌商品。

认定理由：品牌权利人的投诉、消费者的举报并结合相关证据材料认定特定品牌存在不当使用他人权利的情况。

更多开店疑问处理，请登录淘宝网商家服务中心：https://helpcenter.taobao.com。

第 27 章

老客户二次营销实战

27.1 老客户维护的重要性

店铺推广的核心本质是引流，不断挖掘找来顾客，大家平时有做过数据统计吗？通过不同形式的引流、活动等带来了多少买家？带来这些买家，你花去的成本是多少？有多少买家二次购买过？

我们来看两个案例。

案例一：某个卖家群里，一个 2 皇冠的男装卖家说，开店至今已累积 3 万多名成交买家，但现在每天才几十单，在群里求救，问到底要怎么引流才能使生意好点儿，还说他昨天直通车花了 2000 多元，才换来 5300 多元的销售额，刨去成本根本没赚到什么钱。

群友问他有没有回访过之前的老买家？他说：搞过几次，效果很不好，没继续，不了了之。

又问他有没有对老买家有过优惠之类的福利？他说：没有，不知道怎么搞。

现状：前拉后跑，赚吆喝！

案例二：一个 2 心信誉的新手卖家，店铺买家很少，上新品后发短信给之前的买家，虽然只是想关心一下顺便告知上新，没想到竟然促成了新的销售。

店铺开业初期，新顾客所占比例偏大，到了后期，老顾客所占比例会越来越大，有些甚至达到 70% 以上。我们想要提升店铺业绩，很重要的一个方面就是把握好老顾客。就拿案例一中有 3 万多名成交买家的皇冠店来说，简单算一笔账，如果这些客户的 10% 能长期稳定地回购，会有多少生意？20% 甚至更多的能回购，还缺生意吗？不去做客服维护，简直是巨大的浪费。

27.2 为什么要管理客户，哪些客户需要管理

用不同推广手段引进的买家习惯不一样，比如淘宝官方 VIP 活动面向的是经常网购、经验丰富、购买力强的买家群体，天天特价活动面向的买家群体多是新人、喜欢低价的，但不管哪类人群，第一次进到一个新的店铺，从接触到最终购买，都要历经多个动作，比如看款式、看宝贝介绍、看价格、看店铺信誉级别、看销量、看评价、看动态评分、看卖家服务水平、咨询各种疑问、讨价还价、与其他店铺同类商品对比等，稍微有点不合心意之处，掉头走人，第一次成交后体验不好，容易退换货、中差评。简而言之，让新买家成交比较费劲，不能怠慢。

再来看，已经在店铺成功购买过的买家，先就对商品质量、服务、发货速度、产品包装等有过体会，第二次回购时考虑因素相对简单很多：如款式、价格、活动形式、促销力度、是否符合需求、简单咨询等。

管理客户推广成本低，获取新买家要调动全店资源，再次赢得老买家的心，用一条好的短信、微博就能做到。此外老买家对产品认可度高、转化率高、客单价高、售后满意度高，这些都有助形成良性口碑传播。

前文我们讲装修、推广引流时都有说到，为了流量最大化，应该想方设法使买家沉淀下来，沉淀积累的目的就是维护，争取多次回购。对一个店铺来说，买家分为两类：成交买家和未成交的潜在买家。成交买家可继续分为休眠买家、有一次回购买家、多次回购买家等。

这些都是需要管理的。

27.3 如何让客户再次回购

很多有不重视老买家维护观念的卖家多在抱怨：网店买家忠诚度低、网购竞争大、买家跳店率高，不好搞，难坚持。

反过来想：你店铺定位做精细了吗？与同行相比，有没有明显的差异化优势？你店铺是否长期稳定经营中？你店铺是否坚持上新？对老买家的管理是否有一套完善执行流程？

让老买家回购，订单不愁，说得容易，如何去做呢？

解决这个问题，先要搞清楚，哪些因素影响买家回购。通过大量卖家店铺现状分析及数据调研，我们认为与以下因素有关：

品牌：有句广告词说得好，"相信品牌的力量"，这与创店之初店铺定位和店铺发展规划密不可分，如果一开始就按品牌化的标准在做每一个细节，那么买家从第一次接触开始就能潜移默化地感受到你店铺品牌的理念和思想，从而相信你、选择你。这种力量是一般散店是做不到的。

产品：产品品质是店铺能否存活、能不能一直存活下去的关键指标，特别是在注重用户体验的电子商务领域，其重要性有时候甚至超越品牌因素。买家买回去用得好、感觉值，不用你提醒自然就想再买、多买；如果用得不好，感觉上当受骗了，下次即使再多花言巧语、再大诱惑，他们也会三思。

创新：拥抱变化、善于创新是电商人必须具备的。如果你店铺常年累月就卖那几样，哪怕东西再好，该买的都买过了，想拉动回购也难。

服务：售前售中售后客服接待能力、服务水平；发货能力、发货服务水平。买家不可能只买一种商品，也不可能永远只在一家店铺购买，多样性消费就会产生对比，如果在众多体验中，你店铺提供的体验能从众多卖家中脱颖而出，给买家留下良好印象，唤醒回购会轻松很多。

下面推荐五种具体做法，吸引买家回购：

第一种：做好店铺内功

- 宝贝质量过关：让买家回购，产品质量是基础和前提，买家已经使用过你的产品，质量不好，执行二次营销，只会增加对方的反感。

来看一个男士皮鞋案例，如图 27-1 所示，该店仅这一款单品就月销 1.5 万+，收藏 4.7 万+，

图 27-1　案例：宝贝质量过关的男士皮鞋

如此大的销量，店铺动态评分中描述相符、服务态度、发货速度三项还都高于同行，说明这家店铺产品质量过硬，服务水平很高。

再来看该宝贝的累计评价，如图 27-2 所示，在 3.7 万+的评价中，99.96%以上评论质量不错、鞋很舒适、服务不错、码数正、物流快，整体"与描述相符"评分 4.8，高于同行 18.31%。

试想一下，如此庞大的成交买家基数，如此高的买家满意度，下次上架新品或促销时，成功唤起买家回购的比例得多大！

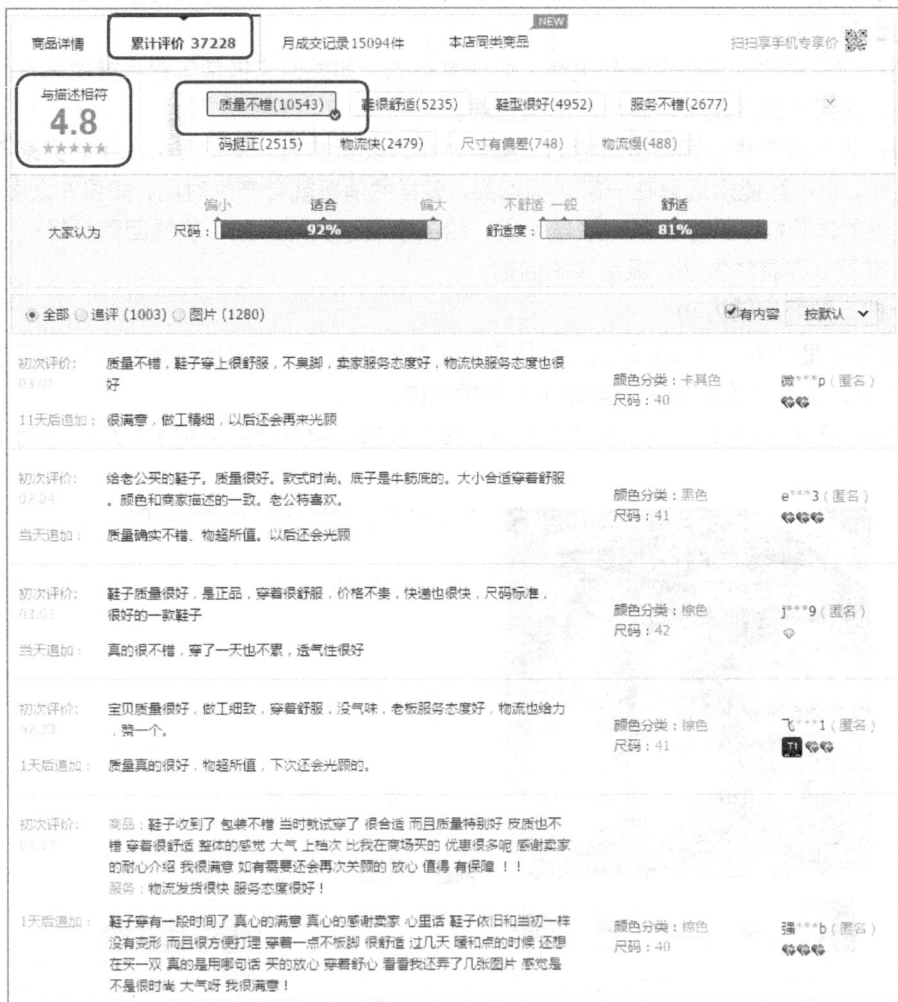

图 27-2　案例：宝贝质量过关的男士皮鞋 买家满意度

- 专业的店铺装修：店铺装修大气，与店铺定位、商品定位有效契合，让客户感受到店铺的专业，也能体现产品的质量，如果能创建如店铺介绍、公司企业品牌文化展示专门页面，也可以让客户充分地了解你、信任你。具体装修方法步骤请参考本书"第三篇 淘宝店铺装修实战"。
- 专业的售中售后服务能力：客服的态度是店铺对外的灵魂，对买家粘性上有着至关重要的作用。

- 友好的接待，为买家营造专业且温馨的接待体验。看人的时候，第一眼感觉很重要，在咨询的时候第一句回答也很重要。如："亲，中午好，饭吃了么？要记得按时进餐哦！有什么可以帮你呢？"
- 对宝贝细致地介绍，体现专业。这一点其实不用多说，对宝贝的了解是必备基础，如果在这之上，还能主动地向买家讲出宝贝的优点、使用的经验或者需要注意的地方，就更能留住买家。
- 买家咨询时能及时反馈。买家有问题咨询，在"黄金 6 秒内"快速响应。
- 买家咨询后没下单，要及时收集疑虑。在这一点上，有很多店铺做得不够，有很多买家在咨询后就没反应了，这时可以主动去联系下，问问买家不考虑买的原因是什么？例如：有买家认为价格贵了，可以加对方为好友，留下联系方式，并对其分组、备注，当店内有促销、优惠时候第一时间告知，为二次营销留下机会。
- 售后定期给予买家回访，跟进产品使用情况。做好产品的后期服务工作，定期询问产品使用情况，如果有需要保养的产品，给予保养方法的建议。在回访的同时做好热销或关联宝贝的推荐，自然而然地带动这些老顾客的二次销售。例如：买家在你店里买了罐奶粉，2 星期吃完，你在对方吃完的前几天发送一条关怀信息，奶粉口味怎么样，小孩喜不喜欢等，让客户感觉到你在关心她们，我想效果肯定会不错，是会吸引她们继续来购买的方法。

第二种：建立 VIP 会员等级制作

现在会员卡盛行，就连药店都有会员打折，这个东西是吸引客户回头的"鱼线"，舍小取大。根据 VIP 会员等级设置一些促销活动以及优惠策略，比如发放优惠券、针对会员的限时打折、满就送、满就减、包邮卡、抽奖、送彩票等，可以吸引老买家购买。

第三种：主动关怀、情感维系

节假日时发送各种祝福、新款上架时通知、折扣活动时通知、试用活动时通知。发送通知消息的手段：站内信、短信关怀软件、邮件、购物车营销、微淘、微博、微信、旺旺好友群发、旺旺群、QQ 群等。重点：事先收集整理买家信息、了解买家需求、有针对性地送达通知消息。也可以在众多买家中发展和寻找"意见领袖"，让这些"意见领袖"参与宣传和分享我们的产品，从而提升更多买家的活跃度。

第四种：为老买家设置专属活动、优惠、促销

设置创建老买家专属活动，能让买家觉得被尊重，有优越感，也有助于回购。大家可以借鉴线下大型超市会员节的实战经验。在百度搜索关键词"会员节"、"会员活动"等，也可以给你提供一些启发。

案例一：童装卖家的老买家回购策略。"真情回馈：小博士鞋城开学促销开始啦！买一送一进行中，还有 20 元优惠券已送到亲的账户中（仅限老客户），特此通知。"

案例二：化妆品卖家店铺会员日。"亲，每月6日为CE本草会员日，精选产品1件8折，2件6折，特惠唯您独享，先来挑选您适合的产品加入购物车吧，优惠仅限当日。"

第五种：创建买家圈子

创建手段：微淘、微信、微博、来往、米聊、旺旺群、QQ群、其他SNS平台等。比如韩都衣舍，他家老客户群几百个，很多新款上架后，仅通过群传播就能成就爆款。

有些细节开店之初就要想到，从一开始就执行积累，没想到的，现在知道了，就应该即刻准备并有效执行。

27.4 客户运营平台——玩转千人千面客户管理

原会员关系管理（ECRM）正式升级为客户运营平台，除了包含原来官方会员关系管理（ECRM）的所有功能，还增加了更多更强大的人群触达和运营功能。

卖家如何登录客户运营平台？

方法一：启动浏览器打开淘宝网首页，用卖家账号登录卖家中心，单击左侧"营销中心-客服运营平台"。

方法二：在千牛工作台左上角单击"客户运营"。

方法三：直接在浏览器地址栏输入客户运营平台首页网址 ecrm.taobao.com 并打开，用卖家账号登录。

成功登录后，客户运营平台首页如图27-3所示。

图27-3　客户运营平台首页

升级后的客户运营平台包含四大功能：客户管理、运营计划、素材管理、忠诚度管理。

客户管理-客服列表：平台将客户分为三类：成交客户、未成交客户、询单客户，在这里可以查看上述三类客户明细、对客户进行分组、打标签、送优惠券、送流量、送支付宝红包等操作。

客户管理-客户分群：平台系统将用户群分为收藏人群、学生人群、折扣偏好访客、加购人群、近一年有成交访客、近一年无成交访客、流失客户，卖家可以对不同人群进行定向优惠、个性化首页装修等操作；还可以根据自己店铺数据情况自定义人群类型。

客户管理-客户分析：客户运营指数＝访客运营指数+粉丝运营指数+会员运营指数+成交客户运营指数，这反映了商家长期对不同客户的运营和维护的水平。通过分析商家可以知道自己的指数变动趋势、行业排名以及行业黑马的变化。

运营计划-智能店铺：主要针对旺铺智能版的功能。个性化首页，商家可自由选择人群标签定义不同的人群（如男/女、新/老客等），然后为不同的人群定向装修一个不同的店铺首页，实现基于不同的人群诉求进行更精准的店铺页面展示。

智能海报，商家在旺铺首页中可以实现图片的"千人千面"，不同的人进店后看到系统专为他推荐的图片，大大提升点击率。

智能卖家推荐，商家可一键设置，实现商品详情页的卖家推荐模块的"千人千面"商品推荐。

智能加购凑单，消费者加购商品时，宝贝详情页弹出浮层，智能推荐最适合消费者凑单的活动商品，提升客单价。

运营计划-智能营销：包含优惠券关怀（对兴趣客户和老客户的一键式优惠券投放）、专享打折/减现（针对不同标签人群的定向打折/减现营销）、专享价（针对不同标签人群的定向专享价格活动）、购物车营销（对加购人群，在手淘购物车进行限时活动提醒）。

素材管理：智能海报的图库管理。

忠诚度管理：对客户进行会员等级分层管理，让不同等级的会员享受不同的专属特权。还可进行个性化的会员卡设计。

每一种功能的设置都很简单，用卖家账号登录后操作一遍就会了。

第 28 章

如何快速回款回评

28.1 资金周转难，无抵押淘宝贷款来帮忙

淘宝贷款是由蚂蚁微贷运营的面向淘宝卖家的融资产品，旨在通过互联网及数据运营模式帮助众多小企业和创业者解决融资难问题，促进其自主创业，推动企业发展，创造更多就业机会。

贷款种类分为订单类（订单贷款）、信用类（随借随还、等额本金、按月付息），无需任何抵押，直接线上申请贷款，临时有资金周转问题，秒秒钟解决！

贷款步骤：选择贷款种类，填写申请表 → 签署合同 → 获贷成功（贷款直接发放至支付宝余额）。

电脑端申请入口：卖家中心 - 店铺管理 - 淘宝贷款，如图 28-1 所示。

图 28-1　电脑端淘宝贷款申请界面

　　无线端可以通过 4 种 APP 使用淘宝贷款，如图 28-2 所示。网商银行（首页-贷款）、千牛（工作台-淘宝贷款）、支付宝（首页-网商贷）、手机淘宝（我的淘宝-我是商家-淘宝贷款）。

图 28-2　无线端可以用 4 种 APP 申请

淘宝贷款常见疑问解答：

问：申请订单贷款需要什么样的资格？

答：淘宝订单贷款首先需要满足：1．店铺注册人年满 18 周岁，具有完全民事行为能力的淘宝卖家；2．淘宝店铺最近 2 个月持续有效经营，每个月都有有效交易量；3．诚实守信，店铺信用记录良好。

问：订单贷款的贷款金额是如何计算的？

答：淘宝贷款系统有一整套的订单计算模型，主要是从卖家当前处于"卖家已发货买家未确认"状态的订单进行评估，结合店铺整体的经营情况给出当前可贷额度。

问：申请信用贷款的条件是什么？

答：信用贷款的申请资格是：1．淘宝店铺最近 6 个月持续有效经营，每个月都有有效交易量，经营情况良好；2．诚实守信，店铺信用记录良好；3．店铺注册人年龄在 18~65 周岁，具有完全民事行为能力。

问：信用贷款额度是如何计算的？

答：信用贷款的贷款金额根据店铺信用等级、综合经营情况和实力等数据由系统直接综合判定，贷款金额范围为：1 元~100 万元。例如：店铺的交易稳定性、好评率、评分、退款、淘宝投诉、处罚、出售侵权或违禁商品、是否有炒信虚假交易等，都会影响您是否可以申请贷款和贷款申请额度。

28.2　什么是快速回款回评

　　搞清楚什么是快速回款回评，先要知道以下几个节点条件：

交易完成条件：确认收货。

店铺信誉累加条件：交易成功后 15 天内买卖双方互相好评；或者卖家先好评 15 天后评价方加 1 分。

动态评分累加条件：买家手动打分。

淘宝默认自动确认收货打款规则：虚拟商品 3 天、实物快递 10 天、平邮 30 天。

快速回款：提醒买家收到货后及时手动确认收货。

快速回评：提醒买家及时好评打分。

好处：快速回款，能有效减轻资金压力。

集市店快速回评，更快提升店铺信誉（天猫店没有好中差评）。

28.3　卖家快速回款回评的具体做法与注意事项

* 提醒渠道及各自优缺点。

a. 在"卖家中心-交易管理-已经卖出的宝贝"-订单右侧"详情"中单击"提醒买家确认"，如图 28-3 所示。

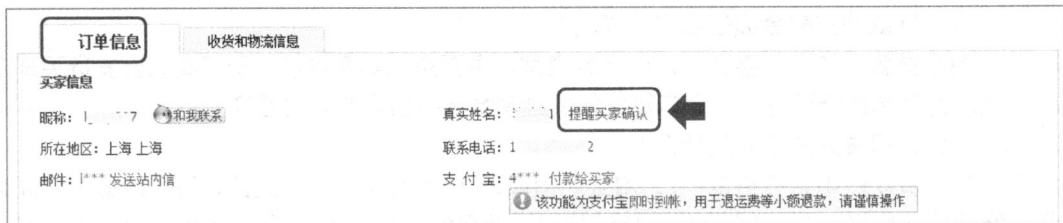

图 28-3　提醒买家确认收货渠道

优点：买家会收到旺旺系统弹窗消息提醒。

缺点：需跟踪查询是否签收，再手动点击，订单多时操作量大、烦琐，订单不多时可用；若买家不在线，不能及时看到，效果将打折扣。

b. 发旺旺消息提醒确认。

优点：买家收到旺旺对话消息提醒。

缺点：需跟踪查询是否签收，如果措词用语不当，容易适得其反，让买家觉得卖家小气，结果中差评打分低；若买家不在线，不能及时看到，效果将打折扣。

c. 打电话提醒确认。

优点：无。

缺点：需跟踪查询是否签收；时间不好把握，特别容易造成打扰、让买家反感；语气语速语调、理由把握不当，会中差评打分低；要专人专管，效率难提升；成本高。

d. 用软件实现自动短信提醒确认。

优点：系统自动识别订单发货状态、签收状态、是否确认收货评价；事先编辑设置好短信内容，自动发送；相较其他方式，买家更愿意接受；把握好发送节点，能有效提升效果，加速回款回评、二次转化等。系统自动发送，大批量实现，效率高。

缺点：付费，送达率不能 100%保障（建议挑选稳定、成熟、服务等综合水平高的软件商）。

- 会引起反感的做法：俗话说物极必反，凡事不能太过！如：频繁单击"提醒买家确认"、总给买家打电话、旺旺消息反复提醒、抖屏等，都容易引起反感。
- 案例参考：在整个订单流程中，用软件自动发短信，效果最好的节点包含：录入快递单号发货后、快递到达买家所在地开始派送、买家签收、确认收货但没评价打分、节假日大促提醒等。短信提醒类型可分为：催付提醒、发货提醒、活动提醒、确认提醒、日常维护。

催付提醒案例如图 28-4 所示。

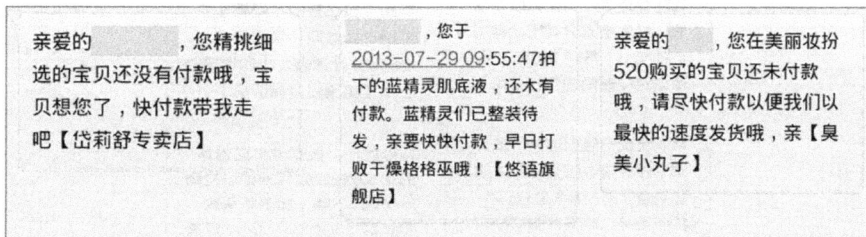

图 28-4 催付提醒案例

发货提醒案例如图 28-5、图 28-6 所示。

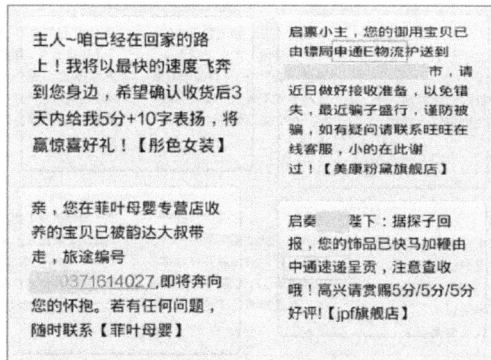

图 28-5 发货提醒案例1

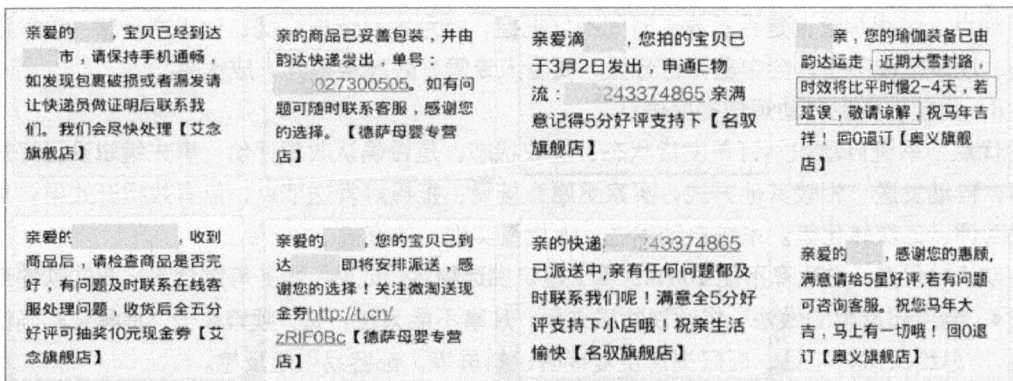

图 28-6　发货提醒案例 2

　　确认提醒案例如图 28-7、图 28-8 所示。尽早确认常给的好处：抽奖、神秘礼物、返现金、返优惠券、送彩票。

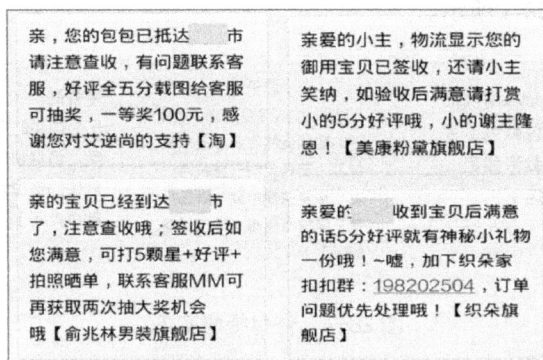

图 28-7　确认提醒案例 1

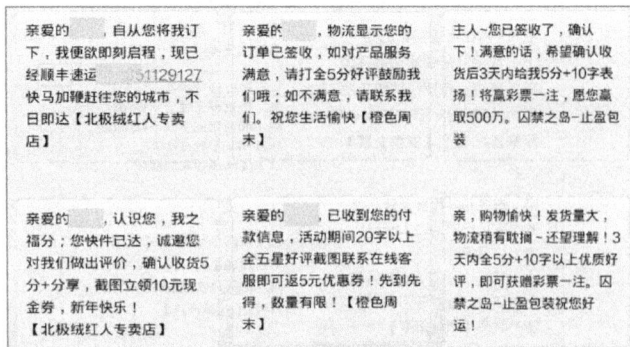

图 28-8　确认提醒案例 2

活动提醒案例如图 28-9 所示。

日常维护提醒案例如图 28-10 所示。

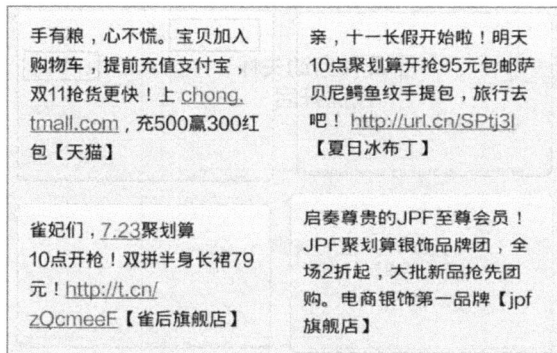

手有粮，心不慌。宝贝加入购物车，提前充值支付宝，双11抢货更快！上 chong.tmall.com，充500赢300红包【天猫】

亲，十一长假开始啦！明天10点聚划算开抢95元包邮萨贝尼鳄鱼纹手提包，旅行去吧！http://url.cn/SPtj3l 【夏日冰布丁】

雀妃们，7.23聚划算10点开枪！双拼半身长裙79元！http://t.cn/zQcmeeF【雀后旗舰店】

启奏尊贵的JPF至尊会员！JPF聚划算银饰品牌团，全场2折起，大批新品抢先团购。电商银饰第一品牌【jpf旗舰店】

图 28-9　活动提醒案例

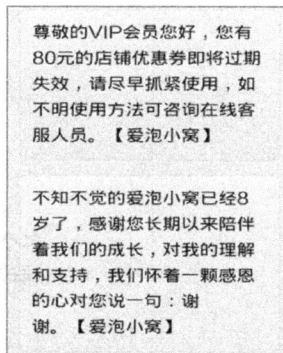

尊敬的VIP会员您好，您有80元的店铺优惠券即将过期失效，请尽早抓紧使用，如不明使用方法可咨询在线客服人员。【爱泡小窝】

不知不觉的爱泡小窝已经8岁了，感谢您长期以来陪伴着我们的成长，对我的理解和支持，我们怀着一颗感恩的心对您说一句：谢谢。【爱泡小窝】

图 28-10　日常维护提醒案例

小贴士

短信提醒时，字数有限，添加店铺地址、宝贝地址或者活动地址时，建议先转换成短地址。具体步骤：卖家中心–营销中心–店铺营销工具–店铺引流–淘短链–新建淘短链，如图 28-11 所示。

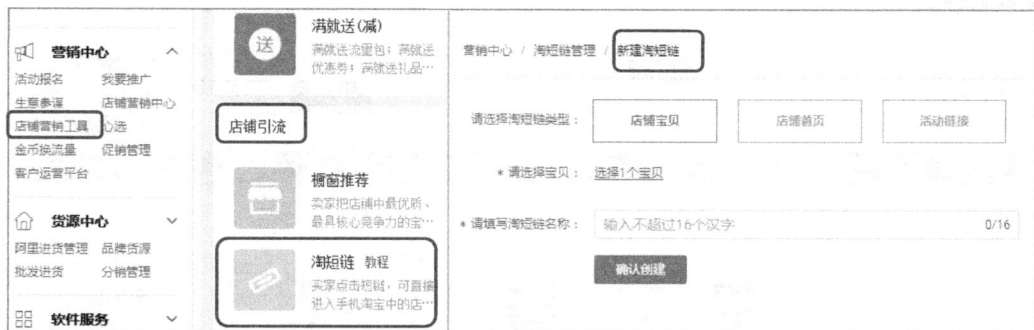

图 28-11　将店铺/宝贝/活动地址生成短地址

短信关怀软件很方便、很好用，你订购的软件应该有数据分析功能，如客户数据自动归类（所有客户、成交客户、潜在客户、休眠客户、忠实客户、中差评客户、黑名单客户……），能分析买家购买行为（客单价、累计购买金额、购买次数、最后购买时间、购买商品数量、关闭交易次数、客户等级……），能对客户行为趋势分析（客户等级分析、客户购买频次分析、客户流失趋势分析、新客户增长趋势分析、回头客增长趋势分析……），应该有更个性化的情景筛选功能，如图 28-12 所示。

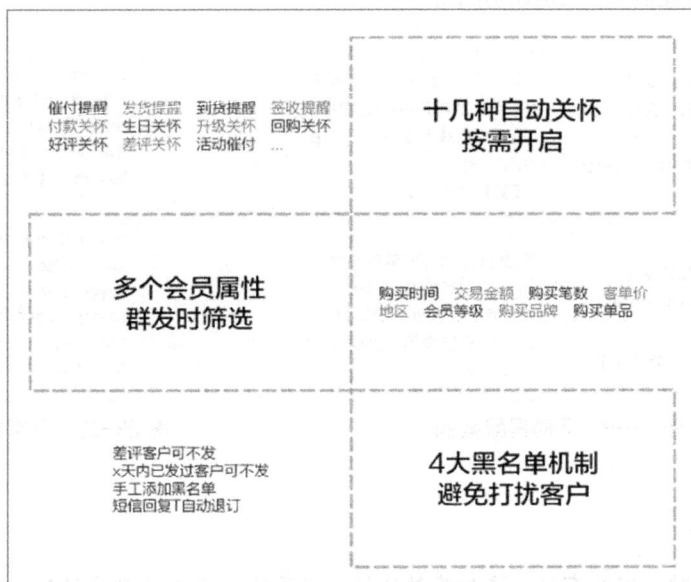

图 28-12　短信关怀软件的个性化的情景筛选功能

客户关系管理类软件订购入口如图 28-13 所示，淘宝卖家服务市场（fuwu.taobao.com）客户关系管理。

图 28-13　客户关系管理类软件订购入口

第一篇资料

A1 中国质造入驻条件、招商规则、活动报名入口详见附录 A。

本书配套路径：文件夹"第一篇资料"中"A1 中国质造入驻条件、招商规则、活动报名入口.doc"。

A2 极有家招商角色介绍、招商材料及规则、清退管理规则等详见附录 A。

本书配套路径：文件夹"第一篇资料"中"A2 极有家招商角色介绍、招商材料及规则、清退管理规则等.doc"。

第二篇资料

B1 售假、禁限售、滥发违规商品相关处罚与实施细则详见附录 B。

本书配套路径：文件夹"第二篇资料"中"B1 售假、禁限售、滥发违规商品相关处罚与实施细则.doc"。

B2 书籍杂志报纸类目、音乐影视明星音像类目、彩票类目、酒类制品类目商品卖家准入资质详见附录 B。

本书配套路径：文件夹"第二篇资料"中"B2 书籍杂志报纸类目、音乐影视明星音像类目、彩票类目、酒类制品类目商品卖家准入资质.doc"。

B3 淘宝禁售商品管理规范详见附录 B。

本书配套路径：文件夹"第二篇资料"中"B3 淘宝禁售商品管理规范.doc"。

附录 C

第三篇资料

C1 推荐 36 种主色配色方案图集详见附录 C。

本书配套路径：文件夹"第三篇资料"中"C1 推荐 36 种主色配色方案图集（文件夹）"。

C2 四种平铺方式练习图详见附录 C。

本书配套路径：文件夹"第三篇资料"中"C2 四种平铺方式练习图（文件夹）"。

C3 1920px 宽屏效果代码+练习图详见附录 C，可直接复制粘贴使用。

本书配套路径：文件夹"第三篇资料"中"C3 专业版免费实现 1920 宽屏促销效果代码+练习图（文件夹）"。

C4 阿里旺旺上下线代码生成地址详见附录 C，可直接复制粘贴使用。

本书配套路径：文件夹"第三篇资料"中"C4 同步阿里旺旺上下线代码生成地址.doc"。

C5 图 11-1 基础版首页排版思路+尺寸建议 PSD 源文件和切片详见附录 C，用作参考。

本书配套路径：文件夹"第三篇资料"中"C5 图 11-1 基础版首页排版思路+尺寸建议 PSD 源文件和切片（文件夹）"。

C6 基础版 1920px 全屏页头扩展源代码和练习素材图详见附录 C，可直接复制使用。

本书配套路径：文件夹"第三篇资料"中"C6 11.2 基础版实现 1920px 全屏页头效果配套代码和练习素材图（文件夹）"。

C7 基础版 1920px 宽屏海报扩展代码和练习图详见附录 C，可直接复制使用。

本书配套路径：文件夹"第三篇资料"中"C7 基础版 1920px 宽屏海报扩展代码和练习图（文件夹）"。

C8 基础版 950px 海报效果扩展源码和练习图详见附录 C，可直接复制使用。

本书配套路径：文件夹"第三篇资料"中"C8 基础版 950px 通栏海报扩展源码和练习图（文件夹）"。

C9 基础版 950px 个性化宝贝展示效果扩展源码和练习图详见附录 C，可直接复制使用。

本书配套路径：文件夹"第三篇资料"中"C9 基础版 950px 个性宝贝展示扩展源码和练习图（文件夹）"。

附录 D

第四篇资料

D1　淘宝/天猫直通车优化技巧及常见使用问题解答详见附录 D。

本书配套路径：文件夹"第四篇资料"中"D1 淘宝天猫直通车优化技巧及常见使用问题解答.doc"。

D2　《淘宝/天猫直通车服务使用规范》详见附录 D。

本书配套路径：文件夹"第四篇资料"中"D2《淘宝天猫直通车服务使用规范》.doc"或"D2 淘宝天猫直通车服务使用规范.png"。

D3　《淘宝/天猫直通车店铺推广服务使用规范》详见附录 D。

本书配套路径：文件夹"第四篇资料"中"D3《淘宝天猫直通车店铺推广服务使用规范》.doc"或"D3 淘宝天猫直通车店铺推广服务使用规范.png"。

D4　直通车商品推广类目准入明细详见附录 D。

本书配套路径：文件夹"第四篇资料"中"D4 直通车商品推广类目准入明细.doc"。

D5　直通车化妆品、保健品以及食品行业高频违规点详见附录 D。

本书配套路径：文件夹"第四篇资料"中"D5 直通车化妆品、保健品以及食品行业高频违规点.doc"。

D6　淘宝/天猫直通车官方公告详见附录 D。

本书配套路径：文件夹"第四篇资料"中"D6 淘宝天猫直通车官方公告.doc"。

D7　钻石展位广告服务使用规范详见附录 D。

本书配套路径：文件夹"第四篇资料"中"D7 钻石展位广告服务使用规范.doc"或"D7 钻石展位广告服务使用规范.png"。

D8　钻石展位常见使用问题答疑详见附录 D。

本书配套路径：文件夹"第四篇资料"中"D8 钻石展位常见使用问题答疑.doc"。

D9　淘宝客推广卖家准入条件及软件产品服务使用规范详见附录 D。

本书配套路径：文件夹"第四篇资料"中"D9 淘宝客推广卖家准入条件及软件产品服务使用规范.doc"或"D9 淘宝客推广卖家准入条件及软件产品服务使用规范.png"。

D10　淘宝客推广特殊类目准入明细详见附录 D。

本书配套路径：文件夹"第四篇资料"中"D10 淘宝客推广特殊类目准入明细.png"。

D11　淘宝客推广不得推广类目明细详见附录 D。

本书配套路径：文件夹"第四篇资料"中"D11 淘宝客推广不得推广类目明细.png"。

附录 E

第五篇资料

E1　店铺运营日报表详见附录 E。

本书配套路径：文件夹"第五篇资料"中"E1 店铺运营日报表.xls"。

附录 F

第六篇资料

F1 淘宝争议处理规范（买家版）详见附录 F。

本书配套路径：文件夹"第六篇资料"中"**F1** 淘宝争议处理（买家版）**.doc**"。

附录 G

第七篇资料

G1 淘宝网不同类目退款原因汇总详见附录 G。

本书配套路径：文件夹"第七篇资料"中"G1 淘宝网不同类目退款原因汇总.png"。

G2 七天无理由退货里的"商品完好"指什么详见附录 G。

本书配套路径：文件夹"第七篇资料"中"G2 七天无理由退货里的"商品完好"指什么.png"。

G3 商品质量问题的争议处理（卖家版）详见附录 G。

本书配套路径：文件夹"第七篇资料"中"G3 商品质量问题的争议处理（卖家版）.doc"。